東大・京大・早慶上智・関関同立 合格ライン突破

でる順
英単語
スピードマスター

難関 1600

受験英語指導のプロ集団
VIP Academy

Jリサーチ出版

受験生へのメッセージ

　本書『でる順英単語スピードマスター 難関1600』は、難関大・最難関大を受験するライバルたちに勝つ！ための最新の英単語・熟語集です。
　東大、京大をはじめとする全国の最難関国立大学と国公立大学医学部医学科、および早慶上智をはじめとする最難関私立大学にも「合格できる」レベルの豊かな語彙力を身につけられる究極の本として完成したものです。
　本書には従来の単語集になかった数々の特長があり、同時に学習効果を上げるさまざまな工夫が施されています。

本書の三大特長

①入試最頻出・最重要の英単語と英熟語1650を収録！

　過去20年分の難関・最難関大学（国公立大学および私立大学）の問題をコンピュータによりデータ化し、独自の分析で抽出した単語1457と熟語193を、最短最速でマスターできます。本書には、過去の入試問題で出題された単語・熟語のうち、最頻出かつ最重要なものを厳選して収録しました。1650の見出し語に加え、派生語、類義語・反意語、関連語も入れると、3310もの単語・熟語を覚えることができます。この一冊だけで難関・最難関大学合格に必要な語彙力が確実に身につきます。

　ただし、基礎語彙の習得がまだ不十分だと感じる人は、まず本書の姉妹書『でる順英単語スピードマスター 必修2000』を先にマスターしてから、本書に進んでください。確固とした基礎力なくして、応用力養成はあり得ないからです。

②英単語と英熟語をコロケーションと短文の中でマスター！

　受験対策用の単語集がたくさんある中で、本書は科学的に最も効果的であるとされるコロケーション、または短文の中で習得していく方法を採用しています。
　一語一義形式で単語の意味だけを棒暗記する単語集、どの語に対してもだらだらと長い例文を付した単語集、無理やり語呂合わせで覚える単語集、長い一文の中であえて多くの単語を覚える単語集、長文読解をしながら覚え

る単語集……など、単語の覚え方は多々ありますが、**本書のコンセプトは「最短最速」**。そのため、単語・熟語を入試最頻出のコロケーションと短文の中でマスターできるようになっています。

③「目・耳・口」の三位一体方式で学ぶから、一度覚えたら忘れない！

　個人差はありますが、人間はものを記憶する場合、目からの記憶と耳からの記憶においては最初の数時間も数日後もそれほど差がなく、多くを忘れてしまいます。ところが、目と耳の両方を使った場合は数日後であっても**記憶の定着率は５倍以上も高い**ことが、記憶に関する実験結果から分かっています。単語・熟語の学習においては、口も利用して**「目・耳・口」をフル連動**させ、三位一体方式で記憶率アップ図ると、長期記憶の定着率がさらに促進されます。本書を「目」で隅々まで何度も読み込み、無料ダウンロードによるネイティブスピーカーの音声をしっかり「耳」で聞き取り、その音声（発音）を「口」でそっくりまねて音読してください。

　以上の３つの特徴に加え、
④見出し語の多くが本の中で何度も繰り返し出てくるので、**繰り返し覚えなおすことができる！**
⑤見出し語に関して、紙面講師の先生からの**アドバイスや注意点、そしてリラックスを促す雑学**が提供されている！
⑥長文問題、語彙問題だけでなく、**語法・文法問題にも対応できる力**が同時に身につく！
⑦今後ますます入試で重要視される**リスニング問題対策**として、正しい発音とアクセントを習得できる！
……など、最短最速で大学受験を制するためのエッセンスが詰まっています。

　本書で是非とも念願の大学入試合格を勝ち取ってください。それでは、皆さん、一緒に頑張りましょう！

VIP Academy 講師陣一同

CONTENTS

受験者へのメッセージ ……………………… 2
最強の英単語学習法：10のアドバイス ……… 6
本書の利用法 ………………………………… 12

Introduction
リスニング試験に備えて：
　アクセント5つの法則 ……………………… 16
覚えてトクする接頭辞と接尾辞 ……………… 19

Chapter 1　動詞 ……………………………… 25
Chapter 2　名詞 ……………………………… 111
Chapter 3　形容詞・副詞 …………………… 191
Chapter 4　注意すべき多義語 ……………… 283
Chapter 5　熟語 ……………………………… 303

COFFEE BREAK
①カタカナ英語にご用心！ ………………… 110
②単語はネットワークで覚える！ ………… 282
③将来につながる英語を学ぶ！ …………… 302

最強の英単語学習法 10のアドバイス

　単語は、理想的に言うと、英語を読む・英語を聞くことによる大量のインプットを通して増強していくのが一番です。しかし、受験生は英語ばかりに時間をかけるわけにはいきません。となると、限られた時間の中で、どのようにすれば単語を効果的に覚えることができるのか、これをしっかりと考えることが極めて重要です。

　以下の学習法は、皆さんの学習効果を最大限に高める方法です。これらのアドバイスをしっかり活かして、最強の単語学習を進めてください。

❶ 単語はコロケーションと短文の中で覚える！

　はしがきの中ですでに述べましたが、単語や熟語を最も早く覚えるためには、ネイティブスピーカーと同じように、それらをコロケーションまたは短文の中で習得していくのが最も効果的です。このことは、英語教育分野の研究ですでに科学的に証明されています。

　本書は、単語・熟語を入試最頻出のコロケーションと短文の中で最短最速でマスターできるようになっていますが、本書以外の単語・熟語をこれから皆さんが覚えようとする時にも、できるだけコロケーションまたは短文の中で覚えるようにしてください。コロケーションや短文は、皆さんの使っている英和辞典をはじめ、何から引っ張ってきてもOKです。自分の好きなコロケーション、覚えやすそうなコロケーションを見つけさえすればよいのです。

　そうすれば、長い文の中で単語を覚えるよりもずっとラクに覚えることができ、記憶により長く残ります。

② 単語のコアイメージをつかみながら覚える！

　ほとんどの単語には多くの意味があります。複数の品詞を持つ語もたくさんあります。もちろん、全部覚えることができればそれにこしたことはないのですが、そんなことは一部の超人的な人たちだけが成し得る技です。大学入試においても通常の英語学習においても、辞書に載っている単語の意味をすべて覚える必要はありません。

　本書の見出し語の中には、複数の意味を載せているものがありますが、それらは何度も繰り返し目にする（読む）・口にする（音読する）ことで、それぞれの語の持つイメージが広がると同時に、記憶のどこかに語の中心的な意味、つまりコアイメージが必ず形成されていきます。それぞれの語がどのような語（例：前置詞や副詞）と結びつきが強いのかということも意識しながら覚えていきましょう。

　皆さんは、見出し語の横に書かれている日本語訳をそのまま覚えようとするのではなく、でる の後に載っているコロケーションや短文の中でその語がどのように使われているのかを確認しながら、自分なりのイメージを築いていくように心掛けてください。

③ 派生語や関連語はできるだけまとめて覚える！

　単語を一つ一つばらばらに覚えていくほど無駄な努力はありません。どうせ覚えるのなら、派生語や類義語（同意語）、反意語、関連語までをできるだけ多くまとめて覚えましょう。人間の記憶というのは、関連する知識を体系的に頭の中で整理しつつ覚えることで、定着度がグッと増すのです。

　同時に、同音語やまぎらわしい語などもセットにして覚えていくとさらに効果的です（☞詳しくはp.110のコラムをお読みください）。

　派生語、意外な意味を持つ語（多義語）、スペルや発音のよく似たまぎらわしい語などは特に入試で問われます。つまり、受験生が中途半端に覚えていそうなものほど、出題率は高くなるのです。

❹ 語源を基に単語を覚える！

　多くの英単語は語根（root）を中心にして、その手足とも言うべき接頭辞（prefix）や接尾辞（suffix）から構成されています。ちょうど漢字の偏(へん)と旁(つくり)のようなものです。

　例えば、ab は「離れて」を意味する接頭辞、norm は「基準、規則」を意味する語根、al は「～の、～のような」を意味する形容詞を作る接尾辞です。ですから、abnormal は「異常な；変則の」の意味を表す形容詞だと分かります。

　英文中に知らない単語が出てきた場合、多くの受験生は前後の文脈を頼りに意味を推測するわけですが、接頭辞、語根、接尾辞の基本知識を身に付けた受験生は文脈上の判断に加えて、語源を頼りににその語を分析することができるため、不思議とその語の意味が見えてくることが多いのです。

　これからは、語源の公式＜英単語＝接頭辞＋語根＋接尾辞＞を常に意識しながら、語彙力の効果的な増強を図ってみて下さい（☞詳しくは Introduction の p.19～p.24 および p.282 のコラムをお読みください）。

❺ テーマ別、ジャンル別にまとめて覚える！

　派生語や関連語をまとめて覚えるのと同じで、テーマ別・ジャンル別にまとまった語をネットワーク化し、芋づる式で覚えていくのも効果抜群です。

　中学生の時、皆さんは英語で何色ものカラーをまとめて覚えたり、果物の名前、動物の名前、体の部位、乗り物の名前、授業の科目名などもまとめて覚えた記憶はありませんか。

　大学入試レベルの単語も同じように、例えば職業名をまとめて覚えてみたり、環境問題に関する語をまとめて覚えてみたりするわけです。つまり、覚えるべきものをそれぞれ関連付けることで、それらは同じテーマから成る集合体、同じジャンルから成る集合体となるのです（☞詳しくは p.282 のコラムをお読みください）。このようなネットワーク化

を行うことで、長期的な記憶保持が可能になります。

6 今は大学入試に出る単語を優先して覚える！

　近年の大学入試では、特に長文読解問題は社会問題、国際関係、環境、エネルギー、科学、医療、健康など多岐にわたる時事的な評論文・論説文や、言語、コミュニケーション、異文化理解などに関するエッセイなど論理的な文章を扱ったものが多く出題されています。一方で、小説や物語などはあまり出題されなくなりました。

　ですから、今はよく出題されるテーマに関連する単語を優先して覚えることが重要となります。もちろん受験がいったん終われば、テーマ・ジャンルを問わず、若い時代にこそ英文小説を含め興味あるものをどんどん読んで欲しいと思います。

7 「目・耳・口」の三位一体方式で学ぶ！

　これもはしがきの中ですでに述べましたが、ここでもう一度繰り返し強調しておきます。個人差はあれど、一般的に人間はものを記憶する場合、目からの記憶と耳からの記憶においては最初の数時間も数日後もそれほど差がなく、多くを忘れてしまいます。ところが、目と耳の両方を使った場合は数日後であっても記憶の定着率は5倍以上も高いことが、記憶に関する実験結果から分かっています。

　単語・熟語の学習においては、口も利用して「目・耳・口」をフル連動させ、三位一体方式で記憶率アップを図ると、長期記憶の定着率がさらに促進されます。「目」は本書をじっくり読むということ、「耳」は無料ダウンロードで聞くことのできる音声箇所をしっかり聞くということ、「口」はそのネイティブスピーカーの発音をそっくりまねて音読するということです。音声を聞いている時だけでなく、音声を聞いていない時でも音読トレーニングは学習効果抜群です。

　英語学習者の中には書かないと覚えられないという人もいるようですが、書写する時間があるのならば音読をする、また、黙読をするよ

りも音読をする方が学習効果が高いということを覚えておいて下さい。そして、音読をする時には、正しい発音・アクセントで音読する習慣をつけましょう。その方が記憶に正しく残りますし、リスニング対策にもプラスになります。さらには、受験後の将来も見据えて、今のうちから正しい発音で英語をモノにしていく姿勢が重要です。

8 単語は毎日少しずつ覚える！

　受験生は英語だけをやっているわけにはいきません。受験生は時間の余裕がないのが普通ですから、1日に15分～20分間だけ集中して単語学習をするのが効果的です。忙しい時には10分でも構いません。だらだらした学習はせずに、10分間だけ集中して学習するのです。
　最初は「覚えては忘れ、覚えては忘れ」の繰り返しでいいのです。しかし、毎日学習を続けることで、やがては短期記憶が長期記憶として脳に保管されるようになり、「完全に覚えた」という状態になります。60分の単語学習を1週間に1回、これでは記憶には残りません。毎日30分のウォーキングするのと1週間に一度だけ4時間のウォーキングをするのとどちらが健康に良いかというのと同じです。

9 「英英辞典」と「シソーラス」を活用しよう！

　ほとんどの受験生は普段英和辞典を主に使っているようです。英作文の練習や語彙チェックのために和英辞典を引く人も多いでしょう。と同時に、少し暇のある時やちょっと気分転換をしたい時には英英辞典やシソーラス（類語辞典）を引くのも面白いですよ。
　英英辞典とシソーラスは今では活字書籍だけでなく、ネット上で無料で使えるものもありますし、ほとんどの電子辞書にも入っています。
　英英辞典を使うと、例えばaccurateという形容詞であれば、第一義としてcorrect and true in every detail、第二義としてmeasured or calculated correctlyいう説明に加えて、それぞれ例文も載っています。

また、シソーラスで accurate を引くと、correct, exact, precise などの Synonyms（同意語）と faulty, inaccurate, vague などの Antonyms（反意語）も載っており、語彙力増強に非常に役立ちます。

10 友達と一緒に覚えよう！

　本書付属の赤シートを使えば、それぞれの単語・熟語の意味をチェックできますので、一人でいわゆる確認テストができます。また、4ページごとに **サクッと復習テスト** のコーナーも付いています。

　しかし、何事でもそうですが、自分が新しく知ったことや新しく覚えたことを他の人に話すと、記憶はさらにしっかりと残るものです。単語や熟語の場合も、自分が覚えたものをその日のうちに友達や家族に教えるというのは効果的です。仲のよい友達や良きライバルとは、週に一度覚えた部分からワイワイ言いながら問題を出し合ってみるのも楽しいでしょう。

　さらに、友達と一緒に、本書の単語・熟語を1週間に何ページ、1ヵ月に何ページまで覚えるという目標を立てて、切磋琢磨しながら、楽しく学習を続けられるといいでしょうね。

本書の利用法

本書は大学入試を目指す受験生の皆さんが、合格に結びつく頻出の英単語と英熟語を短期間で効率的に覚えられるように作成された単語集です。全部で5つの章（Chapter）で構成されています。

チェックボックス
覚えた単語・熟語をチェックしましょう。

構 成
Chapter 1～4は単語編です。Chapter 1が動詞、Chapter 2が名詞、Chapter 3が形容詞・副詞、Chapter 4が注意すべき多義語、の分類でまとめられています。Chapter 5は熟語編です。

発音マーク
試験ねらわれる発音・アクセントにはマークが付いています。

品詞マーク
品詞を表示します。（記号についてP.14へ→）

派 類 反 マーク
重要な派生語や類義語、反意語などを紹介します。見出し語と一緒に覚えると効率的です。

でるマーク
試験ででるパターンのコロケーション・例文を紹介します。音声収録もされています。

ヘッドフォンマーク

音声について （ダウンロードの手順は P.14）
2種類の音声ファイルが用意されています。

①見出し語（英語）→ でる 例文（英語）の順で収録
②見出し語の意味（日本語）→見出し語（英語）→ でる 例文（英語）の順で収録

どちらも1トラックには見出し語が10語ずつ入っています。

サクッと復習テスト

4ページごとに復習テストがついています。覚えたかどうかを確認しましょう。

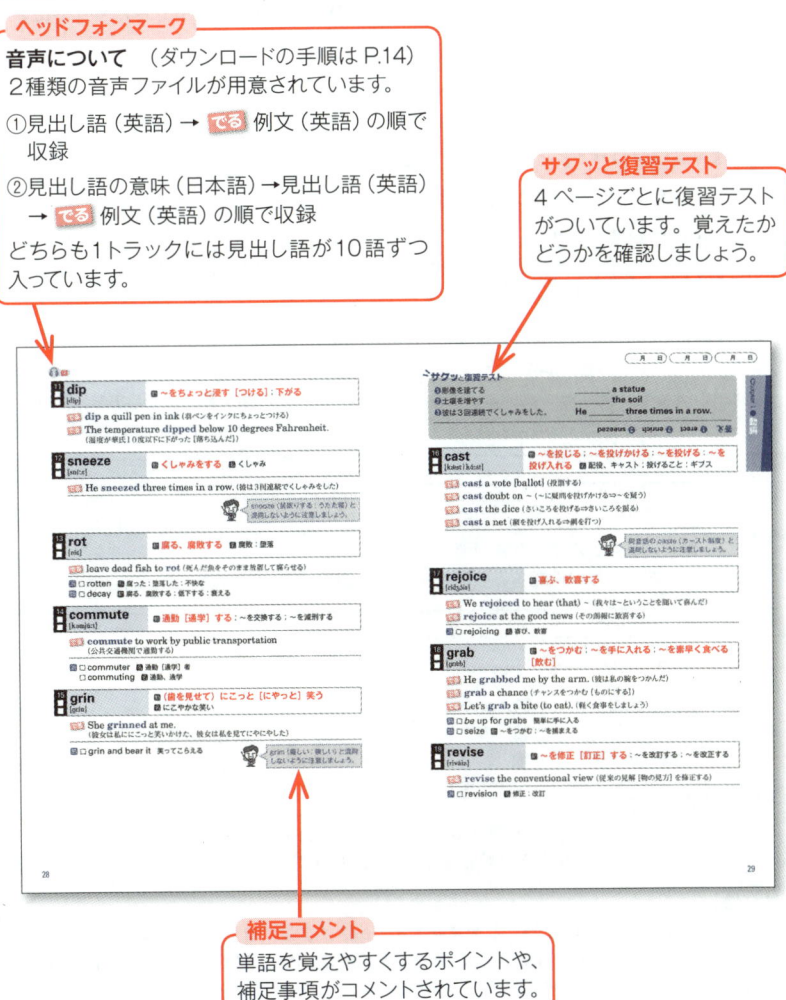

補足コメント

単語を覚えやすくするポイントや、補足事項がコメントされています。

※本書の「でる順」は、厳密には単語・熟語の出題頻度に加えて、入試で本当に大切かどうか（＝問われるポイントかどうか）の重要度、そして前後の見出し語との関連性を考慮した覚えやすさも含めて、最も学習効果の高い配列にしています。

● 音声ファイルダウンロードの手順

❶ パソコン、タブレット端末、スマートフォンからインターネットで専用サイトにアクセス

Jリサーチ出版のホームページから『でる順英単語スピードマスター』の表紙画像を探してクリックしていただくか、下記の URL を入力してください。

http://www.jresearch.co.jp/isbn978-4-86392-197-9/

❷【音声ダウンロード】というアイコンをクリック ▶ 音声ダウンロード

❸ ファイルを選択し、ダウンロード開始 ▶

❹ ファイルの解凍、再生

音声ファイルは「ZIP 形式」に圧縮された形でダウンロードされます。圧縮を解凍し、デジタルオーディオ機器でご利用ください。

※ご注意を!

音声ファイルの形式は「MP3」です。再生には MP3 ファイルを再生できる機器が必要です。ご使用の機器等に関するご質問は、使用機器のメーカーにお願い致します。また、本サービスは予告なく終了されることがあります。

● 赤シートの使い方

・赤シートを当てると単語の意味が消えます。
・意味を覚えたかどうか確認するのにご利用ください。

● 記号・用語について

[品詞]
動	動詞	名	名詞	形	形容詞	副	副詞
前	前置詞	接	接続詞	代	代名詞	間	間投詞
派	派生語	類	類義語	反	反意語	熟	熟語

[カッコの使い方]

[ ] = 直前の単語・語句と置き換え可能であることを示します。
( ) = ( ) の中が省略可能であることを示します。

[文法]

さまざまな動詞が当てはまることを意味する do はイタリック体で *do*（動詞の原形）や *doing*（動名詞）と示します。同じく、さまざまな代名詞が当てはまる場合は *one*, *one's*, *oneself*、さらに、任意の名詞（句）を表す *A* や *B* もイタリック体で示します。

※ *one's* と *A's* の区別について

one's はその文の主語と同じものが所有格になる場合に使用

　例）make up *one's* mind（⇒ She made up her mind to study in Canada.）

A's はその文の主語と同じものが所有格になるとは限らない場合に使用

　例）in *A's* opinion（⇒ In my opinion, this is the best measure to be taken.）

Introduction

- **リスニング試験に備えて：
  アクセント5つの法則**
- **覚えてトクする接頭辞と接尾辞**

発音・アクセントや接頭辞・接尾辞に関する付録はほとんど読まないという人が多いようです。しかし、本書のこの Introduction には受験対策に極めて重要なことを載せましたので、素通りすることなく、必ず活用してください。皆さんの語彙力アップに必ずプラスに働きます！

リスニング試験に備えて：アクセント5つの法則

入試にはリスニング問題に加えて、発音やアクセントに関する問題が出題されることがあります。出題の有無にかかわらず、単語をきちんと記憶するためには、普段から正しい発音・アクセントで覚えていくことが大切です。

以下の5つの法則は、アクセントに関する数々の法則のうち、最も基本的で重要なものです。すぐに全部を覚えることができなくても構いません。時間のある時にそれぞれの法則を読み、例として挙げられている単語を自分で発音しながら、少しずつ覚えていきましょう。何度でも繰り返し、このページに戻って発音練習をしてみてください。

これらの法則をマスターしておけば、見たことのない単語に遭遇した時でも、最低限アクセントの位置は分かるようになります。

法則① 次の接尾辞で終わる語はその直前の音節にアクセントが来ます。

- **-ity, -ety** ⇒ univérsity, populárity / varíety, anxíety

- **-tion, -sion** ⇒ educátion, vacátion / decísion, impréssion
  ※ -sion の例外：télevision

- **-ic, -ics, -ica** ⇒ scientífic, romántic / económics, mathemátics / polítical, histórical
  ※ -ic と -ics の例外：Cátholic, Árabic, rhétoric / pólitics

- **-ious, -eous** ⇒ relígious, indústrious / advantágeous, courágeous

- **-ctive, -ative** ⇒ attráctive, objéctive / consérvative, represéntative
  ※ -ctive と -ative の例外：ádjective / creátive

- **-sive** ⇒ expénsive, comprehénsive

Introduction

 次の接尾辞で終わる語も
その直前の音節にアクセントが来ます。

- **-ial, -tial, -cial** ⇒ indústrial, cerermónial / esséntial, influéntial / offícial, artifícial

- **-ia, -ian, -cian** ⇒ Austrália, Philadélphia / comédian, Canádian, / musícian, politícian

- **-ient, -ience** ⇒ efficient, pátient / expérience, convénience

- **-logy, -nomy, -graphy, -cracy** ⇒ biólogy, technólogy / ecónomy, astrónomy / photógraphy, geógraphy / demócracy, aristócracy

- **-meter, -metry, -pathy, -phony** ⇒ barómeter, thermómeter / geómetry, sýmmetry / sýmpathy, antípathy / sýmphony, cacóphony
  ※ -meter の例外：centimeter, millimeter

- **-ish** ⇒ públish, abólish

 次の接尾辞で終わる語は
その2つ前の音節にアクセントが来ます。

- **-ate** ⇒ cómplicate, cóncentrate
  ※ -ate の例外：debáte, prívate
  2音節語にはこの法則は当てはまりません。

- **-ise, -ize** ⇒ cómpromise, énterprise / récognize, famíliarize

- **-fy** ⇒ sátisfy, clássify
  ※ -fy の例外：defý
  2音節語にはこの法則は当てはまりません。

- **-sis** ⇒ émphasis, análysis
  ※ -sis の例外：diagnósis, tuberculósis

- **-graph, -gram** ⇒ télegraph, phótograph / télegram, kílogram

- **-tude** ⇒ áttitude, grátitude

次の接尾辞で終わる語は その接尾辞にアクセントが来ます。

- **-ee, -eer** ⇒ employée, guarantée / ginéer, volunéer
  ※ -ee と -eer の例外：cóffee / síghtseer
- **-oo, -oon** ⇒ bambóo, shampóo / typhóon, ballóon
- **-ade** ⇒ paráde, persuáde
- **-ique, -esque** ⇒ uníque, antíque / grotésque, picturésque

 語根は次の接尾辞が付いても アクセントの位置は移動しません。

- 現在分詞の **-ing** ⇒ tálking, héaring
- 過去（分詞）の **-ed, -en** ⇒ páinted, wánted / táken, wrítten
- 副詞の **-ly** ⇒ háppily, extrémely
- 形容詞の **-ful, -less** ⇒ succéssful, cáreful / áimless, éffortless
- 名詞の **-ness, -ment** ⇒ síckness, kíndness / enjóyment, adjústment
- 「～する人（もの）」を表す **-er, -or** ⇒ spéaker, compúter / góvernor, élevator

Introduction

覚えてトクする接頭辞と接尾辞

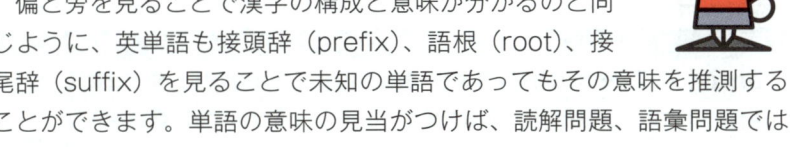

　偏と旁を見ることで漢字の構成と意味が分かるのと同じように、英単語も接頭辞（prefix）、語根（root）、接尾辞（suffix）を見ることで未知の単語であってもその意味を推測することができます。単語の意味の見当がつけば、読解問題、語彙問題では特に有利に働きます。

　それだけではありません。例えば、foreseeable（予測［予知］できる）という語は〈fore（前もって）＋ see（見る）＋ able（～できる）〉の3つに分解できます。この語の意味だけでなく、接尾辞の -able を見ることで形容詞だということも分かります。接尾辞が分かると品詞の判別もできるようになりますから、文法問題でも有利になるのです。

　さらに、単語を覚える時も語源（語根、接頭辞・接尾辞）を意識しながら、それらを有機的に関連付けて覚えていくと、より効果的に学習することができ、語彙力は飛躍的にアップします。

　以下は、入試対策用に覚えておくと特にトクする接頭辞と接尾辞を基本的なものに絞ってリスト化したものです。それぞれを単独で覚えるのではなく、語例として出ている単語を自分なりに分析しながら何度でも繰り返しこのページに戻って、少しずつでも構いませんから覚えていきましょう。なお、便宜上、語例は1つの単語に1つの意味だけを載せています。

【接頭辞（Prefix）】
（接頭語によっては複数の意味を持つものもあるので注意しましょう）

「否定」		
● il-	□ illegal 形違法な	□ illogical 形不合理な
● im-	□ impossible 形不可能な	□ impolite 形失礼な
● in-	□ indifferent 形無関心な	□ inevitable 形避けられない
● ir-	□ irregular 形不規則な	□ irresponsible 形無責任な

● **ig-**	□ ignoble 形卑しい	
● **neg-**	□ negative 形否定の	□ neglect 動〜を無視する
● **non-**	□ nonsense 名無意味なこと	□ nonresistance 名無抵抗
● **un-**	□ unfortunate 形不運な	□ unusual 形普通でない

「反対」

● **anti-**	□ antisocial 形反社会的な	□ antibiotic 名抗生物質
● **ant-**	□ antonym 名反意語	□ Antarctic 形南極の
● **contra-**	□ contrast 名対照	□ contradict 動〜と矛盾する
● **dis-**	□ dislike 動〜を嫌う	□ disadvantage 名不利
● **ob-**	□ object 動〜に反対する	□ obstruct 動〜を妨害する

「賛成、支持」

● **pro-**	□ proponent 名支持者	□ pro-government 形政府寄りの

「良い、善い」

● **bene-**	□ benefit 名利益	□ benevolent 形善意ある

「悪い」

● **mal-**	□ malfunction 名機能不全	□ malnutrition 名栄養失調

「誤って」

● **mis-**	□ mistake 名間違い	□ misunderstanding 名誤解

「前に、前もって」

● **ante-**	□ antecedent 形先行する	□ antedate 動〜に先行する
● **anti-**	□ anticipate 動〜を予想する	
● **pre-**	□ prepare 動〜を準備する	□ predict 動〜を予言する
● **pro-**	□ proceed 動前進する	□ prolong 動〜を長引かせる
● **fore-**	□ forecast 動〜を予報する	□ foresee 動〜を予知する

「前の」

● **ex-**	□ ex-wife 名前妻	□ ex-boyfriend 名元カレ

「後の、後に」

● **post**	□ postwar 形戦後の	□ postpone 動〜を延期する

Introduction

「中に、中の」
- **im-** — import 動~を輸入する / implicit 形暗黙の
- **in-** — income 名収入 / insert 動~を挿入する

「外に、外の」
- **ex-** — export 動~を輸出する / external 形外部の
- **out-** — outcome 名結果 / outward 形外面的な

「中間の、相互の」
- **inter-** — international 形国際的な / interfere 動干渉する

「通過、移動」
- **trans-** — transport 動~を輸送する / translate 動~を翻訳する

「大きい」
- **macro-** — macroeconomics 名マクロ経済学 / macroscopic 形巨視的な
- **mega-** — megaphone 名拡声器 / megalopolis 名超巨大都市
- **maxi-** — maximum 名最大限 / maximize 動~を最大限にする

「小さい」
- **micro-** — microscope 名顕微鏡 / microwave 名電子レンジ
- **mini-** — miniature 名小型模型 / minimize 動~を最小限にする

「共に、同時に」
- **co-** — cooperate 動協力する / coworker 名同僚
- **com-** — company 名仲間、同席 / compromise 動妥協する
- **con-** — contract 名契約（書） / consent 名同意
- **syn-** — synonym 名同意語 / synchronize 動同時に起きる
- **sym** — sympathy 名同情 / symmetry 名対象（性）

「離れて、分離」
- **ab-** — absent 形欠席して / abnormal 形異常な
- **de-** — depart 動出発する
- **di-** — divorce 名離婚 / distance 名距離
- **dis-** — dismiss 動~を解雇する / dispel 動~を追い払う

「数字」

● uni-（1つの）	□ unique 形 独特の	□ unite 動 統合する
● mono-（1つの）	□ monopoly 名 独占	□ monotonous 形 単調な
● bi-（2つの）	□ bicycle 名 自転車	□ bilingual 形 2カ国語の
● tri-（3つの）	□ triangle 名 三角形	□ tricycle 名 三輪車
● multi-（多数の）	□ multinational 形 多国籍の	□ multiply 動 大幅に増える
● semi-（半分の）	□ semiprofessional 形 セミプロの	□ semicircle 名 半円

「再び」

● re-	□ recollect 動 〜を思い出す	□ resume 動 〜を再開する

「第一番目の」

● prim-	□ primary 形 第一の	□ primitive 形 原始の
● prin-	□ principle 名 原則	□ principal 形 主要な

「まったく、すっかり」

● per-	□ perfect 形 完璧な	□ pervade 動 〜に充満する

「上に、超」

「ウルトラマン」につられて ultra をウルトラと読んではいけません。正しくは [ʌ́ltrə] です。

● super-（超）	□ supernatural 形 超自然の	□ supervise 動 〜を監督する
● ultra-（超）	□ ultrasound 名 超音波	□ ultraviolet 形 紫外線の
● extra-（超えた、範囲外の）	□ extraordinary 形 異常な	□ extracurricular 形 課外の
● over-（過度の）	□ overflow 動 あふれる	□ oversleep 動 寝過ごす
● out-（上回る）	□ outnumber 動 〜より多い	□ outlive 動 〜より長生きする
● sur-（上に、超えて）	□ surface 名 表面	□ surpass 動 〜を超える

「下に」

● de-（下に）	□ decrease 動 減少する	□ depress 動 〜を落胆させる
● sub-（下にある）	□ subway 名 地下鉄	□ submarine 名 潜水艦
● under-（不十分な）	□ underdeveloped 形 発達の遅れた	□ underestimate 動 〜を過小評価する

「〜する、〜させる」

● be-	□ befriend 動 〜の友達になる	□ becloud 動 〜をおおう
● en-	□ enrich 動 〜を豊富にする	□ enable 動 〜を可能にする

※ be- と en- は他動詞を作ります。

「遠い」

- **tele-** □ telephone 名電話　□ telescope 名望遠鏡

【接尾辞（Suffix）】

「動詞を作る接尾辞」

- **-en**（〜にする）　□ sharpen 動〜を鋭くする　□ strengthen 動〜を強化する
- **-ate**（〜にする）　□ generate 動〜を作り出す　□ fascinate 動〜を魅了する
- **-ish**（〜にする）　□ punish 動〜を罰する　□ cherish 動〜を大切にする
- **-fy/-ify**（〜化する）　□ satisfy 動〜を満足させる　□ justify 動〜を正当化する
- **-ize/-ise**（〜化する）　□ organize 動〜を組織化する　□ generalize 動〜を一般化する

「名詞を作る接尾辞」

①〈動詞⇒名詞〉型

- **-ment**　□ development 名発展　□ fulfillment 名達成（感）
- **-sion**　□ extension 名拡張　□ conclusion 名結論
- **-tion**　□ production 名生産　□ repetition 名繰り返し
- **-ce**　□ attendance 名出席　□ hindrance 名妨害

②〈形容詞⇒名詞〉型

- **-ness**　□ happiness 名幸福　□ goodness 名善良さ
- **-ty/-ity/-ety**　□ difficulty 名難しさ　□ hospitality 名歓待　□ anxiety 名心配
- **-cy/-acy**　□ urgency 名緊急（性）　□ intimacy 名親密さ
- **-ence**　□ confidence 名自信　□ innocence 名無罪
- **-th**　□ depth 名深さ　□ length 名長さ
- **-dom**　□ freedom 名自由　□ wisdom 名知恵

③〈名詞に付け加える〉型

- **-ship**（形、〜であること）　□ relationship 名関係　□ hardship 名苦難
- **-hood**（状態、集合体）　□ childhood 名子供時代　□ neighborhood 名近所
- **-ism**（〜主義、特性）　□ capitalism 名資本主義　□ optimism 名楽観主義

④〈人を表す名詞を作る〉型

- **-ee**（〜される人）　□ employee 名非雇用者　□ examinee 名受験者
- **-er**（〜する人）　□ employer 名雇用者　□ customer 名顧客
- **-eer**（〜する人）　□ pioneer 名開拓者　□ mountaineer 名登山者
- **-or**（〜する人）　□ doctor 名医師　□ governor 名知事

● -ist（〜する人）	□ artist 名芸術家	□ tourist 名観光客
● -ian（〜の人）	□ librarian 名図書館員	□ historian 名歴史家
● -ess（〜女性）	□ actress 名女優	□ princess 名王妃
● -ant（〜する人）	□ assistant 名助手	□ immigrant 名移民
● -ent（〜する人）	□ agent 名代理人	□ resident 名居住者
● -ate（〜の人）	□ candidate 名候補者	□ delegate 名代表者

「形容詞を作る接尾辞」

①〈動詞⇒形容詞〉型

● -able/-ible（〜できる）	□ available 形利用できる	□ flexible 形柔軟な
● -ent/-ient（〜の性質を持つ）	□ different 形違った	□ obedient 形従順な
● -ive（〜の傾向がある）	□ talkative 形話し好きな	□ exclusive 形排他的な
● -ing（〜すべき）	□ amazing 形驚くべき	□ charming 形魅力ある

②〈名詞⇒形容詞〉型

● -ful（〜に満ちた）	□ joyful 形喜ばしい	□ successful 形成功した
● -less（〜がない）	□ hopeless 形希望のない	□ harmless 形害のない
● -ous/-ious/-eous（〜に富む）	□ perilous 形危険な □ righteous 形正義の	□ envious 形うやましそうな
● -ant（〜な）	□ pleasant 形快適な	□ luxuriant 形贅沢な
● -al（〜的な）	□ racial 形人種の	□ sensational 形衝撃的な
● -ic/-ical（〜的な）	□ academic 形学問的な	□ economical 形経済的な
● -ish（〜がかった、〜の性質を帯びた）	□ childish 形子供じみた	□ selfish 形利己的な
● -y（〜に満ちた）	□ bloody 形血まみれの	□ greedy 形欲深い
● -ate（〜の性質を有する）	□ accurate 形正確な	□ affectionate 形愛情のこもった
● -en（〜から作られた）	□ golden 形金の	□ wooden 形木製の

「副詞を作る接尾辞」

● -ly	□ easily 副容易に	□ hardly 副ほとんど〜ない

-ly で終わるほとんどの語は副詞ですが、中には bodily（身体の）、costly（高価な）、cowardly（臆病な）、earthly（地球の）、friendly（親しい）、heavenly（天国の）、lively（活発な）、lonely（寂しい）、lovely（素晴しい）、orderly（整然とした）、stately（堂々とした）、ugly（醜い）、worldly（世俗的な）のような形容詞もあるので注意しましょう。

Chapter 1

動　詞

難関 421

Chapter 1 のスタートです。難関・最難関大学の入試問題に対応するには、まずは動詞を理解することから始まります。動詞さえ分かれば、長文問題もリスニング問題も、文脈をきちんと把握しながら、細部まで正確に理解できるようになります。

02 〜 44

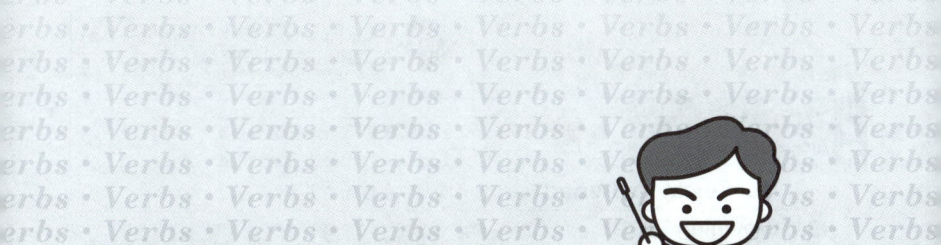

Chapter 1 動詞

1 await
[əwéit]

動 ～を待つ；～を待ち受ける

でる **await** the opportunity to meet the artist
（その芸術家に会う機会を待つ）

類 □ wait for ～　～を待つ

await は他動詞、wait は自動詞です。await は形式張った語なので、改まったスピーチやビジネスレター、かたい文章などでよく用いられます。

2 pose
[póuz]

動 ～をもたらす、引き起こす；～を投げかける、提起する；ポーズを取る　名 ポーズ、姿勢；見せかけ

でる **pose** a danger [risk] to ～（～に危険をもたらす）

でる **pose** a question（質問を投げかける）

でる **pose** for photographs（写真を撮るためにポーズを取る）

3 erect
[irékt]

動 ～を建てる；～を組み立てる　形 直立した

でる **erect** a statue（彫像を建てる[据える]）

派 □ erection　名 建築；組立

elect(～を選ぶ)と混同しないように注意しましょう。

4 pat
[pǽt]

動 ～を軽くたたく　名 軽くたたくこと

でる She **patted** me on the back.（彼女は私の背中を軽くたたいた）
[= She gave me a pat on the back.]

putt [pʌ́t]((ゴルフボール)をパットする)と混同しないように注意しましょう。

5 drown
[dráun] 発

動 溺死する；～を溺死させる；～を紛らわす

でる He almost **drowned**.（彼はもう少しで溺れ死にするところだった）

派 □ drowning　名 溺死

A drowning man will catch at a straw.
（溺れる者はわらをもつかむ）は有名な諺です。

6 lessen
[lésn]

動 **～を減らす**；減る

でる **lessen** the burden on ~ （～への負担を軽減する）

類 □ reduce 動 ～を減らす；減る

> 接尾辞 -en は形容詞・名詞に付いて「～にする、～になる」を意味する動詞を作ります。[less（より少ない）＋ en] で「～を減らす；減る」の意味となります。同音語の lesson（授業、レッスン）と混同しないように注意しましょう。

7 enrich
[inrítʃ]

動 **～を豊かにする；（土壌）を肥やす**；～を濃縮する；～を強化する

でる **enrich** the standard of living （生活水準を豊かにする）

でる **enrich** the soil （土壌を肥やす[肥沃にする]）

派 □ enrichment 名 豊かにすること；濃縮；強化

> 接頭辞 en- も形容詞・名詞に付いて「～にする」を意味する動詞を作ります。

8 mount
[máunt]

動 **～に上がる；～に乗る**；～に備え付ける；～を開始する

でる The car **mounted** the sidewalk. （車が歩道に乗り上げた）

でる **mount** a horse [bicycle] （馬[自転車]に乗る）

> mound（塚、小山；山積み）と混同しないように注意しましょう。

9 drag
[drǽg]

動 **～を引きずる、引っ張る**
名 **面倒な[うんざりさせる]もの**；妨げ

でる **drag** the table into the kitchen （テーブルを台所に引きずり入れた）

でる What a **drag**! （なんて面倒くさいんだ！ なんてつまらないんだ！）

> drug [drʌ́g]（薬；麻薬）と混同しないように注意しましょう。

10 illuminate
[ilú:mənèit]

動 **～を照らす**；～にイルミネーションを施す；**～を明らかにする**

でる **illuminate** the lobby with lights （ロビーを照明[ライト]で照らす）

でる **illuminate** a connection between *A* and *B*
（AB間の関係を明らかにする）

派 □ illumination 名 照明；解明

11 dip [díp]
動 ～をちょっと浸す［つける］；下がる

でる **dip** a quill pen in ink（羽ペンをインクにちょっとつける）
でる The temperature **dipped** below 10 degrees Fahrenheit.
（温度が華氏10度以下に下がった［落ち込んだ］）

12 sneeze [sníːz]
動 くしゃみをする **名** くしゃみ

でる He **sneezed** three times in a row.（彼は3回連続でくしゃみをした）

> snooze（居眠りする；うたた寝）と混同しないように注意しましょう。

13 rot [rát]
動 腐る、腐敗する **名** 腐敗；堕落

でる leave dead fish to **rot**（死んだ魚をそのまま放置して腐らせる）

派 □ rotten **形** 腐った；堕落した；不快な
類 □ decay **動** 腐る、腐敗する；低下する；衰える

14 commute [kəmjúːt]
動 通勤［通学］する；～を交換する；～を減刑する

でる **commute** to work by public transportation
（公共交通機関で通勤する）

派 □ commuter **名** 通勤［通学］者
　□ commuting **名** 通勤、通学

15 grin [grín]
動 （歯を見せて）にこっと［にやっと］笑う
名 にこやかな笑い

でる She **grinned** at me.
（彼女は私ににこっと笑いかけた、彼女は私を見てにやにやした）

熟 □ grin and bear it　笑ってこらえる

> grim（厳しい；険しい）と混同しないように注意しましょう。

サクッと復習テスト

❶ 彫像を建てる　　　　　　　　＿＿＿＿＿ a statue
❷ 土壌を増やす　　　　　　　　＿＿＿＿＿ the soil
❸ 彼は3回連続でくしゃみをした。　He ＿＿＿＿＿ three times in a row.

答え　❶ erect　❷ enrich　❸ sneezed

---

16 cast
[kæst | káːst]

動 ～を投じる；～を投げかける；～を投げる；～を投げ入れる　名 配役、キャスト；投げること；ギプス

- **cast** a vote [ballot]（投票する）
- **cast** doubt on ～（～に疑問を投げかける⇒～を疑う）
- **cast** the dice（さいころを投げる⇒さいころを振る）
- **cast** a net（網を投げ入れる⇒網を打つ）

> 同音語の caste（カースト制度）と混同しないように注意しましょう。

17 rejoice
[ridʒɔ́is]

動 喜ぶ、歓喜する

- We **rejoiced** to hear (that) ～（我々は～ということを聞いて喜んだ）
- **rejoice** at the good news（その朗報に歓喜する）

派 □ rejoicing　名 喜び、歓喜

18 grab
[græb]

動 ～をつかむ；～を手に入れる；～を素早く食べる［飲む］

- He **grabbed** me by the arm.（彼は私の腕をつかんだ）
- **grab** a chance（チャンスをつかむ［ものにする］）
- Let's **grab** a bite (to eat).（軽く食事をしましょう）

熟 □ be up for grabs　簡単に手に入る
類 □ seize　動 ～をつかむ；～を捕まえる

19 revise
[riváiz]

動 ～を修正［訂正］する；～を改訂する；～を改正する

- **revise** the conventional view（従来の見解［物の見方］を修正する）

派 □ revision　名 修正；改訂

20 emit
[imít]

動 （ガス・熱・光など）を放出する、放射する；（声や音）を出す

でる **emit** pollutants （汚染物質を排出 [放出] する）
でる **emit** a loud sound （大きな音を出す）

派 □ emission 名 排出；放射

21 overtake
[óuvərtéik]

動 **～を上回る**；～に追いつく；《英》～を追い越す

でる The demand soon **overtook** the supply. （すぐに需要が供給を上回った）

類 □ catch up with ～　～に追いつく

 overtake の活用変化は overtake-overtook-overtaken です。

22 drift
[dríft]

動 **漂う、漂流する**；放浪する
名 漂流（物）；**吹きだまり**；趣旨；動向

でる **drift** in the sea （海を漂流する）
でる deep **drifts** of snow （深い雪の吹きだまり）

 『8時だョ！全員集合』や『ドリフ大爆笑』のザ・ドリフターズは、drifters（漂流者, 放浪者）の集まりだったってこと？（笑）

23 edit
[édit]

動 **～を編集する**；～を校訂する

でる **edit** a magazine （雑誌を編集する）

派 □ editor 名 編集者
□ edition 名 （刊行物の）版
□ editorial 名 社説 形 編集者の；編集上の

24 qualify
[kwáləfài]

動 **資格がある**；資格を取る；～に資格を与える

でる You **qualify** for this scholarship.
（あなたにはこの奨学金を受ける資格があります）

派 □ qualified 形 資格のある；適任の
□ qualification 名 資格；資格証明書；能力

25 drain [dréin]
動 ～を排出させる、抜く；～を排水する；～をへとへとに疲れさせる **名** 排水管；排水溝

- でる **drain** the bath（風呂の水を抜く）
- でる **drain** the lake dry（湖をからからに排水する⇒湖を干拓する）
- でる She was utterly **drained** after the long flight.
  （彼女は長時間のフライトで、すっかり疲れ果てていた）

派 □ drainage **名** 排水；排水路、下水溝

26 bloom [blúːm]
動 開花する、咲く；（～に）成長する、発展する（into）
名 開花；花；最盛期

- でる My roses are just about to **bloom**.
  （うちのバラは今まさに開花しようとしている）
- でる The cherry blossoms are in full **bloom** now.（桜は今満開である）

類 □ blossom **動** 開花する；（～に）成長する（into） **名** 開花；花

> broom（ほうき）と混同しないように注意しましょう。late bloomer（遅咲き[大器晩成型]の人）も覚えておきましょう。

27 scan [skǽn]
動 ～をざっと読む；～を精査する；～をスキャンする
名 （医療目的の）スキャン；ざっと読むこと

- でる **scan** a newspaper（新聞にざっと目を通す）
- でる **scan** the bar code on a product
  （商品のバーコードをスキャンする[読み取る]）

類 □ skim **動** ～をざっと読む；～をすくい取る

> リーディングの手法として、scanning と skimming には違いがあります。特定のキーワードや情報などを探しながら文全体を探し読むのが scanning、文章を大まかにざっと読み通すのが skimming です。

28 assemble [əsémbl]
動 集まる；～を集める；～を組み立てる

- でる The students **assembled** in the auditorium.
  （学生たちは講堂に集まった）
- でる **assemble** parts into a machine（部品を一つの機械に組み立てる）

派 □ assembly **名** 集会；議会；組み立て

> 「組み立てライン、流れ作業」は assembly line と言います。

29 cherish [tʃériʃ]
動 ～を大事にする；～をかわいがる；～を懐かしむ

でる She **cherishes** her stuffed animal.
（彼女は動物の縫いぐるみを大事にしている）

でる **cherish** the memory of my childhood
（子供の頃の思い出を懐かしむ［大事にする］）

30 leak [líːk]
動 漏れる；～を漏らす　**名** 漏れ；漏洩

でる The gas **leaked** from the plant.（ガスが工場から漏れた）

でる **leak** classified information to the press（機密情報をマスコミに漏らす）

派 □ leakage **名** 漏れ；漏出量

 同音語の leek（ニラネギ）や reek（悪臭を放つ；悪臭）と混同しないように注意しましょう。

🎧 05

31 enhance [inhǽns]
動 ～を高める、強める、向上させる

でる **enhance** the productivity of ～（～の生産性を高める）

でる **enhance** the learning environment（学習環境を向上させる）

派 □ enhanced **形** 強化［改良・改善］された
　□ enhancement **名** 強化、改善、増強

32 clarify [klǽrəfài]
動 ～を明確にする、はっきりさせる

でる **clarify** the objectives of ～（～の目的を明確にする）

派 □ clarity **名** 明確［明瞭］さ；透明さ

33 soak [sóuk]
動 ～を浸す［つける］；～をずぶぬれ［びしょぬれ］にする

でる **Soak** the shirt in water.（シャツを水に浸しなさい［つけなさい］）

でる She got **soaked** to the skin because of the sudden shower.
（彼女はにわか雨でびしょぬれになった）
[= She got soaking wet because of the sudden shower.]

熟 □ soak up ～　～を吸収する
派 □ soaking **形** ずぶぬれの、びしょぬれの

サクッと復習テスト

❶ さいころを振る　　　　　　　　　　　　_____ the dice
❷ 雑誌を編集する　　　　　　　　　　　　_____ a magazine
❸ ガスが工場から漏れた。　　　　The gas _____ from the plant.

答え　❶ cast　❷ edit　❸ leaked

---

34 dwell [dwél]

動 住む；（～を）くよくよ考える (on)；（～について）長々と話す (on)

- **でる** **dwell** in the country（田舎に住む）
- **でる** **dwell** on the past（過去についてくよくよ考える⇒過去にこだわる）

派 □ dwelling **名** 住居、住宅

35 browse [bráuz] 発

動 （店で商品を）見て回る；（～を）ざっと見る、閲覧する

- **でる** **browse** around the store（店の中をゆっくり見て回る）
- **でる** **browse** (through) a book（本を拾い読みする）

派 □ browser **名** ブラウザー、閲覧ソフト；本を拾い読み［立ち読み］

36 halt [hɔ́ːlt]

動 ～を止める；～を中止する　**名** 停止；中止

- **でる** **halt** the spread of ~（～の蔓延を食い止める）
- **でる** **halt** the development of ~（～の開発を中止する）
- **でる** The truck came to a **halt** at the traffic light.
  （トラックは信号機の前で停止した）

37 soar [sɔ́ːr]

動 急上昇する；舞い上がる；急騰する；高くそびえる

- **でる** The child's temperature **soared**.（その子供の熱は急に上がった）
- **でる** Gas prices have **soared**.（ガソリン価格が急騰した）

 同音語の sore（痛い；痛い所）と混同しないように注意しましょう。

38 discard [diskáːrd]

動 ～を捨てる、処分する；（人）を切り捨てる
名 [dískaːrd] 捨てられた物［人］；（トランプの）捨て札

- **でる** **discard** garbage（生ゴミを捨てる）

類 □ throw away ~　～を捨てる

39 esteem
[istíːm]

動 **～を尊重する、尊敬する；～を（高く）評価する**
名 尊重、尊敬

でる **esteem** each other's values（互いの価値観を尊重する）
でる The doctor is highly **esteemed**.（その医師は高く評価されている）

 self-esteem（自尊心）も覚えておきましょう。

40 mislead
[mìslíːd]

動 **～を誤解させる**；～を誤った方向に導く；～を欺く

でる Such a statement might **mislead** people.
（そのような発言は人々の誤解を招くかもしれない）

派 □ misleading 形 誤解を招く恐れのある、紛らわしい

 mislead の活用変化は mislead-misled-misled です。

🎧 06

41 misplace
[mìspléis]

動 **～を置き忘れる**；～を置き間違える

でる I **misplaced** my house key.（家の鍵を置き忘れた）

派 □ misplaced
形 見当違いの、間違った

 displace（～を移動させる；～に取って代わる）と混同しないように注意しましょう。

42 clap
[klǽp]

動 **拍手する；（手）をたたく** 名 拍手（の音）

でる **clap** and cheer（拍手して歓声を上げる⇒拍手喝采する）
でる **Clap** your hands to the music.（音楽に合わせて手をたたきなさい）

 crap（たわごと；糞）と混同しないように注意しましょう。

43 slap
[slǽp]

動 **～を平手で打つ**；～をたたきつける
名 平手打ち；非難、侮辱

でる He **slapped** me in [on/across] the face.（彼は私の顔を平手打ちした）
[= He slapped my face.]

熟 □ a slap in the face 侮辱；ひじ鉄砲

44 donate
[dóuneit]

動 ~を寄付する、寄贈する；~を提供する

でる **donate** all the proceeds to charity
（収益のすべてを慈善事業に寄付する）

でる **donate** blood [organs]（献血する [臓器を提供する]）

派 □ donation **名** 寄付（金）；（臓器・血液などの）提供
□ donor [dóunər] **発** **名**（臓器・血液などの）提供者；寄贈者

> donor は「臓器提供者」であり、臓器提供を受ける「臓器移植者」は recipient と言います。

45 cite
[sáit]

動 ~を引き合いに出す；~を引用する

でる **cite** a few examples（いくつかの事例を引き合いに出す）

派 □ citation **名** 引用（文）、例証
類 □ quote **動** ~を引き合いに出す；~を引用する

> cite は「例証として引用する」、quote は「原文から文字通り引用する」というニュアンスの違いがあります。

46 insert
[insə́:rt] **発**

動 ~を挿入する **名** [ínsə:rt] **発** 挿入物；折り込み広告

でる **insert** a coin into [in] the slot（コインを投入口に挿入する）

派 □ insertion **名** 挿入

47 blast
[blǽst]

動 ~を爆破する；~を大きな音で鳴らす；~を激しく非難する **名** 突風；爆破；爆風；非難；**とても楽しい経験**

でる **blast** a tunnel through the mountain（爆破して山にトンネルを作る）
でる a **blast** of wind（一陣の風）
でる We had a **blast** watching the movie.
（我々はその映画を思いっきり楽しんだ）

48 fetch
[fétʃ]

動 ~を取ってくる、持ってくる

でる He had his dog **fetch** the ball.
（彼は自分の犬にボールを（投げて）取ってこさせた）

> fetch は「人が物を取りに行く」場合にも使いますが、特にアメリカでは犬などの動物が物を取ってくる時によく用いられる動詞です。

49 choke
[tʃóuk]

動 ~を窒息させる；(~で) 息が詰まる (on)；~を絞め殺す

でる A piece of gum nearly **choked** him.
(彼はガムで喉を詰まらせ、窒息するところだった)

でる He **choked** his brother to death. (彼は弟を絞め殺した)

類 □ stifle 動 ~を窒息させる；~を抑える
□ strangle 動 ~を絞め殺す；~を抑圧する
□ smother 動 ~を窒息死させる；~を抑える；~をもみ消す
□ suffocate 動 ~を窒息死させる；~を抑圧する

50 anticipate
[æntísəpèit]

動 ~を予測する；~を楽しみに待つ；~に先んじる

でる **anticipate** the outcome of ~ (~の成り行きを予想する)

でる I eagerly **anticipate** seeing my parents.
(両親に会うことを心待ちにしている)

派 □ anticipation 名 予想；期待；先行
□ anticipatory 形 見越しての；先行の

🎧 07

51 omit
[oumít]

動 ~を除外する、省略する、割愛する

でる **omit** unrelated details from the report
(報告書から関係のない細部を削除する)

派 □ omission 名 省略、削除、脱落

52 bump
[bʌmp]

動 ~をぶつける；~にぶつかる
名 (体の) こぶ；(道の) でこぼこ

でる He **bumped** his head on [against] the wall. (彼は壁に頭をぶつけた)

熟 □ bump into ~ ~に偶然出会う (= run into ~)
派 □ bumper 名 (車の) バンパー
□ bumpy 形 でこぼこの；がたがた揺れる；多難な

53 rub
[rʌb]

動 ~をこする；~をこすりつける；~を塗る
名 摩擦；困難；マッサージ

でる Don't **rub** your eyes. (目をこすらないで)
でる **Rub** the cream into your skin. (クリームを肌に塗り込みなさい)

サクッと復習テスト

❶ 店の中をゆっくり見て回る　　　　　　　_____ around the store
❷ そのような発言は人々の誤解を招くかもしれない。　Such a statement might _____ people.
❸ いくらかの事例を引き合いに出す　　　　_____ a few examples

答え　❶ browse　❷ mislead　❸ cite

---

54 contaminate
[kəntǽmənèit]

動 **～を汚染する**；～に悪影響を及ぼす

でる **contaminate** groundwater（地下水を汚染する）

派 □ contamination 名 汚染；汚染物；悪影響

55 gasp
[gǽsp]

動 **あえぐ、息を切らす**；はっと息をのむ
名 あえぎ、息切れ；**はっと息をのむこと**

でる **gasp** for air [breath]（息が苦しくてあえぐ）
でる give [let out] a **gasp** of surprise
（驚いてはっと息をのむ、はっと驚きの声を上げる）

> grasp（～をにぎる；～を把握する）と混同しないように注意しましょう。

56 unplug
[ʌnplʌ́g]

動 **～のプラグ［コンセント］を抜く**

でる **unplug** the rice cooker（炊飯器のプラグ［コンセント］を抜く）

反 □ plug in ～　～のプラグ［コンセント］を差し込む

57 unload
[ʌnlóud]

動 **（荷物など）を降ろす**；～を取り外す

でる **unload** luggage from the trunk（トランクから手荷物を降ろす）

反 □ load 動 ～を積み込む 名 積み荷；重荷；仕事量

58 subscribe
[səbskráib]

動 **（～を）定期購読する**（to）；～を寄付する；～に署名する

でる **subscribe** to two weekly magazines（2種類の週刊誌を定期購読する）

派 □ subscription 名 定期購読；寄付；署名
　□ subscriber 名 定期購読者；寄付者；署名人

59 ponder
[pándər]

動 ～を熟考する、沈思する；(～について) 思案する (over/on/about)

- **ponder** how to solve the problem (その問題の解決法を熟考する)
- **ponder** over her words
  (彼女の言葉に思案する⇒彼女の言ったことをじっくりと考える)

60 kneel
[níːl] 発

動 ひざまずく

- **kneel** (down) on the floor (床にひざまずく)

> kneel の活用変化は kneel-knelt/kneeled-knelt/kneeled です。

08

61 expel
[ikspél]

動 ～を追放する、追い出す；～を除名する、退学させる；～を排出する

- **expel** the enemy from the country (国から敵を追放する)
- The student was **expelled** from school.
  (その学生は退学させられた [放校された])

派 □ expulsion [ikspʌ́lʃən] **名** 追放；除名、除籍

62 swell
[swél]

動 ～を膨らませる；～を増やす；腫れる
名 膨らみ；(波の) うねり；増大

- The wind has **swollen** the sails. (風で帆が膨らんでいる)
- The rain **swelled** the rivers. (雨で河川が水かさを増した)
- His ankle began to **swell** (up). (彼の足首は腫れ始めた)

派 □ swollen **形** 腫れ上がった；増大 [増水] した

> swell の活用変化は swell-swelled-swollen/swelled です。

63 hover
[hʌ́vər] 発

動 (空中で) 停止する、浮かぶ；うろつく；行き来す

- A hummingbird can **hover** in the air. (ハチドリは空中で停止できる)

> hovercraft (ホバークラフト) は、船体を浮揚させて高速で走行する水陸両用の乗り物です。

64 undo
[ʌndúː]

動 ~を外す、ほどく、緩める；~を元に戻す；~を帳消しにする

- She **undid** the buttons on her coat. (彼女はコートのボタンを外した)
- What's done cannot be **undone**.
  (起きてしまったことは元に戻せない) [シェイクスピア「マクベス」]

> undue [ʌndjúː] (過度の；不当な) と混同しないように注意しましょう。undo の活用変化は undo-undid-undone です。

65 reside
[rizáid]

動 居住する；存在する

- **reside** in a nursing home (老人ホームで暮らす)
- True happiness does not **reside** in wealth.
  (真の幸福は富の中に存在しない)

派 □ residence **名** 住宅、邸宅；居住
派 □ resident **名** 居住者、住民；研修医

66 burst
[bə́ːrst]

動 急に~し出す；破裂[決壊]する、はじける
名 爆発、破裂；突発

- **burst** into tears (わっと泣き出す) [= burst out crying]
- **burst** out laughing (急に笑い出す) [= burst into laughter]
- The dam **burst** after a week of heavy rain.
  (ダムは1週間の豪雨の後、決壊した)

> burst の活用変化は burst-burst-burst です。

67 expire
[ikspáiər]

動 有効期限が切れる；満了する

- Her driver's license **expires** in August.
  (彼女の運転免許証は8月に期限が切れる)

派 □ expiration **名** 満了、満期 (= expiry)

68 steer
[stíər]

動 ~を操縦する、運転する；~を向ける、導く

- **steer** a boat [car] (船を操縦する[車を運転する])

> 「車のハンドル」は steering wheel と言います。

69 glare [gléər]
動 **(〜を) にらみつける** (at)；ぎらぎら輝く [光る]
名 **まぶしい光**；にらみつけること

でる He **glared** angrily at me.（彼は怒った目で私をにらみつけた）
でる the **glare** of the neon lights（ネオンのまぶしい光）

派 □ glaring 形 まぶしい；明白な；派手な

70 shrug [ʃrʌ́g]
動 **(肩) をすくめる** 名 肩をすくめること

でる She shook her head and **shrugged** her shoulders.
（彼女は首を振り、肩をすくめた）[何も知らない・分からない時に使うジェスチャー]

熟 □ shrug off 〜　〜を無視する、受け流す

🎧 09

71 certify [sə́ːrtəfài]
動 **〜を証明する、保証する**

でる This is to **certify** (that) 〜（ここに〜であることを証明する）

派 □ certified 形 有資格の、公認の；証明 [保証] された（= certificated）
　□ certificate 名 証明書；修了証書
　□ certification 名 証明、認証；証明 [保証] 書

72 vacate [véikeit | vəkéit]
動 **〜を立ち退く、明け渡す**；〜を辞任 [辞職] する

でる **vacate** the office（事務所を立ち退く [明け渡す]）

派 □ vacant 形 空いている；からの
　□ vacancy 名 空き部屋；欠員；空虚

73 navigate [nǽvəgèit]
動 **〜を航海 [航行] する；〜を操縦する**

でる **navigate** the Pacific Ocean（太平洋を航海 [航行] する）
でる **navigate** a large ship（大型船を操縦する）

派 □ navigation 名 航海 [航行] 術；航海、航行
　□ navigator 名 航海 [航空] 士；操縦士

> 自動車の「カーナビ」は car navigation system と言います。

サクッと復習テスト

❶ 炊飯器のプラグを抜く　　　　　　　＿＿＿＿＿ the rice cooker
❷ わっと泣き出す　　　　　　　　　　＿＿＿＿＿ into tears
❸ 事務所を立ち退く　　　　　　　　　＿＿＿＿＿ the office

答え　❶ unplug　❷ burst　❸ vacate

---

74 chatter
[tʃǽtər]
動 **(早口で) ぺちゃくちゃ喋る**　名 無駄口、おしゃべり

でる **chatter** (away) about trivial matters
（つまらないこと［どうでもいいこと］をぺちゃくちゃ喋る）

派 □ chatterbox 名 おしゃべりな人

> chatter は「くだらないことをぺちゃくちゃ喋る」、chat は「ちょっとおしゃべりする、単に雑談する」というニュアンスの違いがあります。

75 tease
[tíːz]
動 **〜をからかう、ひやかす**　名 からかい

でる Stop **teasing** me!（からかうのは止めて！）

> teethe [tíːð]（歯が生える）と混同しないように注意しましょう。

76 bully
[búli]
動 **〜をいじめる、いびる**；〜を脅す　名 **いじめっ子**

でる Don't **bully** the weak.（弱い者いじめをするな）
でる A **bully** is a coward.（いじめっ子は臆病者だ）

派 □ bullying 名 いじめ
類 □ pick on 〜 〜をいじめる、いびる

> tease（〜をからかう）とは異なり、bully は「（弱者）をいじめる、いびる」という意味を表します。

77 rear
[ríər]
動 **(子供) を育てる**；（動物）を飼育する
形 **後ろの**　名 後部；**尻**

でる She was **reared** on a farm until the age of fourteen.
（彼女は14歳まで農場で育った）
でる She landed on her **rear** end.（彼女は尻もちをついた）
［= She landed on her rear.］

類 □ raise 動 〜を育てる
　 □ bring up 〜　〜を育てる

> child rearing（育児、子育て）も覚えておきましょう。

78 pierce
[píərs]

動 **~を突き刺す；~に穴をあける**；(寒さ・苦痛などが) ~の身にしみる

でる **Pierce** each potato twice with a fork. (それぞれのイモにフォークを2度刺してください)

でる I had my ears **pierced**. (耳にピアスを開けた)

派 □ piercing **形** 耳をつんざくような；身を切るような；鋭い

79 ascend
[əsénd]

動 **上昇する**；(山) を登る

でる The plane **ascended** rapidly. (飛行機は急上昇した)

派 □ ascent **名** 上昇；登山

80 descend
[disénd]

動 **降下する；~を下りる**；(先祖から子孫へと) 伝わる

でる The plane started to **descend**. (飛行機は下降し始めた)

でる **descend** the stairs (階段を下りる)

派 □ descent **名** 下降；下り坂；家系、血統
  □ descendant **名** 子孫

反 □ ascend **動** 上昇する；(山) を登る

🎧 10

81 advocate
[ǽdvəkèit] 発

動 **~を提唱する、推奨する**；~を支持する、擁護する

名 [ǽdvəkət] 発 **支持者**；提唱者

でる **advocate** the implementation of ~ (~の実施を提唱する)

でる gun control **advocates** (銃規制支持者)

派 □ advocacy **名** 弁護、擁護、支持

82 merge
[mə́:rdʒ]

動 **(~と) 合併する、結合する** (with)**；(~に) 溶け込む、同化する** (into)

でる **merge** with a Swiss firm (スイスの会社と合併する)

でる **merge** into the crowd (人ごみの中に溶け込む、人ごみの中へ消える)

派 □ merger **名** 合併；融合

> 企業の合併・買収を表すM&Aは、merger and acquisitionのことです。

83 adore
[ədɔ́:r]
動 ～が大好きである；～を可愛がる、熱愛する；（神）を崇拝する、あがめる；（人）を敬愛する

- でる **adore** traveling（旅行をするのが大好きである）
- でる She **adores** her grandchildren.（彼女は孫をとても可愛がっている）

派 □ adorable 形 可愛らしい；崇拝すべき
□ adoration 名 熱愛；崇拝

> adorn（～を飾る、装飾する）と混同しないように注意しましょう。

84 spark
[spá:rk]
動 ～を引き起こす；～を刺激する **名** 火の粉；元気

- でる **spark** (a) controversy（論争に火をつける、物議を醸す）

> sparkle（きらきら光る；輝き）と混同しないように注意しましょう。

85 intervene
[ìntərvíːn]
動 （～に）干渉［介入］する（in）；（～を）仲裁［調停］する（in）；邪魔に入る；介在する

- でる **intervene** in their internal affairs（彼らの国の内政干渉をする）
- でる if nothing should **intervene**
（何も邪魔が入らなければ⇒何も支障が生じなければ）

派 □ intervention 名 介入、干渉；仲裁、調停

86 enchant
[intʃænt]
動 ～を魅了する、うっとりさせる；～に魔法をかける

- でる She was **enchanted** by the singer's voice.
（彼女はその歌手の声に魅了された）

派 □ enchanting 形 魅惑的な、うっとりさせる
□ enchantment 名 魅了、魅惑；魔法
類 □ fascinate 動 ～を魅了する、うっとりさせる

87 flatter
[flǽtər]
動 ～にお世辞を言う、～をおだてる；～を実際よりよく見せる

- でる Don't **flatter** me.（お世辞を言わないで、おだてないで）
- でる Don't **flatter** yourself.（うぬぼれるな、いい気になるな）

派 □ flattery 名 お世辞、おだて

88 migrate
[máigreit]

動 (人が) 移住する；(鳥などが) 移動する、渡る

でる **migrate** to the neighboring countries
（近隣諸国へ移住する [移り住む]）

でる Some birds **migrate** for the winter.
（ある鳥は冬に備えて [越冬のため] 移動する）

派 □ migration 名 移住；移動
□ migratory 形 移動性の、渡りの；移住の

> immigrate ((外国から) 移住する) と emigrate ((他国へ) 移住する) も覚えておきましょう。

89 foster
[fɔ́:stər]

動 〜を育む、助長する；(他人の子供) を養育する
形 里親の

でる **foster** rich creativity（豊かな創造性を育む）

でる a **foster** child（里子）

90 chuckle
[tʃʌ́kl]

動 くすくす笑う、ほくそ笑む
名 くすくす笑い、含み笑い

でる She **chuckled** when she heard the joke.
（彼女はジョークを聞いてくすくす笑った）

> chuckle は口を開けずに、静かにくすくす笑うことを表します。

🎧 11

91 blush
[blʌ́ʃ]

動 (恥ずかしさ・当惑などで) 赤面する
名 赤面、恥じらい

でる She **blushed** deeply.（彼女は真っ赤に赤面した）

派 □ blushingly
副 恥ずかしそうに、はにかみながら

> brush (ブラシ、はけ) と混同しないように注意しましょう。

92 flush
[flʌ́ʃ]

動 (怒り・興奮などで) 赤面する；(トイレ) の水を流す
名 (顔の) 紅潮；興奮；(トイレの) 水洗

でる Her face **flushed** with anger.（彼女の顔は怒りで赤くなった）

でる **flush** the toilet（トイレの水を流す）

> flush が「恥ずかしさ・当惑など」で赤面する時にも使われることはありますが、その意味では大抵 blush の方が用いられます。flash (点滅する；ぴかっと光る；閃光) と混同しないように注意しましょう。

サクッと復習テスト

❶ からかうのは止めて！　　　　　Stop _____ me!
❷ スイスの会社と合併する　　　　_____ with a Swiss firm
❸ お世辞を言わないで。　　　　　Don't _____ me.

答え　❶ teasing　❷ merge　❸ flatter

---

93 shove
[ʃʌ́v]

動 ～を押す、押しやる；～を押し込む、突っ込む
名 強く押すこと

でる She **shoved** the bucket to the side. (彼女はバケツを脇に押しやった)

でる He **shoved** his wallet into his pocket.
(彼は財布をポケットに突っ込んだ[押し込んだ])

94 flip
[flíp]

動 (～を) パラパラめくる (through)；～をはじく；
～をひっくり返す

でる **flip** through a magazine (雑誌をパラパラめくる)

でる **flip** a coin (《事を決めるため》硬貨をはじく[投げる])

> flap (羽ばたく；～を羽ばたかせる) や flop (どさっと座る；大失敗する) と混同しないように注意しましょう。

95 recite
[risáit]

動 ～を暗唱する；～を朗読する

でる **recite** a poem (詩を暗唱[朗読]する)

派 □ recitation **名** 暗唱；朗読；詳述
　□ recital **名** リサイタル、独奏[唱]会；朗読

96 dictate
[díkteit]

動 ～を (～に) 書き取らせる、口述する (to)；～を命令する

でる He **dictated** a letter to his secretary.
(彼は秘書に手紙を書き取らせた[口述した])

派 □ dictation **名** 書き取り、口述；命令、指図
　□ dictator **名** 独裁者；支配者

97 retain
[ritéin]

動 ～を保持する、維持する；～を記憶にとどめる

でる **retain** a large amount of information (大量の情報を保持する)

でる **retain** every detail
(あらゆる詳細を記憶にとどめる、細部にわたりすべてを覚えておく)

派 □ retainment **名** 保持、維持；記憶
　□ retention **名** 保持、維持；記憶 (力)

98 pledge [plédʒ]
動 ~を誓う；~を誓約させる　名 誓約、公約

- でる He **pledged** his support to me. (彼は私への支援を誓った[約束した])
  [= He pledged me his support.]
- でる an election **pledge** (選挙公約) [= a campaign pledge]

99 linger [líŋgər]
動 残存する；長引く；ぐずぐずする

- でる **linger** in the atmosphere for a long period (大気中に長期間残存する)
- でる The cold weather will **linger** through the weekend.
  (寒い天気は週末を通して長引くだろう)

派 □ lingering 形 なかなか消えない；長引く

100 embrace [imbréis]
動 ~を抱き締める；~を受け入れる　名 抱擁

- でる **embrace** each other (互いに抱き合う)
- でる **embrace** the idea that ~ (~という考えを受け入れる)

派 □ embracement 名 抱擁；受け入れ；包括

all-embracing (包括的な、網羅的な) も覚えておきましょう。

🎧 12

101 arouse [əráuz] 発
動 ~を引き起こす、かき立てる；~を目覚めさせる；~を刺激する

- でる **arouse** great interest in other languages
  (他言語への大きな関心を呼び起こす)

派 □ arousal [əráuzəl] 名 覚醒；喚起
類 □ rouse 動 ~を引き起こす；~を目覚めさせる

arise [əráiz] (起こる；起床する) と混同しないように注意しましょう。

102 deposit [dipázit]
動 ~を預金する；~を堆積させる；~を置く
名 預金；保証金、敷金；堆積物、沈殿物

- でる **deposit** money in the bank (銀行に預金する)
- でる marine **deposits** (海成堆積物)

反 □ withdraw 動 (預金) を引き出す；~を地理消す；~を撤退させる

103 blur
[blə́ːr]
- 動 ~を曖昧にする；~をぼやけさせる；かすむ
- 名 ぼやけ；かすみ

- でる **blur** the definition of ~（~の定義を曖昧にする）
- でる Her eyes **blurred** with tears.（彼女の目は涙でかすんだ）
  [= Tears blurred her eyes.]

派 □ blurry 形 ぼやけた、不鮮明な；かすんだ（= blurred）

104 testify
[téstəfài]
- 動 ~を証言する；(~を) 証明する (to)

- でる **testify** in court（法廷で証言する）
- でる **testify** to the effect of ~（~の有効性［効果］を証明する）

派 □ testimony 名 証言；証明、証拠
  □ testimonial 名 推薦状；感謝状；証明書

105 disregard
[dìsrigáːrd]
- 動 ~を無視する、軽視する 名 無視、軽視

- でる **disregard** professional advice（専門的助言を無視［軽視］する）
- でる show complete **disregard** for ~（~を完全に無視［軽視］する）

類 □ ignore 動 ~を無視する

106 graze
[gréiz]
- 動 (家畜が) 草を食べる；~を擦りむく；~をかすめる
- 名 かすり傷

- でる The cattle were **grazing** in the meadow.
  （牛が牧草地で草を食べていた）

派 □ grazing 名 放牧；牧草 (地)

> gaze（じっと見る；凝視）や glaze（~にガラスをはめる；上薬）と混同しないように注意しましょう。

107 fret
[frét]
- 動 やきもきする；気をもむ；~を悩ます
- 名 苛立ち；苦悩

- でる It's no use **fretting** now.（今さらやきもき［いらいら］しても仕方がない）
- でる **fret** over every little thing（細かいことにいちいち気をもむ）

派 □ fretful 形 いらいら［やきもき］した；気難しい

108 beware
[biwéər]
- 動 (~に) 注意する、用心する (of)

- でる **Beware** of pickpockets.（スリにご注意［ご用心］）

派 □ aware 形 (~に) 気づいて (of/that)；(~を) 知って (of/that)

109 assert [əsə́ːrt]
動 ~と断言する、言い張る；~を主張する

- They **asserted** (that) ~ (彼らは~だと断言[主張]した)
- She **asserted** her legal rights. (彼女は法的権利を主張した)

派 □ assertion **名** 断言、主張
　□ assertive **形** 自己主張の強い；断定的な

110 contend [kənténd]
動 競争する；論争する；~と主張する

- **contend** for the first prize (優勝を目指して競争する[戦う])
- They **contended** (that) ~ (彼らは~と主張した)

派 □ contention **名** 競争；論争；主張
　□ contentious **形** 議論を引き起こす；論争好きな
　□ contender **名** 競争者；候補者

🎧 13

111 initiate [iníʃièit]
動 ~を開始する、~に着手する；~に手ほどきする；~を入会させる

- **initiate** a new program (新たな計画を開始する)

派 □ initiation **名** 入会、加入；開始、着手
　□ initial **形** 最初の；初期の；頭文字の **名** 頭文字
　□ initiative **名** 率先、自発性；主導権
類 □ launch **動** ~を開始する、~に着手する；~を打ち上げる **名** 開始；発射

112 thrive [θráiv]
動 繁栄する、成功する；よく成長[生育]する

- His business started to **thrive**. (彼の商売は繁盛し始めた⇒彼の商売は軌道に乗り出した)
- These plants don't **thrive** in tropical areas. (これらの植物は熱帯地方ではうまく育たない)

派 □ thriving **形** 繁栄[繁盛]する、盛況な

113 ensure [inʃúər]
動 ~を確実にする；~を確保する

- Please **ensure** (that) ~ (~ということを確実にする、必ず~するようにする)
  [= Please make sure (that) ~]
- **ensure** a stable supply of energy (安定したエネルギー供給を確保する)

> 同音語の insure (~に保険をかける；~を補償する) と混同しないように注意しましょう。

サクッと復習テスト

1. 雑誌をパラパラめくる　　　_____ through a magazine
2. 銀行に預金する　　　　　　_____ money in the bank
3. 法廷で証言する　　　　　　_____ in court

答え： ① flip　② deposit　③ testify

---

114 disrupt [disrʌ́pt]
動 ～を中断させる；～を混乱させる；～を分裂させる

- でる The ceremony was **disrupted** by bad weather.（式典は悪天候で中断された）
- でる **disrupt** traffic（交通を混乱させる）
- でる **disrupt** bilateral relations with ~（～との両国関係を悪化[分裂]させる）

派 □ disruption 名 中断；混乱；分裂
　□ disruptive 形 破壊的な；混乱させる

115 shiver [ʃívər]
動 （寒さ・恐怖などで）震える　名 震え

- でる **shiver** in the cold wind（冷たい風に震える[身震いする]）
- でる A **shiver** ran down my spine.（背筋が寒くなった、背筋がゾッとした）

類 □ shudder 動 （恐怖・寒さなどで）震える；（物が）激しく揺れる 名 身震い；振動

116 quiver [kwívər]
動 （小刻みに）震える；揺れる；（筋肉が）けいれんする　名 震え；振動

- でる His knees were **quivering** with fear.（彼の膝は恐怖で震えていた）
- でる Leaves **quiver** in the breeze.（木の葉がそよ風に揺れる）

117 haul [hɔ́ːl] ⚠
動 ～を引きずる、引っ張る；～を運ぶ、輸送する　名 引くこと；運送（距離）；漁獲高

- でる **haul** a box into the room（箱を家に引きずり入れる）
- でる **haul** freight（貨物を輸送する）

> overhaul（～を分解検査[修理]する；～を徹底的に見直す）も覚えておきましょう。overhaul [over + haul] は、かつて船を引き上げて検査・修理をしたことに由来する語です。

118 shriek
[ʃríːk]
- 動 悲鳴を上げる、金切り声を出す
- 名 悲鳴、叫び声、金切り声

でる **shriek** in panic（うろたえて悲鳴を上げる）
でる with a **shriek** of joy（喜びの叫びを上げて）

> shrink（縮む；〜を小さくする）と混同しないように注意しましょう。

119 infer
[infə́ːr]
- 動 〜を推測［推論・推察］する；〜を暗示する

でる **infer** from the data that 〜（データから〜だと推測する）

派 □ inference [xxxx] 名 推論、推測

120 resort
[rizɔ́ːrt]
- 動 （〜に）頼る、訴える（to）　名 行楽地；頼みの綱

でる **resort** to dirty tactics（汚い手段に頼る⇒汚い戦術に出る）
でる as a last **resort**（最後の手段として）

🎧 14

121 foretell
[fɔːrtél]
- 動 〜を予言する、予告する

でる **foretell** the future of 〜（〜の将来を予言する）

類 □ predict 動 〜を予測［予想］する；〜を予言する

> foretell は [fore（前もって）+ tell（言う）] から「〜を予言する、予告する」の意味となります。foresee（〜を予測する、予見する）や forecast（〜を予想［予測］する；予想［予測］）も覚えておきましょう。

122 toil
[tɔ́il]
- 動 あくせく［せっせと］働く　名 骨折り仕事；苦労

でる **toil** for long hours at low wages（低賃金で長時間あくせく働く）

123 ignite
[ignáit]
- 動 〜に火をつける、点火する；〜を燃え立たせる、刺激する

でる **ignite** a chunk of wood（木切れに火をつける）
でる **ignite** students' enthusiasm for learning
（生徒の学習意欲に火をつける［を燃え立たせる］）

派 □ ignition 名 点火、着火

124 diminish
[dimíniʃ]

動 減少する；〜を減らす

- でる His popularity has **diminished**. (彼の人気は落ちて[衰えて]きた)
- でる **diminish** the value of 〜 (〜の価値を下げる)

類 □ decrease **動** 減少する；〜を減らす

125 clench
[kléntʃ]

動 (歯)を食いしばる；(こぶし)を握りしめる

- でる She **clenched** her teeth in anger. (彼女は怒りで歯を食いしばった)
- でる He **clenched** his fists tightly. (彼は固くこぶしを握りしめた)

反 □ unclench **動** (歯・こぶし)を緩める、解く

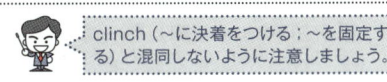

> clinch (〜に決着をつける；〜を固定する)と混同しないように注意しましょう。

126 preach
[príːtʃ]

動 〜を説き勧める；説教する

- でる **preach** the gospel (福音を説く[伝える])
- でる Practice what you **preach**. (人に説くことは自分でも実行せよ：諺)

派 □ preacher **名** 説教師、牧師

127 intrude
[intrúːd]

動 (〜に)侵入する (into/on)；(〜に)立ち入る (into/on)

- でる **intrude** into Japanese territorial waters
  (日本の領海に侵入する⇒日本の領海を侵犯する)
- でる Don't **intrude** in their privacy.
  (彼らの私事に立ち入るな⇒彼らのプライバシーを侵害するな)

派 □ intrusion **名** 侵入；侵害
  □ intruder **名** 侵入者；邪魔者

128 tilt
[tílt]

動 〜を傾ける；傾く **名** 傾き、傾斜；偏り

- でる She **tilted** her head to the right. (彼女は頭を右に傾けた[かしげた])
- でる the **tilt** of the Earth's axis (地軸の傾き)

129 dissolve
[dizálv] 動 溶ける；〜を溶かす；**〜を解散する**

でる Sugar **dissolves** in water.（砂糖は水に溶解する）
でる **dissolve** the organization（組織を解散する）

派 □ dissolution [dìsəlúːʃən] 名 解散；分解；溶解

> resolve（〜を解決する；〜を決議する）と混同しないように注意しましょう。

130 hinder
[híndər] 動 **〜を妨げる、邪魔する**

でる **hinder** the development of 〜（〜の発展を妨げる）

派 □ hindrance 名 妨害、邪魔；障害、障壁
類 □ hamper 動 〜を妨げる、邪魔する

> hinder A from doing（Aが〜するのを妨げる[邪魔する]）[= prevent A from doing] の形もよく出ます。

🎧 15

131 verify
[vérəfài] 動 **〜が真実であることを証明[検証・実証]する；〜を確認する**

でる **verify** the hypothesis（その仮説を証明[検証]する）
でる **verify** the efficacy of the new drug（新薬の有効性を確認する）

派 □ verification 名 証明、検証、確認
類 □ confirm 動 〜が真実であることを確証する；〜を確認する
反 □ falsify 動 〜を偽造する、改ざんする

132 soothe
[súːð] 動 **〜をなだめる；〜を和らげる**

でる **soothe** a crying baby（泣いている赤ちゃんをなだめる）
でる The peppermint tea will **soothe** your sore throat.
（ペパーミント茶は喉の痛みを和らげてくれます）

派 □ soothing 形 気持ちを落ち着かす；痛みを和らげる

133 discredit
[diskrédit] 動 **〜の信用を落とす；〜を疑う** 名 不信；不名誉

でる The scandal **discredited** him.
（そのスキャンダルは彼の信用を落とした[傷つけた]）
でる **discredit** the theory（その理論を疑う[信用しない]）

派 □ discreditable 形 信用を落とすような；不名誉な

サクッと復習テスト

❶ 汚い戦術に出る　　　　　　　　　　＿＿＿＿＿ to dirty tactics
❷ 彼の人気は落ちてきた。　　　　　　His popularity has ＿＿＿＿＿.
❸ 砂糖は水に溶解する。　　　　　　　Sugar ＿＿＿＿＿ in water.

答え　❶ resort　❷ diminished　❸ dissolves

---

134 incorporate
[inkɔ́ːrpərèit]

動 **〜を取り入れる、組み込む**；(〜と) 合併する (with)；〜を法人化する

でる **incorporate** volunteer work into the curriculum
（ボランティア活動をカリキュラムに取り入れる [組み込む]）

派 □ incorporated　形 法人組織の
　□ incorporation　名 合併；法人、会社；取り込み

---

135 renovate
[rénəvèit]

動 **〜を修復 [修繕・改装・改修] する**；〜を刷新する

でる **renovate** an old hotel（古いホテルを修復する）

派 □ renovation　名 修復；刷新
類 □ refurbish　動 〜を改装する、一新する

---

136 creep
[kríːp]

動 **忍び足で歩く；はう**
名 《the 〜s》**ぞっとする [鳥肌が立つ] 感じ**

でる **creep** downstairs（忍び足で階段を下りて行く）
でる A caterpillar was **creeping** slowly along a branch.
（いも虫が木の枝をのろのろはっていた）
でる The story gave me the **creeps**.（その話を聞いてぞっとした）

> creep の活用変化は creep-crept-crept です。コーヒーに入れるクリームパウダーの「クリープ」は Creap と綴りますので、お間違いのないように！

---

137 execute
[éksikjùːt]

動 **〜を処刑する；〜を実行 [実施] する**

でる The murderer was **executed**.（その殺人犯は処刑された）
でる **execute** different instructions（異なる命令を実行する）

派 □ execution　名 処刑；実行
　□ executive　名 重役　形 重役の；実行 [実施・執行] 上の

138 presume
[prizúːm] 発

動 ~と推定［仮定］する；~と思う

でる The tree is **presumed** to be around 2,000 years old.
（その樹木は樹齢約2千年と推定されている）

でる I **presume** (that) ~（私は~だと思う）

派 □ presumably 副 恐らく、たぶん
□ presumption 名 推定、仮定；厚かましさ

139 stroke
[stróuk]

動 ~をなでる 名 脳卒中；思いがけない出来事；一撃；（ペンや筆の）一筆

でる **stroke** a cat gently（猫を優しくなでる）

でる have a **stroke**（脳卒中を起こす、脳卒中で倒れる）

でる by a **stroke** of luck（思いがけない幸運で）

140 roar
[rɔ́ːr]

動 怒鳴る、大声を出す；轟音を立てる；(ライオンなどが)うなる；大笑いする 名 大声、叫び声；うなり声；轟音

でる The boss often **roars** at his subordinates.
（その上司はよく部下を怒鳴りつける）

でる Helicopters were **roaring** in the sky.
（ヘリコプターが上空で轟音を立てていた）

でる The lions and tigers **roared** in their cages.
（ライオンと虎がおりの中でうなり声を上げた［ほえた］）

でる the **roar** of the crowd（群衆の騒ぎ［どよめき］）

> uproar（激しい抗議；大騒ぎ）も覚えておきましょう。

🎧 16

141 suck
[sʌ́k]

動 ~を吸う；~をしゃぶる；乳を飲む

でる Leeches **suck** your blood.（ヒルは血液を吸う）

でる The baby was **sucking** a pacifier.（赤ちゃんはおしゃぶりをしゃぶっていた）
［＝ The baby was sucking on a pacifier.］

142 perish
[périʃ]

動 死ぬ、滅びる；崩壊する；劣化する；腐る

でる Without water, human beings would **perish**.
（水がなければ、人間は死んでしまう）

でる The rubber will **perish** with age.（ゴムは時間と共に劣化する）

派 □ perishable 形 腐りやすい 名《~s》生もの

143 grind [gráind]
動 ~を挽く、すりつぶす；~を砕く；~を磨く、研ぐ
名 挽くこと；ガリ勉

- でる **grind** coffee beans（コーヒー豆を挽く）
- でる **grind** wheat into flour（小麦を挽いて [すりつぶして] 粉にする）

派 □ ground
形 挽いた；細かく砕いた

> grind の活用変化は grind-ground-ground です。「牛のひき肉 [ミンチ]」は ground beef と言います。

144 plow [pláu] 発
動 ~を耕す；(~を) 耕作する（up）；~を除雪する
名 すき

- でる **plow** (up) a field（畑を耕す）
- でる **plow** the snow（除雪をする）

145 groan [gróun]
動 うめく；不平を言う　**名** うめき声；不平不満の声

- でる **groan** with pain（苦痛でうめく、痛みでうめき声を上げる）
- でる let out a **groan** of despair（失望のうめき声を上げる）

> groan と grown（成長した）は同音語です。

146 moan [móun]
動 不平を言う；うめく　**名** うめき声；愚痴、不平

- でる **moan** about everything（何かにつけて不平を言う [愚痴をこぼす]）
- でる give a **moan** of pain（苦痛のうめき声を上げる）

熟 □ moan and groan　不平不満を言う

> mourn（(死) を悼む；~を嘆く）と混同しないように注意しましょう。

147 revenge [rivéndʒ]
動 (~に) 復讐する（*oneself* on）；~の仇を討つ
名 復讐、報復；雪辱

- でる He **revenged** himself on his enemy.（彼は敵に復讐した）
- でる seek **revenge** against ~（~に復讐を企てる）

派 □ vengeance　**名** 復讐、報復
類 □ avenge　**動** (~に) 復讐する（*oneself* on）；~の仇を討つ

> revenge は個人的な恨みを晴らすために仕返しをする場合に、avenge は不正などを正すために正義感から正当なしかえしをする場合に用いられます。

148 surpass
[sərpǽs]
動 〜を上回る、しのぐ、〜に勝る

でる **surpass** others in all aspects（あらゆる面で他のものをしのぐ）

派 □ surpassing 形 卓越した、ずば抜けた
類 □ exceed 動 〜を上回る、しのぐ

149 delete
[dilíːt]
動 〜を削除する、消去する

でる **delete** some names from the list（リストから数名の名前を削除する）

派 □ deletion 名 削除、消去
類 □ cross out 〜　〜を削除する、消去する

150 nourish
[nə́ːriʃ]
動 〜に栄養を与える、〜を養う；〜をはぐくむ

でる **nourish** plants（植物に栄養を与える、植物を養う）

でる **nourish** children's creativity（子供の創造性をはぐくむ）

派 □ nourishing 形 栄養のある
　□ nourishment 名 栄養；育成

🎧 17

151 salute
[səlúːt]
動 〜に敬礼する；〜に挨拶をする；〜を称賛する
名 敬礼；挨拶；称賛

でる **salute** the captain（大尉に敬礼する）

でる **salute** the heroic efforts of 〜
（〜の勇敢な努力を称賛する、〜の勇敢な行動に敬意を表する）

派 □ salutation 名 挨拶；挨拶の文句

152 convict
[kənvíkt]
動 〜に有罪を宣告する　名 [kάnvikt] 受刑者、囚人

でる The man was **convicted** on the charge of attempted murder.
（その男は殺人未遂で有罪判決を受けた）

派 □ conviction 名 有罪判決；確信；信念

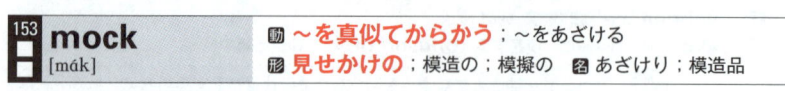

153 mock
[mάk]
動 〜を真似てからかう；〜をあざける
形 見せかけの；模造の；模擬の　名 あざけり；模造品

でる The boys **mocked** the new classmate because of his accent.
（少年たちは転校生の訛りを真似てからかった）

でる She raised her eyebrows in **mock** surprise.
（彼女は驚くふりをして眉を上げた）

派 □ mockery 名 あざけり；茶番

サクッと復習テスト

❶ 古いホテルを修復する　　　　　　　　＿＿＿＿＿＿ an old hotel
❷ コーヒー豆を挽く　　　　　　　　　　＿＿＿＿＿＿ coffee beans
❸ あらゆる面で他のものをしのぐ　　　　＿＿＿＿＿＿ others in all aspects

答え　❶ renovate　❷ grind　❸ surpass

---

154 weep [wíːp]
動 **泣く**；涙を流す

でる **weep** bitterly（号泣する）

> weep は cry よりも形式張った語です。sob（むせび泣く、すすり泣く）も覚えておきましょう。

155 oppress [əprés]
動 **〜を虐（しいた）げる、圧迫する**

でる **oppress** the poor（貧困者を虐げる）

派 □ oppression 名 抑圧、弾圧、圧迫
　 □ oppressive 形 抑圧的な；重苦しい

156 thrust [θrʌ́st]
動 **〜を強く押す、押し付ける；〜を突き刺す**
名 突き；要点；推進（力）

でる He **thrust** the money into his pocket.（彼は金をポケットに押し込んだ）
でる **thrust** a fork into the cake（ケーキにフォークを突き立てる）

> thirst の活用変化は thrust-thrust-thrust です。

157 accommodate [əkɑ́mədèit]
動 **〜を収容する、〜を宿泊させる**；〜に便宜を図る；〜を適応させる

でる This hotel can **accommodate** 2,000 guests.
（このホテルには2000人が宿泊できる）

派 □ accommodation 名 《〜s》宿泊施設；適応；調節
　 □ accommodating 形 親切な、世話好きの

158 facilitate [fəsílətèit]
動 **〜を容易にする；〜を促進［助長］する**

でる **facilitate** a conversation between *A* and *B*
（AとBとの会話を容易［円滑］にする）
でる **facilitate** the development of 〜（〜の発展［開発］を促進する）

派 □ facilitation 名 円滑化、促進
　 □ facilitator 名 進行役、まとめ役

159 assent
[əsént]

動 (〜に) 同意する、賛成する (to) 名 同意

でる **assent** to the idea (その考えに同意する)

類 □ agree 動 (〜に) 同意する (to)
□ consent 動 (〜に) 同意する (to)
反 □ dissent 動 (〜に) 異議を唱える、反対する (from) 名 異議、反対

> 同音語の ascent (上昇；登山) と混同しないように注意しましょう。

160 validate
[vǽlədèit]

動 〜を (法的に) 有効にする；〜を立証 [実証] する

でる **validate** a passport (パスポートを有効にする)
でる **validate** the fact that 〜 (〜という事実を立証 [実証] する)

派 □ validation 名 立証、検証；有効性

161 aspire
[əspáiər]

動 (〜することを) 熱望 [切望] する (to *do*)、(〜を) 熱望 [切望] する、目指す (for/after)

でる **aspire** to become a doctor (医師になることを切望する⇒医師を志望している)

派 □ aspiration 名 熱望、切望、大望

> inspire (〜を鼓舞する、やる気にさせる) や inspiration (ひらめき；啓示) と混同しないように注意しましょう。

162 enclose
[inklóuz]

動 〜を同封する；〜を囲む

でる **enclose** a check in the envelope (封筒に小切手を入れる)
でる **enclose** the pool with a fence (プールを柵で囲む)

派 □ enclosure 名 同封物；囲い込み

163 contemplate
[kántəmplèit]

動 〜を熟考する；〜しようと思う (*doing*)；〜をじっと見つめる

でる **contemplate** a crucial question (重大な問題について熟考する)
でる **contemplate** becoming a surgeon (外科医になろうと考える)

派 □ contemplation 名 熟考；凝視；もくろみ
□ contemplative 形 瞑想的な；熟考する；凝視する
類 □ ponder 動 〜を熟考する、沈思する
□ consider 動 〜を熟考する；〜しようと考える (*doing*)

164 transplant
[trænsplǽnt]
- 動 **〜を移植する**；〜を移住させる、移転させる
- 名 [trǽnsplænt] **移植（手術）**

でる transplant a kidney from a live donor
（生きた提供者から腎臓を移植する）

でる a liver transplant（肝臓移植）

派 □ transplantation 名 移植（手術）

165 hatch
[hǽtʃ]
- 動 **孵化する；（ひな・卵）をかえす；〜を企てる**
- 名 孵化；（船や航空機の）ハッチ、出入り口

でる Don't count your chickens before they hatch [before they are hatched].（卵がかえる前に鶏の数を数えるな⇒取らぬ狸の皮算用：諺）

でる hatch a scheme [plot]（陰謀を企てる）

> hutch [hʌ́tʃ]（ウサギ小屋；食器戸棚）と混同しないように注意しましょう。

166 stab
[stǽb]
- 動 **（刃物で）〜を刺す**；〜を突き刺す
- 名 刺すこと；刺し傷；中傷；試み

でる The man was stabbed in the back.（その男は背中を刺された）

類 □ pierce 動 〜を突き刺す

167 growl
[grául]
- 動 **（犬などが）うなる；（おなかが）グーグー鳴る**；（雷が）ゴロゴロ鳴る
- 名 うなり声；ゴロゴロ鳴る音

でる The dog is growling.（犬がうなっている）

でる My stomach is growling.（おなかが鳴っている）

> 犬がワンワンほえる場合は bark、夜に遠吠えする場合は howl [hául] を使います。

168 pant
[pǽnt]
- 動 **息を切らす、あえぐ；（〜を）熱望する**（for/after/to do）
- 名 息切れ、あえぎ

でる pant from running hard（本気で走って息を切らす）

でる pant for freedom（自由を熱望する）

> ちなみに pants は「《米》ズボン；《英》パンツ」の意味です。

169 cram [krǽm]
動 ~を詰め込む；詰め込み勉強をする
名 詰め込み勉強；満員

- でる **cram** many things into the bag（鞄に多くのものを詰め込む）
- でる **cram** for the exam（試験のために詰め込み勉強をする）
- でる go to a **cram** school（塾に行く）

> clam（ハマグリ；無口な人）と混同しないように注意しましょう。

170 constrain [kənstréin]
動 ~を強いる；~を抑制する

- でる He was **constrained** to work late many evenings.
  （彼は幾晩も遅くまで仕事を強いられた）
- でる **constrain** economic growth（経済成長を抑制する）

派 □ constraint **名** 強制、強要；制約、拘束

171 trigger [trígər]
動 ~の引き金［きっかけ］となる；~を引き起こす、誘発する **名** 引き金

- でる What **triggered** you to change jobs?
  （転職しようと思ったきっかけは何ですか）
- でる **trigger** an asthma attack（ぜんそく発作を引き起こす［誘発する］）
- でる pull the **trigger** of the gun（銃の引き金を引く）

172 strive [stráiv]
動 努力する、励む；競う

- でる **strive** to reach the goal（目標に達成しようと努力する）
  [= strive for the goal]

派 □ strife **名** 紛争；競争

> strive to do（~するよう努力する）の形がよく出ます。

173 prescribe [priskráib]
動 ~を処方する；~を規定する

- でる **prescribe** a medication for high blood pressure
  （高血圧の薬を処方する）

派 □ prescription **名** 処方箋

> proscribe [prouskráib]（~を禁止する）と混同しないように注意しましょう。

サクッと復習テスト

❶ パスポートを有効にする　　　　　　　_____ a passport
❷ 生きた提供者から腎臓を移植する　　_____ a kidney from a live donor
❸ 犬がうなっている。　　　　　　　　　The dog is _____.

答え　❶ validate　❷ transplant　❸ growling

---

174 overlook
[òuvərlúk]

動 〜を見落とす；〜を大目に見る；〜を見渡す

- overlook some minor details（細かい点をいくつか見落とす）
- overlook his shortcomings（彼の欠点を大目に見る）
- The hotel overlooks a beautiful beach.
  （そのホテルからは美しいビーチが見渡せる）

175 speculate
[spékjulèit]

動（〜について）推測する（on/about）；〜と憶測する；（〜に）投機する（in）

- speculate on the motives for 〜
  （〜の動機について推測する［あれこれ考える］）
- It is speculated (that)（〜だと憶測されている［考えられている］）

派 □ speculation **名** 推測, 憶測；投機
　 □ speculative **形** 推測の；思いつきの；投機的な

176 suppress
[səprés]

動 〜を鎮圧する；〜を抑える；〜を隠蔽する

- suppress the riot（暴動を鎮圧する）
- She suppressed her sorrow.（彼女は悲しみを抑えた［こらえた］）
- suppress evidence（証拠を隠蔽する）

派 □ suppression **名** 鎮圧；抑圧；隠蔽

> oppress（〜を虐げる、圧迫する）と混同しないように注意しましょう。

177 comply
[kəmplái]

動（〜に）応じる（with）；（〜に）従う（with）

- comply with their request（彼らの要求に応じる）
- comply with the rules（規則に従う）

派 □ compliance **名** 遵守；承諾

178 disguise
[disgáiz]

動 ～を変装させる；～を隠す　名 変装；見せかけ

でる He **disguised** himself as an old woman.（彼は老婆に変装していた）
[= He was disguised as an old woman. = He took the disguise of an old woman.]

でる **disguise** the fact that ~（～という事実を隠す［隠蔽する］）

でる a blessing in **disguise**
（初めは不幸［不運］に見えても後で幸福［幸運］であると分かるもの⇒不幸中の幸い）

179 enforce
[infɔ́ːrs]

動 ～を施行する、執行する；～を強化する

でる **enforce** a law（法を施行［執行］する）

でる **enforce** a relationship between A and B（AB間の関係を強化する）

派 □ enforcement 名（法律・規則などの）執行、実施

180 formulate
[fɔ́ːrmjulèit]

動 ～を策定する；～を組み立てる；～を公式化する

でる **formulate** basic guidelines for ~（～のための基本方針を策定する）

でる **formulate** a hypothesis based on ~（～に基づいた仮説を立てる）

派 □ formulation 名 策定；形成；計画な記述
　□ formula 名 解決策；公式；製法；乳児用ミルク

🎧 20

181 kidnap
[kídnæp]

動 ～を誘拐する、拉致する　名 誘拐、拉致

でる **kidnap** a child for ransom（身代金目的で子供を誘拐する）

派 □ kidnapper 名 誘拐犯
類 □ abduct [æbdʌ́kt] 動 ～を誘拐する、拉致する

182 detect
[ditékt]

動 ～を見つける；～に気づく；～を見抜く

でる **detect** the presence of ~（～の存在を発見する［検出する］）

でる **detect** a small change in ~（～のわずかな変化に気づく）

派 □ detection 名 発見、探知；検出
　□ detective 名 探偵；刑事

183 furnish
[fə́ːrniʃ]
動 ～に家具を備え付ける；～を提供する

でる The apartment was fully **furnished**.
(そのアパートには家具がすべて揃っていた)

でる **furnish** information on ~ (～に関する情報を提供する)

派 □ furnished 形 家具付きの
□ furniture 名 家具

184 mourn
[mɔ́ːrn]
動 (死) を悼む；～を嘆く、悲しむ

でる **mourn** the death of ~ (～の死を悼む)

でる **mourn** the loss of the old theater (その古い劇場がなくなったことを嘆く)

派 □ mournful 形 悲しげな；死を悼む；哀れを誘う
□ mourning 名 哀悼；喪服；喪中

> mourn と morn (朝)、mourning と morning (朝、午前) は同音語です。

185 meditate
[médətèit]
動 瞑想する；(～を) 熟考する (on)

でる **meditate** daily (毎日瞑想する)

でる **meditate** on the problem (その問題について熟考する)

派 □ meditation 名 瞑想；熟考
□ meditative 形 瞑想的な

186 dissuade
[diswéid]
動 ～に (～を) 思いとどまらせる、～を説得して (～を) やめさせる

でる **dissuade** her from marrying him
(彼女を説得して彼との結婚を思いとどまらせる [断念させる])

派 □ dissuasion 名 思いとどまらせること
反 □ persuade 動 ～を説得して (～) させる (to *do*)

187 abide
[əbáid]
動 (～に) 従う、(～を) 守る (by)；(～に) とどまる、住む (in)；～に我慢する

でる **abide** by the decision [law] (決定に従う [法律を守る])

でる I can't **abide** his rudeness any longer.
(彼の無作法にはこれ以上我慢できない)

> abide の活用変化は abide-abode-abode です。

188 discontinue
[dìskəntínju:]
動 ～を中止する、中断する；～を製造中止にする

- でる **discontinue** taking the medicine（その薬の服用を中止する）
- でる These products have been **discontinued**.（これらの製品は製造中止になった）

派 □ discontinuation 名 中止、中断
　□ discontinuous 形 不連続の、一貫性のない

> discontinue は動名詞を目的語とする動詞です。

189 entitle
[intáitl]
動 ～に権利［資格］を与える；～に題名を付ける

- でる You are **entitled** to 20 days of paid vacation.（あなたは20日間の有給休暇を取る権利［資格］がある）[= You are entitled to take 20 days of paid vacation.]
- でる a book **entitled** *Redemption*（『あがない』という題の本）[= a book titled *Redemption*]

派 □ entitlement 名 権利、資格；給付金、手当

> be entitled to ～（～を受ける権利［資格］がある）と be entitled to *do*（～する権利［資格］がある）の形がよく出ます。

190 compile
[kəmpáil]
動 ～を編纂する、編集する

- でる **compile** an encyclopedia（百科事典を編纂［編集］する）

派 □ compilation 名 編纂、編集

🎧 21

191 proclaim
[proukléim]
動 ～を宣言する、公布［布告］する；～を公言する

- でる The country **proclaimed** its independence.（その国は独立を宣言した）

派 □ proclamation 名 宣言、声明

> 米国第16代大統領 Abraham Lincoln（エイブラハム・リンカーン）が1863年に署名した「奴隷解放宣言」は、the Emancipation Proclamation と言います。

192 abstain
[æbstéin]
動 （～を）控える、慎む（from）；（投票などを）棄権する

- でる **abstain** from smoking [drinking]（禁煙［禁酒］する）
- でる **abstain** from voting（投票を棄権する）

派 □ abstinence 名 自制、節制；禁欲；禁酒
　□ abstention 名 （投票の）棄権；節制；禁欲；禁酒
　□ abstinent 形 節制して；禁欲的な

サクッと復習テスト

1. 規則に従う　　　　　　　　　　_____ with the rules
2. 身代金目的で子供を誘拐する　　_____ a child for ransom
3. 禁煙する　　　　　　　　　　　_____ from smoking

答え　① comply　② kidnap　③ abstain

---

193 reckon
[rékən]

動 ~を（~と）見なす（to be/as）；~を推定[推測]する；~だと考える；数える

でる He is **reckoned** to be a genius.（彼は天才と見なされている）
[= He is reckoned as a genius.]

でる The government **reckons** (that) ~（政府は~だと推定している）

派 □ reckoning **名** 推測；計算；見積もり；報い、罰

194 tread
[tréd] 発

動 (~を) 踏みつける（on）；(~を) 踏みにじる（on）；~を歩く　**名** 足取り；足音；タイヤ跡

でる I **trod** on her toe.（私は彼女のつま先を踏みつけた）

でる **tread** a thorny path（いばらの[多難な]道を歩む）

> treadmill（ランニングマシーン）という語からも tread のイメージが伝わってきますね。tread の活用変化は tread-trod/treaded-trodden/trod です。

195 exclaim
[ikskléim]

動 (突然) 叫ぶ、大声を上げる

でる **exclaim** in excitement [horror]（興奮[恐ろしさ]のあまり叫ぶ）

派 □ exclamation **名** (突然の) 叫び声；感嘆詞

> ビックリマークの「！」を感嘆符と言いますが、英語では exclamation mark [point] と言います。

196 pacify
[pǽsəfài]

動 ~をなだめる、静める；~を平和にする；~を鎮圧[制圧] する

でる **pacify** public outrage（一般大衆の怒りをなだめる）

でる **pacify** the rebellion（反乱を鎮圧する）

派 □ pacific **形** 平和的な；穏やかな；《P-》太平洋の
　□ pacifist **名** 平和主義者
　□ pacifism **名** 平和主義
　□ pacifier **名** (乳児用の) おしゃぶり；なだめるもの

> ポルトガル人の探検家マゼランは荒れ狂う大西洋を抜けた後、穏やかな[平和な]太平洋に入った際、「太平洋」を the Pacific Ocean と命名しました。

197 procrastinate
[proukrǽstənèit]　**動** 先延ばしにする、ぐずぐずする

でる Don't **procrastinate** about doing things. (物事を先延ばしにするな)

派 □ procrastination　**名** 先延ばし、遅延
　　□ procrastinator　**名** 先延ばしにする人、ぐずぐずする人

> Procrastination is the thief of time. (ぐずぐずするのは時間の無駄⇒思い立ったが吉日)は有名な諺です。

198 stumble
[stʌ́mbl]　**動** つまずく、よろめく；(演説などで) とちる、口ごもる

でる She **stumbled** on a rock and fell down. (彼女は石につまずいてこけた)

でる He **stumbled** through his speech.
(彼はスピーチの最中に何度もとちってしまった)

> tumble (転ぶ；急落する；転倒；急落)と混同しないように適いましょう。stumbling block (つまずきの石、障害物)も覚えておきましょう。

199 exterminate
[ikstə́ːrmənèit]　**動** ～を絶滅［根絶］させる；～を駆除する

でる Hitler tried to **exterminate** the Jews.
(ヒトラーはユダヤ人を絶滅［根絶］しようとした)

でる **exterminate** rats with poison (どぶねずみを毒薬で駆除する)

派 □ extermination　**名** 絶滅；駆除

> terminate (～を終わらせる、打ち切る)も覚えておきましょう。

200 prioritize
[praiɔ́ːrətàiz]　**動** ～に優先順位をつける；～を優先させる

でる **prioritize** the tasks that lie ahead
(この先の［今後の］課題に優先順位をつける)

でる **prioritize** *A* over *B* (BよりもAを優先させる)

派 □ priority　**名** 優先事項；優先権
　　□ prior　**形** 事前の；優先する

🎧 22

201 frown
[fráun] **発**　**動** 顔をしかめる、眉をしかめる　**名** しかめ面

でる He **frowned** at me. (彼は私に顔をしかめた、彼は眉をしかめて私を見た)
[= He gave me a frown.]

熟 □ frown on ～　～に難色を示す、～を非難する

202 curse
[kə́ːrs]

動 **〜をののしる；（〜を）ののしる**（at）；**〜を呪う**
名 ののしり、暴言；呪い

でる He often **curses** (at) his coworkers. (彼はよく同僚をののしる)
でる The man **cursed** his enemies. (その男は敵対者を呪った)

派 □ cursed 形 呪われた；いまいましい
類 □ swear 動 ののしる；〜を誓う 名 ののしり
反 □ blessing 名 恵み、祝福

203 multiply
[mʌ́ltəplài]

動 **〜を増加させる；〜を掛ける**；繁殖する

でる **multiply** the risk of 〜 (〜の危険性を増加させる)
でる Three **multiplied** by five equals fifteen. (3x5=15)
 [= If you multiply 3 by 5, you get 15.]

派 □ multiple 形 多数の、多様な；多発性の
□ multiplication 名 増加；掛け算；繁殖

> 割り算は division、足し算は addition、引き算は subtraction と言います。

204 cling
[klíŋ]

動 **（〜に）しがみつく**（to）**；（〜に）固執する**（to）

でる The little boy **clung** to his mother. (幼い男の子は母親にしがみついた)
でる **cling** to the idea [notion] that 〜 (〜という考えに固執する)

> cling の活用変化は cling-clung-clung です。

205 embody
[imbádi]

動 **〜を具体化［具現化］する、体現する**

でる **embody** the spirit of mutual aid (相互扶助の精神を具体化［具現化］する)

派 □ embodiment
名 具現化、体現；化身

> embody は [em（〜の状態にする）＋ body（体、形）] から「形を作る⇒〜を具体化する」の意味となります。

206 roam
[róum]

動 **（当てもなく）歩き回る；放浪する**

でる **roam** across the nation (国中を歩き回る、全国を放浪する)

派 □ wander [wándər] 動 （当てもなく）歩き回る；放浪する

207 stroll [stróul]
動 ぶらぶら歩く、散歩する **名** 散歩

でる **stroll** through a Japanese garden
（日本庭園をぶらぶら歩く [散歩する・散策する]）

派 □ stroller **名** ベビーカー；散歩する人
類 □ saunter [sɔ́:ntər] **動** ぶらぶら歩く、散歩する **名** 散歩

208 designate [dézignèit]
動 ～を指定する；～を指名する

でる **designate** this space as a smoking area
（このスペースを喫煙区域に指定する）

でる **designate** her as a new chairperson（彼女を新しい議長に指名する）

派 □ designated **形** 指定された；指名された
□ designation **名** 指定；指名

> 仲間同士で食事に出かける時に、一人だけ飲酒を控え、帰宅時に運転手の役目をする人のことを、designated driver（指名 [指定] ドライバー）と言います。

209 weave [wí:v]
動 ～を織る；～を編む；**～を作り上げる** **名** 織り方

でる **weave** a rug（じゅうたんを織る）
でる **weave** five story parts into one novel
（5部の話を1つの小説の中に織り込む [組み入れる]）

> weave の活用変化は weave-wove-woven です。

210 paralyze [pǽrəlàiz]
動 ～を麻痺させる；～を動けなくする；～を無力にする

でる Her entire left side is **paralyzed**.（彼女は左半身不随の身である）
でる The heavy snowfall **paralyzed** traffic.（大雪のため、交通が麻痺した）

派 □ paralysis [pərǽləsis] **名** 麻痺；麻痺状態；停滞
□ paralytic [pæ̀rəlítik] **形** 麻痺した **名** 麻痺患者

> paradise（楽園；天国）と混同しないように注意しましょう。

🎧 23

211 rattle [rǽtl]
動 ガタガタ [ガラガラ] と音を立てる；～をガタガタ [ガラガラ] 鳴らす

でる The windows **rattled** in the wind.（窓が風でガタガタと鳴った）
[= The wind rattled the windows.]

熟 □ rattle on　べらべらしゃべり続ける

> ガラガラヘビは尻尾を震わせ音を出すため、rattlesnake と呼ばれます。

サクッと復習テスト

① ヒトラーはユダヤ人を絶滅しようとした。　Hitler tried to _____ the Jews.
② 彼は私に顔をしかめた。　He _____ at me.
③ じゅうたんを織る　_____ a rug

答え： ① exterminate　② frowned　③ weave

---

212 brood [brú:d] 発
動 (〜について)考え込む (over/on/about)；(〜について)くよくよ考える (over/on/about)；(卵)を抱く、暖める 名 ひとかえりのひな

でる **brood** over what he said (彼が言ったことについて考え込む)
でる It's no good to **brood** on it. (そのことをくよくよ考えても仕方がない)

blood [blʌ́d](血液)と混同しないように注意しましょう。

213 savor [séivər]
動 〜をゆっくり味わう；〜を満喫する、堪能する

でる **savor** the vintage wine (高級ワインを味わう)
でる **savor** some leisure time (余暇を満喫[堪能]する)

派 □ savory 形 風味のある；香辛料のきいた

savior [séiviər](救世主、救い主)と混同しないように注意しましょう。

214 usher [ʌ́ʃər] 発
動 〜を案内する、先導する 名 案内役

でる She **ushered** us in. (彼女は我々を中へ案内した[迎え入れた])

熟 □ usher in 〜　〜の到来を告げる、〜をもたらす

215 stoop [stú:p]
動 かがむ、前かがみになる
名 前かがみ(の姿勢)；猫背

でる He **stooped** (down) to tie his shoes. (彼は靴の紐を結ぶためにかがんだ)

派 □ stooped 形 前かがみの；猫背の
類 □ bend down [over]　かがむ、前かがみになる
　□ slouch [sláutʃ] 動 かがむ、前かがみになる
　□ crouch [kráutʃ] 動 かがむ、前かがみになる

216 crave [kréiv]
動 〜をしきりに欲しがる、渇望する

でる **crave** sweets (甘いお菓子をひどく欲しがる)

派 □ craving 名 (〜への)渇望、欲求 (for)

217 detest
[ditést]

動 ~をひどく嫌う [憎む]、嫌悪する

でる **detest** all evil（諸悪を憎む）
でる She **detests** eating alone.（彼女が一人で食事をするのが大嫌いだ）

派 □ detestable 形 ひどく嫌な、忌まわしい
　□ detestation 名 嫌悪、憎悪

> detest は「～を忌み嫌う」というニュアンスを持つため、hate よりも強い意味を持つ語です。

218 embark
[imbá:rk]

動 (～に) 着手する、取りかかる (on)；(船・飛行機に) 乗船する

でる **embark** on a new project（新しいプロジェクトに着手する）
でる They **embarked** at Liverpool for New York.
（彼らはニューヨークに向けてリバプールで乗船した）

派 □ embarkation 名 着手、開始；乗船
反 □ disembark 動 (船・飛行機から) 降りる

219 outweigh
[àutwéi]

動 ~を上回る、~より重要である；~より重い

でる The advantages **outweigh** the disadvantages.
（利点 [長所] の方が欠点 [短所] を上回っている）

220 capsize
[kǽpsaiz]

動 (ボート・船が) 転覆する、ひっくり返る 名 転覆

でる The ferry **capsized** and sank.（そのフェリーは転覆し、沈没した）
[= The ferry turned over and sank.]

類 □ turn over 転覆する、ひっくり返る

🎧 24

221 exhale
[ekshéil]

動 息を吐く；~を吐き出す；~を放出する

でる Inhale deeply and **exhale** slowly.
（息を深く吸って、ゆっくりと吐き出してください）

派 □ exhalation 名 呼気；発散
類 □ breathe out 息を吐き出す
反 □ inhale [inhéil] 動 吸入する (= breathe in)；~を吸い込む

222 rhyme
[ráim] 発
- 動 **韻を踏む**　名 韻、脚韻；（子供向けの）詩、歌

でる "Mouse" **rhymes** with "house." (mouse は house と韻を踏む)

> lime [láim]（ライム；石灰）と混同しないように注意しましょう。

223 inhibit
[inhíbit] アク
- 動 **〜を抑制する、阻害する；〜を妨げる**

でる **inhibit** cancer cell growth（がん細胞の増殖を抑制する）
でる Her injury **inhibited** her from working out.
（彼女の怪我は彼女をトレーニングさせないようにした⇒怪我のせいで彼女はトレーニングができなかった）

派 □ inhibited 形 抑制された；内気な
　□ inhibition 名 抑制、阻害；気恥ずかしさ

> inhabit [inhǽbit]（〜に住む）と混同しないように注意しましょう。

224 succumb
[səkʌ́m] 発
- 動 **（〜に）屈する、負ける**（to）

でる **succumb** to temptation or pressure（誘惑や重圧に屈する［負ける］）

類 □ yield 動（〜に）屈する、負ける（to）
　□ give in （〜に）屈する、負ける（to）

225 lament
[ləmént] アク
- 動 **〜を嘆く、悲しむ**

でる **lament** the death [passing] of 〜（〜の死を悼む［嘆く・悲しむ］）

派 □ lamentable 形 嘆かわしい、残念な
　□ lamentation 名 悲嘆；哀悼；《Lamentations》(旧約聖書の) 哀歌

226 devour
[diváuər] 発
- 動 **〜をむさぼり食う；〜をむさぼり読む**

でる **devour** spaghetti（スパゲティをむさぼり食う）
でる **devour** a book（本をむさぼり読む）

227 flourish
[flə́ːriʃ]
- 動 **栄える**；繁盛する；繁茂する
- 名 **派手な動作、見せびらかし**

でる The town **flourished** in the early 19th century.
（その町は19世紀初期に栄えた）
でる with a **flourish**（仰々しく、これ見よがしに）

類 □ thrive 動 繁栄［繁盛］する；よく育つ

228 dismay [disméi]
動 ～をうろたえさせる；～を失望させる
名 ぼう然、失望

- でる She was **dismayed** to hear of ~ (彼女は~を聞いてうろたえた[愕然とした])
- でる look with [in] **dismay** at ~ (ぼう然として~を見る)

229 evade [ivéid]
動 ～を避ける；～を逃れる

- でる **evade** the question [subject] (その質問[話題]を避ける)
- でる **evade** taxes (税金を逃れる⇒脱税する)

派 □ evasion 名 回避；言い逃れ
　□ evasive 形 回避的な；言い逃れの

230 vanish [vǽniʃ]
動 突然消える；消滅する

- でる **vanish** into thin air (忽然と姿をくらます、跡形もなく消える)
- でる Many of these species are **vanishing**.
  (これらの種の多くが消滅[絶滅]している)

🎧 25

231 console [kənsóul] 発
動 ～を慰める、元気づける
名 [kánsoul] キャビネット；コンソール

- でる She **consoled** me in my sorrow.
  (彼女は悲しみの中にいる私を慰めてくれた)

派 □ consolation 名 慰め
　□ consolatory 形 慰めの、慰めを与える

232 envelop [invéləp] アクセント
動 ～を包む、覆う

- でる Fog **enveloped** the entire village. (霧が村全体を包んだ[覆った])
- でる She **enveloped** herself in a blanket. (彼女は毛布で体を覆った[包んだ])

派 □ envelope [énvəlòup] アクセント 名 封筒

233 accelerate [æksélərèit]
動 ～を加速する、促進する

- でる **accelerate** the process of ~ (~のプロセスを加速する)

派 □ acceleration 名 加速、促進
　□ accelerator 名 (車の)アクセル
反 □ decelerate 動 ～を減速する

サクッと復習テスト

❶ 甘いお菓子をひどく欲しがる　　　　_____ sweets
❷ 新しいプロジェクトに着手する　　　　_____ on a new project
❸ 誘惑や重圧に屈する　　　　　　　　　_____ to tempatation or pressure

答え　❶ crave　❷ embark　❸ succumb

---

234 commemorate
[kəmémərèit]

動 **〜を記念する、祝う**；〜を追悼する

でる **commemorate** the 150th anniversary of 〜（〜の150周年を記念する）

派 □ commemoration 名 記念式典；記念
　□ commemorative 形 記念の；追悼の

235 integrate
[íntəgrèit]

動 **〜を（〜と）統合する、一体化する**（with）；**〜を（〜に）組み込む**（into）；融合する

でる **integrate** learning with play（学びと遊びを統合する［一体化する］）
でる **integrate** exercise into a daily routine（運動を日課に組み込む）

派 □ integrated 形 統合［統一］された、一体化した；人種差別のない
　□ integration 名 統合、統一、一体化；人種差別撤廃

236 mumble
[mʌ́mbl]

動 **つぶやく**；〜を［と］もぐもぐ言う　名 つぶやき

でる He often **mumbles** to himself.
（彼はよく独り言をつぶやく［もぐもぐと独り言を言う］）

> mumble は「ほとんど口を開かずに言葉を小さな声で不明瞭につぶやく」というニュアンスです。

237 murmur
[mə́ːrmər]

動 **〜をつぶやく、ささやく；ぶつぶつ不平を言う**
名 ささやき；愚痴

でる **murmur** a prayer（祈りをつぶやく⇒小声で祈る）
でる **murmur** at unequal treatment（不平等な扱いに不平をこぼす）

> murmur は「はっきりと聞き取れないほどの低い声でぶつぶつ言う」というニュアンスです。

238 mutter
[mʌ́tər]

動 **ぶつぶつ不平を言う**；つぶやく　名 つぶやき；不平

でる **mutter** about too much work（あまりの仕事の多さにぶつぶつと文句を言う）

> mutter は「ほとんど口を開かずに小さな声で不満や怒りの言葉をぶつぶつ言う」というニュアンスです。

239 forsake
[fərséik]
動 ～を見捨てる、見放す；（習慣など）をやめる、捨てる

でる He **forsook** his wife and children.（彼は妻子を捨てた）
[= He deserted his wife and children.]

でる **forsake** the tradition of ～（～の伝統を捨てる）

> forsake は desert よりも文語的な語です。forsake の活用変化は forsake-forsook-forsaken です。

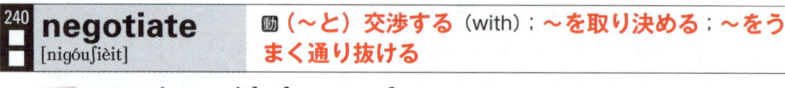

240 negotiate
[nigóuʃièit]
動 （～と）交渉する（with）；～を取り決める；～をうまく通り抜ける

でる **negotiate** with the manufacturer（メーカーと交渉する）

でる **negotiate** a contract [deal]（契約を取り決める）

でる **negotiate** a sharp curve（急カーブをうまく曲がる）

派 □ negotiation 名 交渉、話し合い
□ negotiator 名 交渉者
□ negotiable 形 交渉の余地のある；通行可能な

🎧 26

241 reinforce
[rìːinfɔ́ːrs]
動 ～を強化する、補強する；～を強固にする；～を助長する

でる **reinforce** the roof（屋根を補強する）

でる **reinforce** a sense of solidarity [unity]（連帯感を強める）

派 □ reinforced 形 補強された
□ reinforcement 名 補強；強化；《～s》援軍、増援部隊

242 extract
[ikstrǽkt]
動 ～を引き出す、抜き出す；～を抽出する；～を抜粋する 名 [ékstrækt] 抽出成分、エキス；抜粋

でる **extract** confessions from ～（～から自白を引き出す）

でる **extract** oil from lavender（ラベンダーからオイルを抽出する）

派 □ extraction 名 抽出；摘出

243 dazzle
[dǽzl]
動 ～の目をくらませる；～を驚嘆させる

でる She was **dazzled** by the bright sunlight.
（彼女は明るい日光に目がくらんだ）

でる The magnificent scenery **dazzled** me.
（その壮大な景色に驚嘆した［目を奪われた］）

派 □ dazzling 形 まぶしい；見事な
類 □ daze 動 ～の目をくらませる；～をぼう然とさせる 名 ぼう然

244 probe
[próub]

動 ～を徹底的に調べる；(～を)徹底的に調べる (into)；～を探査する　**名** (徹底的) 調査、精査；探査

- **probe** the cause of the accident（事故の原因を徹底的に調査する）
  [= probe into the cause of the accident]
- **probe** the surface of the moon（月面を探査する）

> prove [prúːv]（～を証明する）と混同しないように注意しましょう。

245 detach
[ditætʃ]

動 ～を（～から）切り離す、取り外す (from)

- Try to **detach** yourself from the problem.
  （その問題から距離を置くようにしなさい）
- **Detach** it from the device.（それを装置から取り外しなさい）

派 □ detached **形** 離れた；客観的な；一戸建ての
　□ detachment **名** 分離；派遣；無関心
反 □ attach **動** ～を（～に）ひっつける、添付する (to)

> detach A from B（AをBから切り離す）と attach A to B（AをBにひっつける）はセットにして覚えておきましょう。

246 precede
[prisíːd]

動 ～に先行する；～より先に進む；～に優先する

- The tsunami was **preceded** by the earthquake.
  （その津波は地震の後に起きた）[= The earthquake preceded the tsunami.
  = The tsunami followed the earthquake.]

派 □ preceding **形** 先行する；前述の
　□ precedent [présədənt] **名** 前例、先例；判例　**形** 先行する
　□ precedence [présədəns] **名** 優先、優位；序列、席次；先行
反 □ follow **動** ～の後に続く；～に従う

247 enroll
[inróul]

動 入学［入会］する；登録する；～を入学［入会］させる

- **enroll** in college（大学に入学する）
- **enroll** in the history class（歴史クラスの受講登録をする）

派 □ enrollment **名** 入学、入会；登録；入学［入会、登録］者数

248 retrieve
[ritríːv]

動 ～を取り戻す、回収する；～を引き出す、検索する

- でる **retrieve** a damaged satellite（破損した人工衛星を回収する）
- でる **retrieve** information from the computer
（コンピュータから情報を引き出す）

派 □ retrieval **名** 回収；検索

249 pervade
[pərvéid]

動（におい・光などが）～に充満する；（思想・雰囲気などが）～に行き渡る

- でる The smell of burned food **pervaded** the whole house.
（食べ物の焦げたにおいが家中に充満した）
- でる Technology has **pervaded** every aspect of our lives.
（テクノロジーは我々の生活のあらゆる側面に浸透している）

派 □ pervasive **形** 広がる、まん延する

250 gnaw
[nɔ́ː] 発

動 ～をかじる；～をかじって穴をあける；(～を)苦しめる、さいなむ

- でる The dog was **gnawing** a bone.（犬は骨をかじっていた）
- でる Mice **gnawed** a hole through the wall.
（ネズミは壁をかじって穴をあけた）

251 prolong
[prəlɔ́ːŋ]

動 ～を長引かせる；～を延長する

- でる **prolong** the discussion（議論を長引かせる）
- でる I'll **prolong** my stay for another week.
（もう1週間滞在を延長するつもりです）

派 □ prolonged **形** 長期にわたる、長引く
□ prolongation **名** 延長；長期化

252 concede
[kənsíːd]

動 ～を（しぶしぶ）認める；～を与える、譲る

- でる I was forced to **concede** (that) ～
（私は～であることを認めざるを得なかった）
- でる **concede** the land to the city（その土地を市に譲渡する）

派 □ concession **名** 譲歩；譲渡
類 □ cede **動** ～を譲る［譲渡する］、与える

> conceit（うぬぼれ、思い上がり）と混同しないように注意しましょう。

サクッと復習テスト

❶ 学びと遊びを統合する　　　　　＿＿＿＿＿ learning with play
❷ メーカーと交渉する　　　　　　＿＿＿＿＿ with the manufacturer
❸ 大学に入学する　　　　　　　　＿＿＿＿＿ in college

答え　❶ integrate　❷ negotiate　❸ enroll

---

253 plead
[plíːd]

動 (〜を) 懇願する (for)；申し立てをする；〜を口実にする

- でる **plead** for help（援助を嘆願する、必死で助けを求める）
- でる He **pleaded** guilty.（彼は有罪を認めた）
- でる He **pleaded** not guilty.（彼は無罪を申し立てた）[= He pleaded innocent.]

派 □ plea 名 嘆願、訴え；申し立て；口実

254 exert
[iɡzə́ːrt]

動 〜を働かせる、行使する；努力する (oneself)

- でる **exert** an influence [impact] on 〜（〜に影響を与える [及ぼす]）
- でる He **exerted** himself in order to pass the exam.
（彼は試験に合格しようと努力した）
[= He exerted his efforts to pass the exam.]

派 □ exertion 名 行使、発揮；努力

255 banish
[bǽniʃ]

動 〜を追放する

- でる The king was **banished** from the country.
（王は国外に追放された）[= The king was exiled from the country.]

派 □ banishment 名 追放

> vanish（突然消える；消滅する）と混同しないように注意しましょう。

256 obstruct
[əbstrʌ́kt]

動 〜を遮る；〜を塞ぐ；〜を妨害する

- でる **obstruct** the view of 〜（〜の景観 [視界] を遮る）
- でる **obstruct** traffic（通行を妨げる）

派 □ obstruction 名 妨害
類 □ block 動 〜を遮る；〜を塞ぐ

257 humiliate
[hjuːmílièit]

動 ～に恥をかかせる、屈辱を与える

でる He was **humiliated** in front of others.
（彼は人前で恥をかかされた［屈辱を受けた］）

派 □ humiliation 名 屈辱、不面目

258 yearn
[jə́ːrn] 発

動 **（～を）切望する、熱望する** (for)；**しきりに～したがる** (to *do*)

でる **yearn** for a baby（赤ちゃんを切望する［欲しがる］）
[= yearn to have a baby]

派 □ yearning 名 切望、あこがれ
類 □ long 動 （～を）切望する (for)；
　　　～したくてたまらない (to *do*)

yarn [jáːrn]（編み糸；作り話）や yawn [jɔ́ːn]（あくびをする）と混同しないように注意しましょう。

259 censor
[sénsər]

動 ～を検閲する 名 検閲官

でる **censor** publications（出版物を検閲する）

派 □ censorship 名 検閲

同音語の sensor（センサー、感知装置）や censure [sénʃər]（～を非難する；非難、譴責）と混同しないように注意しましょう。

260 summon
[sʌ́mən]

動 ～を呼び出す；～を招集する；（勇気など）を奮い起こす

でる He was **summoned** to court.
（彼は法廷に呼び出された⇒彼は法廷に召喚された）

でる **summon** all managers to the meeting（すべての部長を会議に招集する）

salmon [sǽmən]（サケ）と混同しないように注意しましょう。

🎧 28

261 rekindle
[rikíndl]

動 ～を再熱させる、～に再び火をつける；～をよみがえらせる

でる **rekindle** a debate over [about] ~
（～に関する論争を再熱させる、～をめぐる議論に再び火をつける）

でる Old friendships were **rekindled**.（旧交がよみがえった）

派 □ kindle 動 ～に点火する；～をかき立てる

262 simmer
[símər]

動 ~をコトコト［とろとろ］煮る；（感情などが）爆発寸前である

でる simmer the soup for about one hour（スープを約1時間コトコト煮込む）

> shimmer [ʃímər]（ちらちら［かすかに］光る）と混同しないように注意しましょう。

263 regenerate
[ridʒénərèit]

動 ~を再生する；~を再建する；~を立ち直らせる

でる regenerate damaged tissues（損傷組織を再生する）
でる regenerate the economy（経済を再建する）

派 □ regeneration **名** 再生；再建；更生

> re- は「再び」の意味を表す接頭辞でしたね。degenerate [didʒénərèit]（堕落した；悪化する）と混同しないように注意しましょう。

264 amend
[əménd]

動 ~を改正［修正］する；~を改変する

でる amend the law [bill]（法律［法案］を改正する）

派 □ amendment **名** 入改正；修正条項；改変

> mend（~を修繕する；~を修復する）と混同しないように注意しましょう。

265 solicit
[səlísit]

動 ~を求める、要請する

でる solicit cooperation from ~（~の協力を求める）

派 □ solicitation **名** 要請、懇願

266 trudge
[trʌdʒ]

動 とぼとぼ（苦労して）歩く、重い足取りで歩く
名 重い足取り

でる trudge to the station through the snow
（雪の中を駅までとぼとぼ［重い足取りで］歩く）

267 plunge
[plʌndʒ]

動 （~に）突っ込む、飛び込む（into）；急落する
名 急落；落下

でる The aircraft plunged into the sea.
（その航空機は海に突っ込んだ［墜落した］）
でる The stock market plunged last week.（株式市場は先週急落［暴落］した）
[= The stock market took a plunge last week.]

類 □ dive **動** （~に）突っ込む、飛び込む（into） **名** 突進；飛び込み；急落

268 whine [hwáin]

動 泣き言を言う、めそめそと愚痴をこぼす；哀れっぽく泣く；(犬が) クンクン鳴く **名** 哀れっぽい声；泣き言

でる Stop **whining**. (泣き言を言う [めそめそと愚痴を言う] のはやめろ)

派 □ whiny **形** 泣き言を言う；不機嫌そうな；哀れっぽい

269 render [réndər]

動 〜の状態にする；〜を与える；〜を表現する；〜を演奏する；**〜を翻訳する**

でる **render** the contract void (契約を無効にする)

でる **render** him advice and assistance (彼に助言と援助を与える)

でる **render** Japanese documents into English
(日本語の文書を英語に翻訳する)

派 □ rendering **名** 演奏、演出；翻訳
  □ rendition **名** 演奏、演出；翻訳

270 penetrate [pénətrèit]

動 〜を貫通する；(〜に) 浸透 [侵入] する (into)

でる **penetrate** the wall (壁を貫通する)

でる **penetrate** into the skin (皮膚に浸透する) [= penetrate the skin]

派 □ penetration **名** 貫通；浸透；侵入
  □ penetrating **形** 鋭い、洞察力のある；貫通 [浸透] する

> penetrate は「(〜を) 貫く」のコアイメージで覚えておきましょう。

🎧 29

271 mingle [míŋgl]

動 混ざる；〜を混ぜ合わせる；つき合う；歓談する

でる Many different kinds of trees **mingle** in the forest.
(その森には種々多様な木々が混生している)

でる **mingle** A and B together (AとBを混ぜ合わせる)

でる **mingle** with the celebrities [guests]
(有名人とつき合う [招待客と歓談する])

> intermingle (混ざる；〜を混ぜ合わせる；交流する) [= intermix] も覚えておきましょう。

272 rumble [rʌ́mbl]

動 (雷などが) ゴロゴロ鳴る；(車が) ガタゴト進む；(腹が) グーグー鳴る **名** ゴロゴロ (ガラガラ) いう音

でる Thunder **rumbled**. (雷がゴロゴロ鳴った)

でる the **rumble** of the airplane (飛行機のとどろき [ごう音])

> rumple (〜をくしゃくしゃにする) や tumble (転ぶ、倒れる) と混同しないように注意しましょう。

サクツと復習テスト

❶ 彼は有罪を認めた。　　　　　　He _____ guilty.
❷ 出版物を検閲する　　　　　　　_____ publications
❸ 損傷組織を再生する　　　　　　_____ damaged tissues

答え　❶ pleaded　❷ censor　❸ regenerate

---

273 wade
[wéid]

動 (水につかって) 水中を歩く；(川など) を歩いて渡る

でる **wade** across the river (川を歩いて渡る) [= wade the river]

派 □ wade through ~　~を苦労して読む；~を乗り切る、切り抜ける

274 transcend
[trænsénd]

動 ~を超える、超越する；~にまさる

でる It **transcends** my understanding. (それは私の理解を超えている)

派 □ transcendent 形 卓越した；超越的な
　 □ transcendental 形 卓越した；超越的な；先験的な
　 □ transcendentalism 名 超越主義、超越 [先験] 論

275 besiege
[bisíːdʒ] ⚠

動 ~を包囲する；~を取り囲む；~を悩ます

でる The army **besieged** the town. (軍隊はその町を包囲した)
でる The politician was **besieged** by a barrage of questions.
(その政治家は矢継ぎ早の質問攻めに合った)

> besiege は [be (~になる) + siege (包囲攻撃)] から「~を包囲する」の意味となります。

276 gratify
[grǽtəfài]

動 ~を喜ばせる、満足させる

でる She was **gratified** to hear (that) ~ (彼女は~だと聞いて喜んだ)

派 □ gratifying 形 満足のいく、喜ばしい
　 □ gratification 名 満足 (感)、喜び

> gratify は satisfy (~を満足させる) よりも意味の強い語です。

277 wring
[ríŋ]

動 ~を絞る；~を搾り取る

でる **wring** a wet towel (out) (濡れたタオルを絞る)
でる He **wrung** money out of her. (彼は彼女から金を搾り取った [ゆすり取った])

> wring と ring (指輪) は同音語です。wring の活用変化は wring-wrung-wrung です。

278 bewilder
[biwíldər] — 動 〜を混乱させる、当惑させる

でる She was totally **bewildered** by the news.
(その知らせに彼女はすっかり混乱[当惑]してしまった)

派 □ bewilderment 名 混乱、当惑
類 □ confuse 動 〜を混乱させる、当惑させる

279 distort
[distɔ́ːrt] — 動 〜を歪める、歪曲する；〜を変形させる

でる **distort** historical facts (史実を歪める[曲げる])

派 □ distortion 名 歪曲；ゆがみ

280 loom
[lúːm] — 動 ぼんやりと現れる；次第に迫ってくる
名 ぼんやりと現れること；織機

でる **loom** (up) out of the fog (霧の中からぼんやりと現れる)
でる The deadline is **looming**. (締め切りが迫っている)

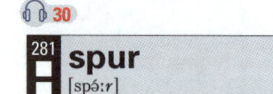

🎧 30

281 spur
[spə́ːr] — 動 〜に拍車をかける；〜を奮起させる
名 拍車；発奮材料

でる **spur** economic development of 〜
(〜の経済発展に拍車をかける[を促進する])

でる The teacher **spurred** him to study hard.
(その先生は熱心に勉強するよう彼を奮起させた[駆り立てた])

282 perplex
[pərpléks] — 動 〜を当惑させる、まごつかせる

でる His unexpected question **perplexed** me.
(彼の予想外の質問に私は当惑した)
[= I was perplexed by [at/with] his unexpected question.]

派 □ perplexity 名 当惑、混乱；難題
類 □ puzzle 動 〜を当惑させる、まごつかせる
 □ baffle 動 〜を当惑させる、まごつかせる

283 renounce
[rináuns]

動 ～を放棄する；～を断念する；(人) との縁を切る

- でる **renounce** war forever（戦争を永久に放棄する）
- でる He was **renounced** by his parents.
  （彼は親に縁を切られた⇒彼は親に勘当された）

派 □ renunciation 名 放棄；断念；拒否

> denounce（～を公然と非難する）と混同しないように注意しましょう。

284 deploy
[diplói]

動 ～を配備［配置］する；～を有効に活用する

- でる **deploy** troops（軍隊を配備［配置］する）
- でる **deploy** resources（資源を有効に活用する）

派 □ deployment 名 配備、配置；活用

285 enlighten
[inláitn]

動 ～を啓発する、啓蒙する；～に説明する、教える

- でる The book **enlightend** me in many ways.
  （その本から多くのことを啓発された）
- でる Could you **enlighten** me on ～?（～について教えて［説明して］頂けますか）

派 □ enlightenment 名 啓蒙、啓発；悟り
  □ enlightening 形 啓発的な

> enlighten は接頭辞・接尾辞の両方に en が付く語です。[en（～の状態にする）＋ light（明かり）＋ en（動詞を作る）] から「～を啓発する；～に教える」の意味となります。

286 assimilate
[əsíməlèit]

動 (～に) 同化する（into）；～を同化させる；～を吸収する

- でる They have **assimilated** well into American society.
  （彼らはアメリカ社会にうまく同化した［溶け込んだ］）
- でる **assimilate** carbon dioxide（二酸化炭素を吸収する）

派 □ assimilation 名 同化；吸収
反 □ dissimilate 動 異化する；～を異化させる

287 overturn
[òuvərtə́:rn]

動 ～を覆す；～を転覆させる

名 [óuvərtè:rn] 転覆、打倒

- でる **overturn** the decision [ruling]（判決を覆す）
- でる **overturn** the government（政府を転覆させる）

類 □ reverse 動 ～を覆す、破棄する
  □ overthrow 動 ～を転覆させる、打倒する

288 evacuate
[ivǽkjuèit]

動 ～を避難させる；避難する

でる **evacuate** the residents from their homes（住民を自宅から避難させる）

派 □ evacuation 名 避難、撤退

> evaluate（～を評価する；～を査定する）と混同しないように注意しましょう。

289 stagger
[stǽgər]

動 よろめく；～を動揺させる；**～をぼう然とさせる**
名 よろめき、ふらつき

でる He **staggered** into the living room.（彼はよろよろと居間に入って行った）
でる She was **staggered** by the news.（彼女はその知らせを聞いてぼう然とした）

派 □ staggering 形 驚くべき、信じられないほどの；よろめいている

290 apprehend
[æprihénd]

動 ～を逮捕する；～を理解する

でる **apprehend** a burglar red-handed（窃盗犯を現行犯逮捕する）

派 □ apprehension 名 不安、心配；逮捕；理解（力）
　□ apprehensive 形 心配な、不安な；理解力のある

> apprehend は arrest（～を逮捕する）よりも形式張った語です。副詞の red-handed は「現行犯で」の意味です。

🎧 31

291 depict
[dipíkt]

動 ～を描写する、表現する、叙述する

でる In the movie, he was **depicted** as a hero.
（その映画で、彼は英雄として描かれていた）

派 □ depiction 名 描写、表現、叙述
類 □ describe 動 ～を描写する、表現する
　□ portray 動 ～を描写する、表現する

292 gauge
[géidʒ] 発

動 ～を読み取る、判断する；～を測定する
名 測定器；規格

でる **gauge** her mood（彼女の気分を読み取る）
でる **gauge** the effect of ～（～の効果を測定する）

293 mimic
[mímik]

動 ～を真似る、～の物まねをする
名 物まねの上手な人

でる **mimic** his father's voice（父親の声を真似る）

派 □ mimicry 名 物まね、模写
類 □ imitate 動 ～を真似る、～の物まねをする

サクッと復習テスト

❶ 濡れたタオルを絞る　　　　　　　＿＿＿＿＿ a wet towel out
❷ 戦争を永久に放棄する　　　　　　＿＿＿＿＿ war forever
❸ 窃盗犯を現行犯逮捕する　　　　　＿＿＿＿＿ a burglar red-handed

答え　❶ wring　❷ renounce　❸ apprehend

---

294 diversify
[divə́ːrsəfài]

動 ～を多様［多角］化する；多様化する

でる **diversify** energy sources（エネルギー源を多様化する）

派 □ diverse　形 多様な、さまざまな
　　□ diversity　名 多様性
　　□ diversification　名 多様［多角］化、多様性

295 manifest
[mǽnəfèst]

動 ～を明らかにする、明示する；現れる　形 明白な

でる **manifest** a modest decrease in ～（～のわずかな減少を示す）
でる a **manifest** error（明らかな誤り）

派 □ manifestation
　　名 表明；兆候；現れ

manifesto [mæ̀nəféstou]（政策綱領、マニフェスト）と混同しないように注意しましょう。

296 articulate
[ɑːrtíkjulèit] 発

動 ～を明確に述べる；～をはっきりと発音する
形 [ɑːrtíkjulət] 発 はっきり表現できる；明確な

でる He **articulated** his point.（彼は論点を明確に述べた）
でる **articulate** each word（一語一語はっきりと発音する）
でる the **articulate** use of language（はっきりした言葉の使い方）

派 □ articulation　名 明瞭な発音；明確な考え；関節
類 □ enunciate　動 ～を明確に述べる；～をはっきりと発音する

297 discern
[disə́ːrn]

動 ～を見分ける；～を認識［識別］する

でる **discern** the difference between A and B（AとBの違いを見分ける）
でる **discern** a change in ～（～の変化を識別する、～の変化に気づく）

派 □ discernment　名 識別力、洞察力
　　□ discernible　形 認識［識別］できる

298 refine
[rifáin]

動 ～を精製［精錬］する；～を洗練する、～に磨きをかける；～を改良［改善］する

でる **refine** crude oil（原油を精製する）
でる **Refine** your language.（言葉を洗練しなさい、言葉遣いに磨きをかけなさい）

派 □ refined 形 精製［精錬］された；洗練された；改良［改善］された；精巧な
　□ refinement 名 改良［改善］；精製［精錬］；洗練
　□ refinery 名 精製所、製油所

299 stammer
[stǽmər]

動 口ごもる、どもる 名 口ごもり、吃音

でる **stammer** in astonishment（驚いて口ごもる）

類 □ stutter 動 口ごもる、どもる

300 retreat
[ritríːt]

動 撤退する；後退する；引っ込む 名 撤退；後退；避難

でる **retreat** from the battlefield（戦場から撤退［退却］する）
でる the **retreat** of a glacier（氷河の後退）

🎧 32

301 scorn
[skɔ́ːrn]

動 ～を軽蔑する、冷笑する 名 軽蔑、あざけり

でる He **scorned** my idea.（彼は私の考えを冷笑した［一笑にふした］）
でる He treated me with **scorn**.
（彼は私を軽蔑的に扱った⇒彼は私を鼻であしらった）

派 □ scornful 形 軽蔑した、さげすむような
類 □ disdain 動 ～を軽蔑する 名 軽蔑

> パンのスコーンは scone [skóun] と綴ります。

302 supervise
[súːpərvàiz]

動 ～を監督する、指揮する、管理する

でる **supervise** new employees（新入社員を監督［管理］する）
でる **supervise** the new project（新プロジェクトを監督［指揮］する）

派 □ supervision 名 監督、指揮、監視、管理
　□ supervisor 名 監督者、管理者、上司
　□ supervisory 形 監督の

303 withstand [wiðstǽnd]
動 ～に耐える、持ちこたえる；～に抵抗する

- でる **withstand** high pressure（高圧に耐える）
- でる **withstand** temptation（誘惑に負けない［負けない］）
- 類 □ stand up to ～ ～に耐える、持ちこたえる

withhold（～を差し控える；～を抑える）と混同しないように注意しましょう。

304 inflict [inflíkt]
動（苦痛・損害など）を（～に）与える、押し付ける（on）

- でる **inflict** great pain on ～（～に大きな苦しみを与える）
- でる **inflict** blame on ～（～に責任を押し付ける）
- 派 □ infliction 名（苦痛などを）与えること；苦しみ、迷惑

305 revolt [rivóult]
動（～に対して）反乱を起こす（against）；（～に）反抗［抵抗］する（against）；～をひどく不快にする 名 反乱；反抗［抵抗］；嫌悪感

- でる **revolt** against the government（政府に対して反乱を起こす）
- でる **revolt** against the new tax system（新しい税制に抵抗する）
- 類 □ rebel [ribél] 動（～に対して）反乱を起こす（against）；（～に）反抗する（against）

306 contrive [kəntráiv]
動 ～を考案する；～をたくらむ；何とか～する（to do）

- でる **contrive** a new device（新しい装置を考案する）
- でる **contrive** to escape death（何とか死を免れる⇒何とか命拾いをする）
- 派 □ contrivance 名 考案品、仕掛け；計略

contrite（深く悔いて）と混同しないように注意しましょう。

307 ascribe [əskráib]
動 ～を（～の）せいにする、（～に）帰する（to）

- でる He **ascribed** his failure to bad luck.（彼は自分の失敗を不運のせいにした）
- 類 □ attribute [ətríbju:t] 動 ～を（～の）せいにする、（～に）帰する（to）

ascribe A to B（A を B のせいにする、A は B に起因すると考える）の形で覚えておきましょう。

308 reclaim [rikléim]
動 ～を埋め立てる、造成する；～を取り戻す；～の返還を要求する；～を再生利用する

- **でる** **reclaim** land from the sea（海を埋め立てて土地を作る）
- **でる** **reclaim** the lost time（損失時間を取り戻す）

派 □ reclamation **名** 埋め立て、造成；再生利用；返還

309 excavate [ékskəvèit]
動 ～を発掘する、掘り出す；～を掘る

- **でる** **excavate** the mummy of ～（～のミイラを発掘する）
- **でる** **excavate** a tunnel（トンネルを掘る）

派 □ excavation **名** 発掘；堀削
類 □ dig up ～　～を発掘する、掘り出す
　　□ unearth **動** ～を発掘する、掘り出す

310 underestimate [ʌ̀ndəréstəmèit] 発
動 ～を過小評価する、見くびる；～を実際より低く見積もる　**名** [ʌ̀ndəréstəmət] 発 過小評価；実際より低い見積もり

- **でる** **underestimate** the importance of ～（～の重要性を過小評価する）

派 □ estimate [éstəmèit] 発 **動** ～を見積もる；～を評価する　[éstəmət] 発 **名** 見積もり
反 □ overestimate [òuvəréstəmèit] 発 **動** ～を過大評価する；～を実際より高く見積もる
　　　　　[òuvəréstəmət] 発 **名** 過大評価；実際より高い見積もり

> 映画「スター・ウォーズ エピソード3」の中で、アナキンはオビ＝ワンに対して You underestimate my power.（僕の力を見くびるな）と言いました。

🎧 33

311 haunt [hɔ́ːnt] 発
動 ～を苦しめる、悩ます；～に出没する

- **でる** Painful memories of the war still **haunt** her.
（彼女はいまだに戦争のつらい記憶にさいなまれている）
- **でる** "That house is said to be **haunted** by ghosts." "Is that true?"
（あの家には幽霊が出るらしいよ／それってホ～ント？）

> 「お化け屋敷、幽霊屋敷」のことを haunted house と言います。

312 elicit [ilísit]
動 ～を引き出す、聞き出す

- **でる** **elicit** more information from ～（～からより多くの情報を引き出す）

類 □ extract **動** ～を引き[抜き]出す；～を抽出する

> 同音語の illicit（違法の、不法の）と混同しないように注意しましょう。

サクッと復習テスト

❶ 原油を精製する　　　　　　　　　　_____ crude oil
❷ 新入社員を監督する　　　　　　　　_____ new employees
❸ 〜のミイラを発掘する　　　　　　　_____ the mummy of 〜

答え　❶ refine　❷ supervise　❸ excavate

313 degrade
[digréid]

動 〜の品位を落とす；悪化する、低下する；分解する

でる You shouldn't **degrade** yourself by telling lies.
（嘘をつくことで自分の品位を落とすべきではない）

でる The situation has **degraded** over time.（状況は徐々に悪化してきた）

派 □ degrading **形** 品位を落とす、下品な
　□ degradation **名** 不名誉；悪化；格下げ；分解
　□ degradable **形** 分解可能な

> biodegrade（生分解する）と biodegradable（生分解性の）も覚えておきましょう。

314 vaccinate
[væksənèit]

動 〜に予防［ワクチン］接種をする

でる **vaccinate** a child against measles（子供にはしかの予防接種をする）

派 □ vaccination **名** 予防［ワクチン］接種
　□ vaccine [væksíːn | væksiːn] **名** ワクチン

315 dilute
[dilúːt | dailúːt]

動 〜を薄める；〜を弱める

でる **dilute** the liquid with water（液体を水で薄める［希釈する］）

派 □ diluted **形** 希釈された
　□ dilution **名** 希釈；低下

316 maneuver
[mənúːvər]

動 〜を動かす、操る；（軍事）演習を行う
名 操作；駆け引き

でる **maneuver** a large crane（大きなクレーンを操作［操縦］する）

でる a political **maneuver**（政治的な駆け引き、政治工作）
　　[= a political maneuvering]

317 dwarf
[dwɔːrf] 発

動 〜を小さく見せる　**名**（おとぎ話に登場する）小人
形 小さい

でる The cathedral is **dwarfed** by the surrounding tall buildings.
（その大聖堂は周りの高層ビルに囲まれて小さく見える）

でる Snow White and the Seven **Dwarfs**（白雪姫と七人の小人たち）

でる potted **dwarf** trees（鉢植えの小さな木⇒盆栽）

318 recur
[rikə́ːr]

動 再発する；再び起こる；思い出される

- **recur** off and on（再発を繰り返す）
- Make sure that such problems will not **recur**.
  （このような問題が二度と再び起こらないようにしなさい）

派 □ recurrent **形** 再発する；繰り返される
             （= recurring）
   □ recurrence **名** 再発；繰り返し

> incur（～を負う、受ける；～を招く）
> と混同しないように注意しましょう。

319 dwindle
[dwíndl]

動 次第に減少する；衰える、低下する

- The polar bear population is **dwindling**.
  （シロクマの総頭数は減少してきている）

320 adhere
[ædhíər]

動 （～に）固執する（to）；（～に）付着する（to）

- **adhere** to the principle that ～
  （～という原則に固執する、～という主義を固守する）
- **adhere** to the surface of ～（～の表面に付着する）

派 □ adherence **名** 固執、固辞；遵守
   □ adherent **形** 遵守する **名** 支持者、信奉者
   □ adhesion **名** 粘着、付着
   □ adhesive **形** 粘着性の
類 □ stick **動** （～に）固執する；（～に）付着する（to）

🎧 34

321 revert
[rivə́ːrt]

動 （～に）戻る（to）；（～に）復帰する（to）

- **revert** to the original state（元の状態に戻る）

派 □ reversion **名** 逆戻り；復帰

> revert は [re（元に）＋ vert（回る、向く）]
> から「戻る；復帰する」の意味となります。

322 wither
[wíðər]

動 （植物が）しおれる、しぼむ；薄れる、弱まる

- All the plants have **withered** (away).
  （すべての植物がしおれた［枯れた］）
- Their friendship has **withered**.（彼らの友情は薄れた）

派 □ withered **形** しぼんだ、枯れた

323 persecute
[pə́ːrsikjùːt]

動 **~を迫害する**；~をうるさく悩ます

でる They were **persecuted** and massacred because of their faith in God. (彼らは神への信仰ゆえに、迫害され虐殺された)

派 □ persecution 名 迫害

> prosecute [prásikjùːt] (~を起訴する)と混同しないように注意しましょう。

324 endorse
[indɔ́ːrs]

動 **~を支持する、是認する**；~を推薦する；**(小切手など)に裏書きする**

でる **endorse** the plan (その計画を支持[是認・承認]する)

でる **endorse** a check (小切手に裏書きする)

派 □ endorsement 名 支持、是認；推奨

325 confound
[kɑnfáund]

動 **~を困惑させる、まごつかせる**

でる The problem **confounded** her. (その問題に彼女は当惑した)

でる I was **confounded** by the fact that ~ (私は~という事実に戸惑った)

> compound (~を混ぜ合わせる；~を悪化させる)と混同しないように注意しましょう。

326 avert
[əvə́ːrt]

動 **~を防ぐ、回避する**；(目)をそらす、(顔)を背ける

でる **avert** the worst-case scenario (最悪の事態を防ぐ[回避する])

でる She **averted** her eyes [face] when she saw me. (彼女は私を見た時、目をそらした[顔を背けた])

327 ventilate
[véntəlèit]

動 **~を換気する、~に風を通す**

でる **ventilate** the room by opening the window (窓を開けて部屋を換気する)

派 □ ventilation 名 換気、通気

328 sever
[sévər]

動 **~を切断する**；~を断つ

でる **sever** the trunk with a chain saw (木の幹をチェーンソーで切断する)

でる **sever** all ties with ~ (~との関係をすべて断つ、~と絶縁する)

派 □ severance 名 切断；断絶；解雇・退職(手当)

> severe (厳しい；深刻な)と混同しないように注意しましょう。

329 deteriorate
[ditíəriərèit] 動 悪化する、劣化する、低下する

でる The situation began to **deteriorate**. (状況は悪化し始めた)

派 □ deterioration 名 悪化、劣化、低下

330 resume
[rizú:m] 発 動 〜を再開する、再び始める；〜を回復する、取り戻す 名 [rézumèi] アク 履歴書、レジメ

でる **resume** talks with 〜 (〜との話し合いを再開する)

でる **resume** a good relationship (良好な関係を回復する)

でる My **resume** is enclosed. (履歴書を同封しております)

派 □ resumption 名 再開；回復

「履歴書」を意味する resume は元々フランス語なので、アクサンテギュを付けて résumé と綴る場合もあります。

🎧 35

331 torment
[tɔ́:rmént] アク 動 〜を苦しめる 名 [tɔ́:rment] 苦痛、苦悩

でる She was **tormented** by guilt. (彼女は自責の念にさいなまれた)

でる live in mental **torment** (精神的苦痛の中で生活する)

332 induce
[indjú:s] 動 〜を（〜するように）説得する、仕向ける (to do)；〜を引き起こす、誘発する

でる **induce** him to take on the job
(その仕事を引き受けるよう彼を説得する、彼にその仕事をするように仕向ける)

でる The pill sometimes **induces** sleep as a side effect.
(その錠剤は副作用として眠気を誘発する［引き起こす］ことがある)

派 □ inducement 名 誘因；誘発
　□ induction 名 帰納（法）；誘発

333 deduce
[didjú:s] 動 〜を推定する、演繹する

でる **deduce** a conclusion from the known facts
(既知の事実から結論を推定［演繹］する)

派 □ deduction 名 推論；演繹（法）；控除
　□ deductive 形 演繹的な；推論による
反 □ induce 動 〜を帰納する；〜を説得する；〜を引き起こす

deduct (〜を控除する、差し引く) と混同しないように注意しましょう。

サクッと復習テスト

❶ 液体で水を薄める　　　　　　　　　_____ the liquid with water
❷ 小切手に裏書きする　　　　　　　　_____ a check
❸ 〜との関係をすべて断つ　　　　　　_____ all ties with 〜

答え　❶ dilute　❷ endorse　❸ sever

---

334 assault
[əsɔ́:lt]

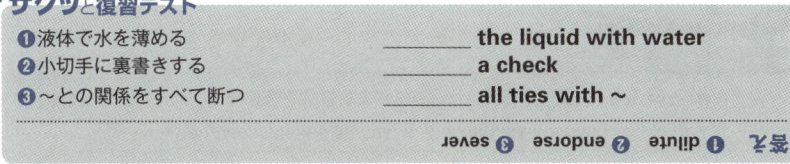

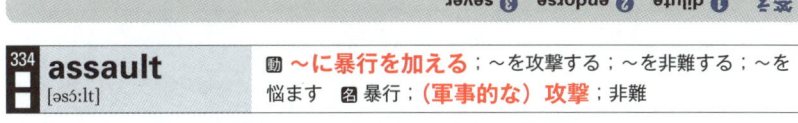

動 〜に暴行を加える；〜を攻撃する；〜を非難する；〜を悩ます　名 暴行；**(軍事的な) 攻撃**；非難

でる He was severely **assault**ed.（彼は激しい暴行を受けた）
でる an all-out military **assault** on 〜（〜への軍事的な総攻撃）

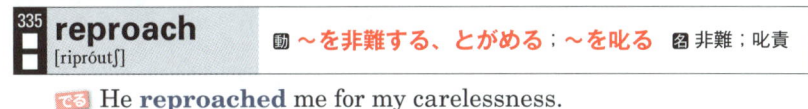

335 reproach
[ripróutʃ]

動 〜を非難する、とがめる；〜を叱る　名 非難；叱責

でる He **reproach**ed me for my carelessness.
（彼は私の不注意を非難した [叱った]）

派 □ reproachful　形 とがめる [非難する] ような

336 exasperate
[igzǽspərèit]

動 〜を（ひどく）怒らせる、いらいらさせる

でる His lame excuse **exasperate**d her.
（彼の下手な言い訳は彼女を憤慨させた）
[= She was exasperated by [at/with] his lame excuse.]

派 □ exasperation　名 憤慨、激怒

> exasperate は irritate（〜を苛立たせる、いらいらさせる）よりも意味の強い語です。

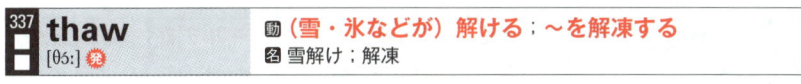

337 thaw
[θɔ́:] ⚠

動（雪・氷などが）解ける；〜を解凍する
名 雪解け；解凍

でる The ice will **thaw** in spring.（氷は春になると解ける）
でる **thaw** (out) a frozen turkey in the refrigerator
（冷凍の七面鳥を冷蔵庫で解凍する）

類 □ defrost　動 〜を解凍する；〜から霜 [氷] を取り除く
反 □ freeze　動 〜を冷凍する；凍る

> thwart [θwɔ́:rt]（〜を妨げる）と混同しないように注意しましょう。

338 deplete
[diplí:t]

動 〜を枯渇させる、激減させる

でる **deplete** natural resources（天然資源を枯渇させる）

派 □ depletion　名 減少；枯渇

339 provoke
[prəvóuk]
動 ～を引き起こす；～を挑発する

- **provoke** a lot of debate（さまざまな議論を巻き起こす、大いに物議を醸す）
- You'd better not **provoke** him.（彼を挑発しない方がいい）

派 □ provocative
形 挑戦的な；挑発的な

thought-provoking（深く考えさせられる、示唆に富む）も覚えておきましょう。a thought-provoking article（考えさせられる記事）のように使います。

340 intimidate
[intímədèit]
動 ～を脅す、威嚇する；～をおじけづかせる

- **intimidate** the public（大衆を脅かす［威嚇する］）
- She is **intimidated** by her boss.（彼女は上司におびえている⇒彼女は上司に威圧感を覚えている）

派 □ intimidation **名** 脅し、威嚇、脅迫
　□ intimidating **形** 威嚇するような；おじけづかせるような
類 □ threaten **動** ～を脅す、威嚇する

🎧 36

341 aggravate
[ǽgrəvèit]
動 ～を悪化させる；～をいらいらさせる

- **aggravate** the situation（事態［状況］を悪化させる）

派 □ aggravation **名** 悪化；苛立ち

aggregate（[ǽgrigət] 総計の；総計；[ǽgrigèit] 総計～になる）と混同しないように注意しましょう。

342 manipulate
[mənípjulèit]
動 ～を巧みに操る、コントロールする；～を改ざんする；～を操作する

- **manipulate** people like a puppet（人々を操り人形の如く巧みに操る）
- **manipulate** statistics（統計数値を改ざん［操作］する）
- **manipulate** genes（遺伝子を操作する）

派 □ manipulation **名** 巧みな操作；改ざん；処理
　□ manipulative **形** 人を操る；操作的な

343 subdue
[səbdjúː]
動 ～を征服する；～を鎮圧する；～を抑制する

- **subdue** almost all of Europe（ほぼヨーロッパ全土を征服する）
- **subdue** a rebellion（反乱を鎮圧する）

派 □ subdued **形** 控えめな；柔らかな

344 allude
[əlúːd]
動 (～を)ほのめかす、(～に)それとなく言及する (to)

でる She **alluded** to the issue in her speech.
(彼女はスピーチの中でその問題についてほのめかした[それとなく言及した])

派 □ allusion 名 ほのめかし、暗示、言及

> allude to ～は間接的なほのめかし[言及]に、
> refer to ～は直接的な言及に用います。

345 eradicate
[irǽdəkèit]
動 ～を根絶する、撲滅する；～を根こそぎにする

でる **eradicate** forced labor (強制労働を根絶する)

派 □ eradication 名 根絶、撲滅

346 demolish
[dimáliʃ]
動 ～を取り壊す、破壊する；～を覆す

でる **demolish** the old building (その古い建物を取り壊す)
でる **demolish** the doctrine of ～ (～の教義[学説]を覆す)

派 □ demolition 名 取り壊し、破壊；論破

347 recede
[risíːd]
動 後退する；遠のく；弱まる

でる His hairline has begun to **recede**. (彼の髪の生え際が後退し始めている)
でる **recede** from view (視界から遠のく)

派 □ recession 名 景気後退、不景気

348 emancipate
[imǽnsəpèit]
動 ～を解放する、自由にする

でる Lincoln **emancipated** the slaves in 1863.
(リンカーンは1863年に奴隷を解放した)

派 □ emancipation 名 解放

349 affiliate
[əfílièit] 発
動 (～と) 提携する (with)；～を加入させる
名 [əfíliət] 発 支社、支店；系列会社、子会社

でる **affiliate** with a German firm (ドイツの会社と提携する)

派 □ affiliated 形 提携している、傘下の
□ affiliation 名 提携、合併；加入

350 beset
[bisét]

動 〜を悩ます；〜を取り巻く

でる The country is **beset** by serious economic problems.
（その国は深刻な経済問題に悩まされている）

でる the issues that **beset** the world（世界を取り巻く諸問題）

> beset の活用変化は beset-beset-beset です。

🎧 37

351 endow
[indáu] 発

動 （才能・資質など）を（〜に）授ける（with）；〜に寄付する

でる the special gift that God has **endowed** him with
（神が彼に授けてくれた特別な才能［賜物］）

でる **endow** the orphanage with a large sum of money
（孤児院に多額の金を寄付する）

派 □ endowment 名 寄付（金）；才能、資質

352 saturate
[sǽtʃərèit]

動 〜を（〜で）あふれさせる（with）；〜を（〜で）飽和させる；〜をびしょぬれにする

でる **saturate** the market with new products（市場を新製品であふれさせる）

でる **saturate** water with salt（水を食塩で飽和させる）

派 □ saturation 名 飽和（状態）；びしょぬれの状態

353 defy
[difái]

動 〜に反抗する、〜を無視する；〜を不可能にする

でる **defy** the laws（法に逆らう、法を無視する）

でる **defy** description [understanding/explanation]
（表現［理解／説明］できない）

派 □ defiant 形 反抗的な、挑戦的な
　□ defiance 名 反抗、挑戦；無視

354 knead
[ní:d] 発

動 〜をこねる、練る；〜をもむ

でる **knead** dough（パン生地をこねる［練る］）

でる **knead** stiff muscles in the neck（頸部の硬くなった筋肉をもむ）

> knead と need（〜を必要とする）は同音語です。

サクッと復習テスト

❶ 氷は春になると解ける　　　　　The ice will _____ in spring.
❷ ほぼヨーロッパ全土を征服する　_____ almost all of Europe
❸ その古い建物を取り壊す　　　　_____ the old building

答え ❶ thaw　❷ subdue　❸ demolish

---

355 coerce
[kouə́ːrs]
動 ～に強制する、強要する

でる The man was **coerced** into making a false confession.
（その男は虚偽の自白を強要された）

派 □ coercion [kouə́ːrʃən | kouə́ːrʒən] 名 強制、強要
　□ coercive 形 強制的な、威圧的な

356 alight
[əláit]
動 (乗り物から) 降りる　形 燃えて；輝いて

でる **alight** from the bus（バスから降りる）[= get off the bus]
でる set dead leaves **alight**（枯れ葉に火をつける⇒枯れ葉を燃やす）

357 impart
[impáːrt]
動 ～を (～に) 与える、授ける (to)；～を (～に) 知らせる (to)

でる **impart** basic knowledge about ～（～に関する基礎知識を与える）
でる **impart** accurate information to the public
（正確な情報を国民 [世間] に伝える）

358 undermine
[ʌ̀ndərmáin]
動 ～を弱体化させる；～を損なう

でる **undermine** the relationship with ～（～との関係を弱体化させる）
でる **undermine** public confidence（国民の信頼を損なう [傷つける]）

> underline（～に下線を引く；～を強調する；下線）と混同しないように注意しましょう。

359 retaliate
[ritǽlièit]
動 報復する、仕返しする

でる **retaliate** against the attacks（攻撃に対して報復する）

派 □ retaliation 名 報復、仕返し
　□ retaliatory 形 報復的な、仕返しの

360 devastate
[dévəstèit]
動 ~を破壊する、壊滅させる；（人）を打ちのめす

でる The whole area was **devastated** by the tsunami.
（その地域全体が津波によって打撃［壊滅的な被害］を受けた）

でる She was mentally **devastated**. (彼女は精神的に打ちのめされた)

派 □ devastating 形 破壊的な、破滅的な；衝撃的な
　□ devastation 名 破壊；荒廃

🎧 38

361 abate
[əbéit]
動 **弱まる**；和らぐ；**~を減らす**；~を鎮める

でる The fire finally **abated**. (やっと火が弱まった、やっと火事がおさまった)

でる **abate** air pollution (大気汚染を減らす)

派 □ abatement 名 減少、低下；緩和
類 □ die down 弱まる、おさまる
　□ subside 動 弱まる；和らぐ；静まる

362 bestow
[bistóu] 発
動 **（栄誉・称号など）を（~に）授ける、与える** (on/upon)

でる **bestow** the title of Earl on him (彼に伯爵の称号を授ける)

363 rave
[réiv]
動 **（~を）べたぼめする、激賞する** (about/over)；
（~に）わめき散らす (at)　形 **べたぼめの、激賞の**

でる **rave** about [over] the new movie (新作映画を絶賛する)

でる earn [win] **rave** reviews (べたぼめの論評を得る、絶賛を受ける)

364 nurture
[nə́ːrtʃər]
動 **~をはぐくむ、促進する**；~を育てる、養育する
名 **養育**

でる **nurture** a friendly relationship between *A* and *B*
（AとBの間の友好的な関係をはぐくむ）

でる nature versus **nurture** (生まれか育ちか、氏か育ちか)
　[= nature or nurture]

365 mediate
[míːdièit]
動 **~を仲裁する、調停する；仲裁［仲介］する**

でる **mediate** a peace agreement (和平合意を調停［仲裁］する)

でる **mediate** between *A* and *B* (AとBの間を仲裁［仲介］する)

派 □ mediation 名 調停、仲裁、仲介
　□ mediator 名 調停者、仲介役、橋渡し役

meditate（瞑想する）と混同しないように注意しましょう。

366 divert
[divə́ːrt | daivə́ːrt]
動 ~を迂回させる；~をそらす；~を転用する；~の気晴らしをする

- でる **divert** all traffic（すべての車両を迂回させる）
- でる **divert** their attention（彼らの注意をそらす）

- 派 □ diversion **名** 気晴らし、娯楽；迂回；転用、転換
- 類 □ distract **動** ~をそらす；~の気晴らしをする

> divert は [di（脇へ）+ vert（向ける）から「~を迂回させる；~をそらす；~の気を晴らせる」の意味となります。

367 underscore
[ʌ̀ndərskɔ́ːr]
動 ~を強調する、力説する；~に下線を引く
名 [ʌ́ndərskɔ̀ːr] 下線

- でる **underscore** the benefit of ~（~の利点 [メリット] を強調する）
- でる **underscore** some keywords（いくつかのキーワード [重要語] に下線を引く）

- 類 □ underline **動** ~を強調する、力説する；~に下線を引く **名** 下線

368 delude
[dilúːd]
動 ~をだます、欺く；~を惑わす；**勘違いする**（*oneself*）

- でる He **deluded** me into thinking (that) ~（彼は私をだまして~だと思い込ませた）
- でる She **deluded** herself into believing (that) ~（彼女は勘違いして~だと信じた）

- 派 □ delusion **名** 思い違い；妄想
  □ delusive **形** 人を惑わす；偽りの

369 astound
[əstáund]
動 ~をびっくり仰天(ぎょうてん)させる

- でる They were all **astounded** by what they saw.（彼らは皆、目にした光景にびっくり仰天した）

- 派 □ astounding **形** 驚くべき、驚異的な

> astonish は、amaze や astonish よりもさらに驚きの程度を強く表す語です。

370 deter
[ditə́ːr]
動 ~を抑止する；~を思いとどまらせる

- でる **deter** nuclear tests（核実験を抑止する）
- でる In that country, many obstacles **deter** students from going to college.（その国では、多くの障害により学生たちは大学に行くのをやめる）

- 派 □ deterrent **名** 抑止（力）、妨害物 **形** 抑止する
  □ deterrence **名** 抑止（力）

371 defer
[difə́ːr]
動 ～を延期する、先送りする

でる **defer** the decision [discussion]（決定［話し合い］を延期する）

派 □ deferment
　名 延期（= postponement）
類 □ postpone
　動 ～を延期する、先送りする

> deter（～を抑止する；～を思いとどまらせる）と混同しないように注意しましょう。

372 envisage
[invízidʒ]
動 ～を想像する、心に描く；～と予想する

でる Can you **envisage** working under him?
（彼の下で働くことを想像できますか）

類 □ envision　動 ～を想像する、心に描く；～と予想する

> envisage は [en（～の状態にする）+ visage（顔、容貌）] から「～を想像する、心に描く」の意味となります。

373 refute
[rifjúːt]
動 ～に反論する、異議を唱える；～を論破する

でる **refute** his hypothesis（彼の仮説に反論する／彼の仮説を論破する）

派 □ refutable 形 反論できる；論破できる
　□ refutation 名 反論；論破

374 fluctuate
[flʌ́ktʃuèit]
動 変動する、上下する

でる **fluctuate** between *A* and *B*（AとBの間で変動［上下］する）

派 □ fluctuation 名 変動

375 pertain
[pərtéin]
動 （～に）関連する、関係する（to）

でる This book **pertains** to lifelong learning.
（この本は生涯学習に関するものである）

でる all the documents **pertaining** to the matter（その件に関する全書類）

類 □ relate　動 （～に）関連する、関係する（to）

376 assassinate
[əsǽsənèit]
動 ～を暗殺する

でる **assassinate** the President（大統領を暗殺する）

派 □ assassination 名 暗殺
　□ assassin 名 暗殺者

サクッと復習テスト

❶ ～との関係を弱体化させる　　　＿＿＿＿＿＿ the relationship with ～
❷ ～の利点を強調する　　　　　　＿＿＿＿＿＿ the benefit of ～
❸ AとBの間で変動する　　　　　　＿＿＿＿＿＿ between *A* and *B*

答え　❶ undermine　❷ underscore　❸ fluctuate

---

377 denote
[dinóut]

動 (文字・語・記号・行動などが) ～を表す、示す

でる What does this icon **denote** on the map?
（このアイコンは地図上で何を表して [示して] いますか）

でる Her smile **denoted** that she agreed.（彼女の微笑みは同意を意味した）

派 □ denotation 名 (語の) 明示的意味；外延

378 refund
[rifʌ́nd] 🅰

動 ～を払い戻す、返金する
名 [ríːfʌnd] 払い戻し、返金

でる We will **refund** your money.（代金を払い戻し致します）

でる ask for a **refund**（払い戻し [返金] を求める）

派 □ refundable 形 払い戻し可能な

379 torture
[tɔ́ːrtʃər]

動 ～をひどく苦しめる；～を拷問にかける
名 ひどい苦痛；拷問

でる People were **tortured** by the extreme hot weather.
（人々は猛暑にひどく苦しめられた）

でる a **torture** chamber（拷問室、拷問部屋）

380 align
[əláin] 🅰

動 (～と) 提携する (with)；～を一直線 [平行] にする；～を調整する

でる The political party **aligned** with other parties.
（その政党は他党と提携した）

でる **align** the car with the curb
（車を縁石と一直線 [平行] にそろえる⇒縁石に沿って車を止める）

派 □ alignment
名 提携；一直線 [平行]；調整

> arraign [əréin]（～を法廷に召喚する；～を非難する）と混同しないように注意しましょう。

🎧 40

381 deplore
[diplɔ́ːr]

動 ～を厳しく非難する；～を遺憾に思う；～を嘆き悲しむ

でる **deplore** all forms of violence against ～
（～に対するあらゆる形態の暴力を厳しく非難する）

でる **deplore** the fact that ～（～という事実を遺憾に思う）

382 implore
[implɔ́:r]

動 ～を嘆願［懇願］する

でる He **implored** me not to go.（彼は私に行かないように嘆願した）

類 □ beg 動 ～を嘆願［懇願］する

> deplore（～を厳しく非難する；～を遺憾に思う；～を嘆き悲しむ）と混同しないように注意しましょう。

383 adjourn
[ədʒə́:rn]

動 （会議・裁判など）を中断する、一時休止する

でる The meeting was **adjourned** until next week.
（会議は来週まで休会となった）

派 □ adjournment 名 中断［休会、休廷］

384 inaugurate
[inɔ́:gjurèit]

動 ～を就任させる；～を発足させる；～を開始する

でる He was **inaugurated** as President.（彼は大統領に就任した）

でる **inaugurate** a new government（新政権を発足させる）

派 □ inauguration 名 就任（式）；発足
□ inaugural 形 就任（式）の；最初の

385 stipulate
[stípjulèit]

動 ～を明記する、規定する

でる The contract **stipulates** that ~（契約書には~と明記されている）

派 □ stipulation 名 規定、条項

> stimulate（～を刺激する；～をかき立てる）と混同しないように注意しましょう。

386 relish
[réliʃ]

動 ～を楽しむ；～を味わう 名 満足、喜び；風味；漬物

でる She **relished** every minute of her trip.
（彼女は旅行の一瞬一瞬を楽しんだ⇒彼女は旅行を満喫した）

でる eat a steak with **relish**（ステーキを美味しそうに食べる）

387 dismantle
[dismǽntl]

動 ～を分解する；～を解体する；～を廃止する

でる **dismantle** the control apparatus（制御装置を分解する）

でる **dismantle** terrorist organizations（テロ組織を解体する）

> dismantle は [dis（除く）+ mantle（覆い）] から「～を分解する；～を解体する」の意味となります。

388 mandate [mǽndeit]
- 動 **～を義務づける、命じる**；～の統治を委任する
- 名 **委任（統治）**；命令；権限

でる **mandate** all drivers to wear a helmet
（ドライバー全員にヘルメットの着用を義務づける）

でる the U.N. **mandate**（国連の委任 [委任統治]）

派 □ mandatory 形 義務的な、強制的な；必修の

389 tangle [tǽŋgl]
- 動 **～をもつれさせる、からませる**；～を巻き込む
- 名 **もつれ**；混乱；口論

でる get **tangled** in fishing nets（魚網にひっかかる [からまる]）

でる a **tangle** of emotions（感情のもつれ）

類 □ entangle 動 ～をもつれさせる、からませる；～を巻き込む

390 immerse [imə́ːrs]
- 動 **～を没頭 [熱中] させる；～を浸す**

でる He has **immersed** himself in online games.
（彼はオンラインゲームに没頭している [どっぷりはまっている]）

でる **immerse** the dishes in water（食器を水に浸す [漬ける]）

派 □ immersion 名 没頭；浸水；イマージョン教育

> immerse は [im(中へ) + merse(浸す)] から「～を没頭させる；～を浸す」の意味となります。

🎧 41

391 curtail [kərtéil]
- 動 **～を抑制する；～を削減する**

でる **curtail** individual freedom（個人の自由を抑制する）

でる **curtail** government spending（政府支出を削減する）

派 □ curtailment 名 抑制；削減

392 acquit [əkwít]
- 動 **～を無罪にする、放免する**

でる He was **acquitted** of murder.（彼は殺人罪で無罪となった）

派 □ acquittal 名 無罪放免

393 retort [ritɔ́ːrt]
- 動 **(～と) 言い返す、反論する**（that）；言い返す
- 名 **口答え**；しっぺ返し

でる He **retorted** to them that ～（彼は彼らに～と言い返した [反論した]）

394 evaporate
[ivǽpərèit]

動 蒸発する；（希望・感情などが）消える、なくなる

でる Water **evaporates** when it is heated.（水は暖められると蒸発する）

でる His hopes **evaporated**.（彼の希望は消え去った）

派 □ evaporation 名 蒸発；消滅
　 □ vapor 名 蒸気

> evaporate は [e (=ex 外へ) + vapor (蒸気) + ate (〜させる) = 外へ蒸気を出す] から「蒸発する」の意味となります。

395 redeem
[ridí:m]

動 〜を回復する、取り戻す；〜を返済する；〜を救済する

でる He wants to **redeem** his honor.（彼は名誉を挽回したがっている）

でる **redeem** a debt（借金を返済 [清算] する）

派 □ redemption 名 取り戻し；償還；罪の贖い、救い

396 expedite
[ékspədàit]

動 〜を促進する、早める

でる **expedite** educational reform（教育改革を促進する）

派 □ expeditious 形 迅速な
　 □ expedient 形 便宜的な；適切な 名 急場しのぎの手段
　 □ expedition 形 遠征（隊）；迅速さ

397 ameliorate
[əmí:ljərèit]

動 〜を改善する、改良する

でる **ameliorate** the quality of life（生活の質を改善する [高める]）

派 □ amelioration 名 改善、改良
類 □ improve 動 〜を改善 [改良] する；上達する

398 dehydrate
[di:háidreit]

動 〜を脱水症状にする；〜を乾燥させる

でる The girl got **dehydrated** in the heat.
（その少女は暑さで脱水症状を起こした）

派 □ dehydration 名 脱水症状；乾燥

399 entail
[intéil]

動 〜を伴う、含む、必要とする

でる **entail** some risk（何らかのリスクを伴う）

でる **entail** a great deal of money and time（多大な金と時間を要する）

類 □ require 動 〜を必要とする

> curtail（〜を抑制する；〜を削減する）と混同しないように注意しましょう。

サクッと復習テスト

❶ 代金を払い戻し致します。　　　We will _____ your money.
❷ 彼は大統領に就任した。　　　　He was _____ as President.
❸ 彼は殺人罪で無罪となった。　　He was _____ of murder.

答え ❶ refund　❷ inaugurated　❸ acquitted

---

400 surmise
[sərmáiz] 発

動 ~を推測する、推量する　**名** 推測、推量

でる From what she said, I **surmised** (that) ~
（彼女の言葉から、私は~だと推測した）

でる **surmise** his motive（彼の動機を推量する）

類 □ guess **動** ~を推測する、推量する
　　　　　　名 推測、推量

> surmise には「状況や人の意図を想像に基づいて推測［推量］する」というニュアンスがあります。

🎧 42

401 encompass
[inkÁmpəs] アク

動 ~を含む、含有する；~を取り囲む、包囲する

でる **encompass** numerous factors（多くの要因を含む）

でる The lake was **encompassed** with a dense fog.
（その湖は濃い霧に包まれていた）

> encompass は [en（~の中に入れる）+ compass（範囲）] から「~を含む；~を取り囲む」の意味となります。

402 alleviate
[əlí:vièit]

動 ~を軽減する、緩和する

でる **alleviate** the pain of ~（~の痛みを軽減する［緩和する］）

派 □ alleviation **名** 軽減、緩和

403 conjure
[kándʒər]

動 ~を思い起こさせる；~を思いつく；魔法を使う

でる **conjure** (up) an image of ~
（~のイメージを呼び起こす、~のイメージを彷彿［想起］させる）

派 □ conjurer **名** 手品師、奇術師（= magician）

404 smolder
[smóuldər]

動 くすぶる；鬱積する

でる The wood is **smoldering** in the fireplace.（まきが暖炉でくすぶっている）

でる He is **smoldering** with anger.
（彼には怒りが鬱積している、彼は怒りでもやもやしている）

> smother（〜を窒息死させる；〜を抑える；〜をもみ消す）と混同しないように注意しましょう。

405 recuperate
[rikjú:pərèit]

動（〜から）回復する（from）；〜を取り戻す

でる **recuperate** from the flu（インフルエンザから回復する）

派 □ recuperation 名 回復；療養
　□ recuperative 形 回復させる
類 □ recover 動（〜から）回復する（from）；〜を取り戻す

406 ensue
[insú: | insjú:]

動 後に続いて起こる；（〜の結果として）生じる、起こる（from）

でる Strange things **ensued** after that.
（その後、奇妙なことが立て続けに起きた）

でる What will **ensue** from this?（これから何が起こるだろうか）

派 □ ensuing 形 続いて起こる；次の

> ensure（〜を確実にする；〜を確保する）と混同しないように注意しましょう。

407 reimburse
[rì:imbə́:rs]

動 〜を払い戻す、償還する；〜に賠償する、補償する

でる We will **reimburse** all the travel expenses to you.
（旅費は全額払い戻します）[= We will reimburse you (for) all travel expenses.]

派 □ reimbursement 名 払い戻し、償還
類 □ refund 動 〜を払い戻す 名 払い戻し

408 exacerbate
[igzǽsərbèit]

動 〜を悪化させる、深刻にする；〜を憤慨させる

でる **exacerbate** the unemployment problem（失業問題を悪化させる）

派 □ exacerbation
　名 悪化、激化；憤慨

> exasperate [igzǽspərèit]（〜をひどく怒らせる、いらいらさせる）と混同しないように注意しましょう。

409 ratify
[rǽtəfài]

動 ～を批准する、承認する、裁可する

でる **ratify** the treaty [agreement]（条約［協定］を批准する）

派 □ ratification 名 批准、承認、裁可

ramify（分岐する；広がる）や ramification（影響、結果；分岐）と混同しないように注意しましょう。

410 exemplify
[igzémpləfài]

動 ～を実証する、例証する；～の良い例となる

でる **exemplify** the importance of ~（～の重要性を実証［例証］する）

派 □ exemplary 形 模範的な、立派な；典型的な；懲罰的な

🎧 43

411 procure
[proukjúər]

動 ～を入手する、調達する、獲得する

でる **procure** a job（仕事を手に入れる［得る］）
でる **procure** raw materials（原材料を調達する）

派 □ procurement 名 入手、調達、獲得
□ procurable 形 入手［調達・獲得］可能な
類 □ obtain 動 ～を入手する、調達する、獲得する

412 supersede
[sùːpərsíːd]

動 ～に取って代わる；～の後任となる

でる The car **superseded** the horse and buggy.
（自動車は馬車に取って代わった）

類 □ replace 動 ～に取って代わる；～の後任となる

413 relinquish
[rilíŋkwiʃ]

動 ～を放棄する、譲る；～を手放す；～を断念する

でる **relinquish** all rights（すべての権利を放棄する）

派 □ relinquishment 名 放棄；断念
類 □ renounce 動 ～を放棄する；～を断念する
□ waive 動 ～を放棄する；～を撤回する

414 confiscate
[kánfəskèit]

動 ～を押収する、没収する

でる **confiscate** illegal ivory（違法な象牙を押収する）

派 □ confiscation 名 押収、没収
類 □ seize [síːz] 動 ～を押収する；～をつかむ；～を手に入れる

415 reiterate [ri:ítərèit]
動 ～を繰り返して言う、反復する

でる He **reiterated** his commitment to the reform.
(彼は改革への公約を繰り返し述べた)

派 □ reiteration 名 繰り返し、反復
類 □ repeat 動 ～を繰り返して言う、反復する
　　　　　　　名 繰り返し、反復

retaliate [ritǽlièit]（報復する、仕返しする）と混同しないように注意しましょう。

416 postulate [pástʃulèit]
動 ～を仮定する、～を前提とする；～を要求する
名 仮定；要求

でる Many scientists **postulate** (that) ～
(多くの科学者は～だと仮定している [～という前提に立っている])

派 □ postulation 名 仮定、前提（条件）；要求

417 rectify [réktəfài]
動 ～を是正する、改正する

でる **rectify** disparities between *A* and *B*（A B間の格差を是正する）

派 □ rectification 名 是正、改正

ratify（～を批准する、承認する）と混同しないように注意しましょう。

418 vindicate [víndəkèit]
動 ～の潔白を証明する、～を立証する；～を弁護する、擁護する

でる He tried to **vindicate** himself.（彼は身の潔白を証明 [立証] しようとした）

派 □ vindication 名 証明、立証；弁護、擁護
　 □ vindictive [vindíktiv] 形 復讐に燃えた、執念深い
類 □ exonerate [igzánərèit] 動 ～の潔白を証明する、～の容疑を晴らす；～を免除 [解除] する

419 annihilate [ənáiəlèit] 発
動 ～を全滅させる、絶滅させる；～を打ち負かす

でる **annihilate** the enemy forces（敵軍を全滅 [壊滅] させる）

派 □ annihilation 名 全滅、絶滅、消滅
類 □ obliterate 動 ～を全滅させる；～を消し去る

420 construe [kənstrú:] 発
動 ～を解釈する、理解する

でる Her silence was **construed** as agreement.
(彼女の沈黙は同意と解釈された [見なされた])

反 □ misconstrue 動 ～を誤解する

サクッと復習テスト

① 条約を批准する　　　　　　　　　　 _____ the treaty
② すべての権利を放棄する　　　　　　 _____ all rights
③ 敵軍を全滅させる　　　　　　　　　 _____ the enemy forces

答え　① ratify　② relinquish　③ annihilate

🎧 44

421 enthrall
[inθrɔ́ːl] 発

動 〜を魅了する、とりこにする

でる The singer **enthralled** the audience with her songs.
(その歌手は観客を歌で魅了した)

派 □ enthralling 形 魅了してやまない、とても面白い
　□ enthrallment 名 魅了すること
類 □ enchant 動 〜を魅了する、うっとりさせる
　□ mesmerize 動 〜を魅了する、とりこにする；〜に催眠術をかける

カタカナ英語にご用心！

　日本語には外来語が氾濫しています。中でも英語系のカタカナ語、つまりカタカナ英語は過剰なほどに氾濫しています。人々の会話のみならず、新聞・雑誌などの出版物にさえもカタカナ語は散在しており、今後も増加の一途をたどることでしょう。

　さて、カタカナ英語と言われるものは3つのグループに大別されます。
(A) 英語の一部が省略され日本語化したもの
(B) 他の外国語が日本語化され、しばしば英語と勘違いされるもの
(C) 英語としては全く通じない和製英語

Aタイプ
- アパート　　　　　　　　　　　（正しい英語は **apartment**）
- デパート　　　　　　　　　（正しい英語は **department store**）
- リストラ　　　　　　　　　　（正しい英語は **restructuring**）

Bタイプ
- アルバイト　（元はドイツ語、正しい英語は **part-time job**）
- シュークリーム（元はフランス語、正しい英語は **cream puff**）
- メス
（元はオランダ語、正しい英語は **scalpel** または **surgical knife**）

Cタイプ
- ジェットコースター　　　　　（正しい英語は **roller-coaster**）
- ベビーカー　　　　（正しくは **stroller** または **baby buggy**）
- モーニングコール　　　　　　　（正しくは **wake-up call**）

　上記のカタカナ英語はどれもなじみの深いものばかりでしょう。しかし、同時に受験英語では要注意です。なぜなら、慣れ親しんでいるカタカナ英語はスペルのみならず、発音・アクセントにおいても、本当の英語とは異なるものが多いからです。大学入試ではそれらの盲点をうまく突き、とりわけ発音・アクセント問題で出題される傾向があります。

　皆さんには常日頃からカタカナ英語を鵜呑みにせず、辞書を引いて発音・アクセント、そして英語としての本来の意味を確認する習慣を身に付けてほしいと思います。巷にあふれる怪しいカタカナ英語の正体をどんどん見破っていってください！

Chapter 2

名　詞

難関 **443**

Chapter 2 では難関・最難関大学で過去何度もでている名詞を集めました。これらを覚えておけば、本番の試験で難しい単語がでてきても焦ったり、慌てたりすることがなくなるでしょう。

🎧 46 ～ 🎧 90

Chapter 2 名詞

🎧 46

1. storage
[stɔ́:ridʒ]

名 保管、貯蔵；保存スペース；(記憶) 保存

でる keep all the items in **storage** (すべての商品を保管する [倉庫に入れる])

派 □ store **動** ～を蓄える **名** 店；貯蔵

2. journal
[dʒə́:rnl]

名 (専門的な) 定期刊行物、雑誌；日記；新聞

でる subscribe to a scientific **journal** (科学雑誌を定期購読する)

でる keep a **journal** (日記をつける) [= keep a diary]

派 □ journalism **名** ジャーナリズム
　□ journalist **名** ジャーナリスト

3. credit
[krédit]

名 信用；手柄、功績；履修単位；信用貸し
動 ～を信用する；～を入金する

でる gain [lose] **credit** (信用を得る [失う])

でる He got all the **credit**. (彼は手柄 [功績] を独り占めした)

でる transfer the **credit** from one school to another
(ある学校から他の学校へ単位を移行する)

派 □ creditable **形** 立派な、見事な
　□ creditor **名** 債権者

> debtor (債務者) も覚えておきましょう。

4. tune
[tjú:n]

名 メロディー、曲；(音の) 調子；(～との) 一致、調和 (with) **動** ～を調律する；(チャンネル) を合わせる；(エンジン) をチューンアップする

でる hum a **tune** (メロディーをハミングする⇒鼻歌を歌う)

でる sing out of **tune** (音程をはずして歌う⇒音痴である)

でる **tune** the piano regularly (ピアノを定期的に調律する)

派 □ tuneful **形** 旋律の美しい

5. flame
[fléim]

名 炎、火炎；激情；光輝　**動** 燃える；～を燃やす

でる a candle **flame** (ろうそくの炎)

でる Half the building was in **flames**. (建物の半分が炎上していた)

派 □ flammable **形** 可燃性の

> frame (枠；骨組み；体格；～を構成する) と混同しないように注意しましょう。

6 trail
[tréil]

名 **跡、痕跡；小道** 動 ～を追跡する；～を引きずる

でる the **trail** of a bear（熊が通った痕跡）

でる a hiking **trail**（ハイキング道、ハイキングコース）

派 □ trailer 名 トレーラー；トレーラーハウス；（映画の）予告編

> trailblazer（先駆者、草分け）も覚えておきましょう。

7 code
[kóud]

名 **規範**；法典；**暗号** 動 ～を暗号化［符号化］する

でる a strict moral **code**（厳しい道徳規範［道徳律］）

でる write a message in **code**（メッセージを暗号で書く）

派 □ encode 動 ～を暗号化［符号化］する
□ decode 動 ～を解読する

> cord（コード；ひも）と混同しないように注意しましょう。

8 pedestrian
[pədéstriən]

名 **歩行者** 形 **歩行者の**

でる yield to **pedestrians**（歩行者に道を譲る）

でる a **pedestrian** crossing（横断歩道）[= a crosswalk]

9 pavement
[péivmənt]

名《米》**舗装道路、車道**；《英》歩道

でる asphalt **pavement**（アスファルト舗装道路）

派 □ pave 動 ～を舗装する

> アメリカでは「歩道」は sidewalk と言います。

10 alien
[éiljən]

名 **(在留) 外国人**；宇宙人
形 外国（人）の；**(～とは) 無縁の、異質の**（to）

でる illegal **aliens**（不法在留外国人）

でる This technical term is **alien** to me.
（この専門用語は私にはなじみのないものです）

派 □ alienate 動 ～を遠ざける、疎外する

> 映画「エイリアン（Alien）」の影響から、「異星生物、宇宙人」の意味だけにとらわれないようにしましょう。

11. mayor
[méər]
名 市長、町長

- run for **mayor**（市長に立候補する、市長選に出馬する）
- 派 □ mayoral **形** 市長の、町長の

> governor（知事）も覚えておきましょう。

12. fabric
[fǽbrik]
名 織物；繊維；**構造**

- cotton **fabric**（綿織物）
- the **fabric** of society（社会の構造、社会組織）

> fabricate（〜をでっち上げる；〜を製作する）と混同しないように注意しましょう。

13. outfit
[áutfit]
名 服装一式、衣装；団体、組織
動 〜に（衣服・装備一式を）与える、備える（with）

- a sports **outfit**（スポーツ用の服一式）
- That house is **outfitted** with solar panels on the roof.
  （その家の屋根には太陽光発電パネルが取り付けられている）

14. volcano
[vɑlkéinou]
名 火山

- an active **volcano**（活火山）
- 派 □ volcanic **形** 火山の、火山性の

> dormant volcano（休火山）と extinct volcano（死火山）も覚えておきましょう。

15. eruption
[irʌ́pʃən]
名 噴火；勃発；発生

- a volcanic **eruption**（火山の噴火）
- 派 □ erupt **動** 噴火する；勃発する

16. pastime
[pǽstàim]
名 娯楽、気晴らし

- What's your favorite **pastime**?
  （あなたのお気に入りの娯楽［気晴らし］は何ですか）

> pastime は [pass（過ごす）＋ time（時間）] から「暇な時間を楽しく過ごす⇒娯楽、気晴らし」の意味となります。

サクッと復習テスト

❶ 熊が通った痕跡　　　　　the _____ of a bear
❷ 歩行者に道を譲る　　　　yield to _____
❸ 火山の噴火　　　　　　　a volcanic _____

答え　❶ trail　❷ pedestrians　❸ eruption

---

17 thread
[θréd]
名 糸；（話・議論などの）筋、流れ
動 （針に）糸を通す

- でる a needle and **thread**（糸を通した針、糸と針）
- でる the **thread** of the conversation（会話の流れ[筋]）
- でる a common **thread**（共通の特徴[テーマ・筋道]）
- でる **thread** a needle（針に糸を通す）

18 stain
[stéin]
名 染み；汚れ；汚点　**動 ～に染みを付ける、～を汚す**

- でる a letter with a coffee **stain**（コーヒーの染みが付いている手紙）

派 □ stainless 形 ステンレス製の、さびない；汚れのない

19 gloom
[glúːm]
名 憂鬱、陰気；薄暗がり、暗闇

- でる a feeling of **gloom**（憂鬱な気持ち）
- でる in the **gloom** of the forest（森の薄暗がりの中で）

派 □ gloomy
　形 憂鬱な；悲観的な；薄暗い

> groom（新郎；～を手入れする；～を育てる）と混同しないように注意しましょう。

20 pioneer
[pàiəníər]
名 先駆者、草分け；開拓者
動 ～を開発する、開拓する

- でる a **pioneer** in the movie industry（映画産業の先駆者）
- でる **pioneer** a new technology（新しい技術を開発[開拓]する）

派 □ pioneering 形 先駆的な；開拓(者)の
類 □ trailblazer 名 先駆者、草分け；開拓者

21 frontier
[frʌntíər]

名 国境；辺境；最先端

- でる cross the **frontier**（国境を越える、越境する）
- でる pioneers of the American **frontier**（米国辺境の開拓者たち）
- でる the **frontier** of space science（宇宙科学の最先端）

類 □ border 名 国境；境界（線）；へり

> frontier spirit（開拓者精神）[= pioneer spirit]も覚えておきましょう。

22 grocery
[gróusəri]

名《~ies》食料品；食料雑貨店（= grocery store）

- でる shop for **groceries**（食料品の買い物をする）

派 □ grocer 名 食料雑貨商

23 lightning
[láitniŋ]

名 稲妻

- でる thunder and **lightning**（雷鳴と稲妻）

> 同音語の lightening（明るくすること；軽減すること）や lighting（照明）と混同しないように注意しましょう。

24 beverage
[bévəridʒ]

名 飲み物、飲料

- でる serve food and **beverages**（料理と飲み物を出す）

類 □ drink 名 飲み物；アルコール飲料 動 ~を飲む；酒を飲む

25 locomotive
[lòukəmóutiv]

名 機関車；原動力、牽引役

- でる a steam **locomotive**（蒸気機関車）
- でる serve as a **locomotive** for ~
（~の原動力の役割を果たす、~のための牽引役を果たす）

26 aquarium
[əkwéəriəm]

名 水族館；水槽

- でる a world-class **aquarium**（世界有数の水族館）

> aquarium は [aqua（水）+ rium（場所）] から「水族館；水槽」の意味となります。

27 prefecture
[príːfektʃər]

名 **(日本、フランス、イタリアなどの）県、府**

でる She is from Nagano **Prefecture**. (彼女は長野県出身です)

派 □ prefectural 形 県の、府の

28 province
[prɑ́vins]

名 **（カナダなどの）州、（中国などの）省**；地方；分野、範囲

でる the **Province** of Alberta in Canada (カナダのアルバータ州)
でる the temperate **provinces** of Asia (アジアの温暖な地方)

派 □ provincial 形 州［省］の；地方の；あか抜けない

29 county
[káunti]

名 《米》**郡**；《英》州

でる Chicago is located in Cook **County**. (シカゴはクック郡にある)

> アメリカの county（郡）は state（州）の下位の行政区画であり、日本の市や郡よりも大きなものです。country（国；田舎）と混同しないように注意しましょう。

30 ray
[réi]

名 光線；ほんの少し；《魚》エイ

でる ultraviolet **rays** (紫外線)
でる a **ray** of hope (いちるの望み)

類 □ beam 名 光線、光；(屋根の) 梁

> X-ray (X線) も覚えておきましょう。take an X-ray (X線を撮る) の形でよく出ます。

🎧 49

31 tide
[táid]

名 潮（の干満）；風潮

でる The **tide** is in [out]. (満潮 [干潮] である)
でる Time and **tide** wait for no man.
(時間と潮流は人を待たない⇒歳月人を待たず：諺)
でる the **tide** of public opinion (世論の風潮)

派 □ tidal 形 潮の；干満の

> tsunami [tsunɑ́ːmi]（津波）のことを tidal wave とも言います。

32 crew
[krúː]

名 乗務員、乗組員；隊、グループ

- でる the passengers and **crew**（乗客と乗務員）
- でる an ambulance **crew**（救急隊）

> **crew** は集合的に1つの乗り物（飛行機・船など）の乗務員全体を表す語です。

33 porter
[pɔ́ːrtər]

名（空港・ホテルなどの）荷物運び、ポーター

- でる tip a **porter**（ポーターにチップを渡す）

34 aisle
[áil] 発

名 通路

- でる Would you like an **aisle** seat or a window seat?
（通路側と窓側と、どちらの席がよろしいですか）

> 空港のチェックインカウンターでよく聞かれる質問です。それに対して、"Aisle [Window] seat, please." と返答します。

35 compartment
[kəmpáːrtmənt]

名（仕切られた）区画、部分；（列車の）個室

- でる The warehouse is divided into five **compartments**.
（その倉庫は5つの区画に分けられている）
- でる private **compartments** on the train（列車の個室）

36 feast
[fíːst]

名 祝宴；ごちそう **動** ～をもてなす

- でる give [make] a great **feast**（盛大な祝宴を開く［すごいごちそうを用意する］）

37 imbalance
[imbǽləns]

名 不均衡、アンバランス

- でる the **imbalance** between supply and demand（需給不均衡）

派 □ imbalanced
形 不均衡な、アンバランスな

> unbalance という語もありますが、unbalance は主に「精神的に不安定な状態」を表します。一般的なアンバランスには imbalance が用いられます。

サクッと復習テスト

❶ 食料品の買い物をする　　shop for ＿＿＿＿＿
❷ 蒸気機関車　　　　　　　a steam ＿＿＿＿＿
❸ 紫外線　　　　　　　　　ultraviolet ＿＿＿＿＿

答え ❶ groceries ❷ locomotive ❸ rays

---

38 skeleton
[skélətn]

名 **(人や動物の) 骨格、骸骨**；(建築物などの) 骨組み；(計画などの) 骨子、概略

- でる a human **skeleton** (人間の骨格 [骸骨])
- でる the **skeleton** of the building (建物の骨組み)
- でる the **skeleton** of the plan (計画の骨子 [概要])

派 □ skeletal 形 骨格の、骸骨の；やせこけた

39 limb
[lím] 発

名 **手足、肢；(木の) 大枝**

- でる an artificial **limb** (義肢、義手 [足])
- でる climb on a tree **limb** (木の大枝に登る)

> branch は大小を問わず一般的に木の「枝」を表す語です。limb と bough [báu] は「大枝」のことです。twig は「(葉のついていない) 小枝」、sprig と spray は「(葉や花のついた) 小枝」を意味します。

40 discomfort
[diskʌ́mfərt]

名 **不快感**；戸惑い；嫌なこと　動 ～を不快 [不安] にする

- でる cause **discomfort** (不快感を引き起こす)
- でる the **discomfort** index (不快指数)

反 □ comfort 名 快適さ；安らぎ　動 ～を安心させる、慰める；～を楽にする

41 bias
[báiəs]

名 **偏見、先入観**；えこひいき　動 ～に偏見を抱かせる

- でる a cultural **bias** against ～ (～に対する文化的偏見)
- でる have a strong **bias** in favor of ～ (～を強くひいきする)

派 □ biased 形 偏った、先入観を持った
類 □ prejudice 名 偏見、先入観　動 ～に偏見を抱かせる

42 spectacle
[spéktəkl]

名 **光景、壮観**；見せ物、見せ場；《~s》**眼鏡**

- It was an impressive **spectacle**. (それは印象[感動]的な光景だった)
- wear **spectacles** (眼鏡をかけている)

派 □ spectacular 形 壮観な、目を見張るような；驚異的な、目覚ましい
　　　　　　　　 名 豪華ショー、超大作

> spectacles は glasses（眼鏡）よりも形式張った語です。

43 allowance
[əláuəns] 発

名 **手当**；**(子供への) 小遣い**；許可

- a housing **allowance** (住宅手当)
- receive a monthly **allowance** of 50 dollars
  (月50ドルの小遣いをもらう)

熟 □ make allowances [(an) allowance] for ~　~を大目に見る；~を考慮する
派 □ allow 動 ~を許可する；(~を) 可能にする

44 compassion
[kəmpǽʃən]

名 **同情、思いやり**

- show **compassion** for ~ (~に対して同情[思いやり]を示す)

派 □ compassionate 形 思いやりのある、情け深い
類 □ sympathy 名 同情、思いやり

> compassion は、sympathy よりも深い同情心や思いやりを表す語です。

45 partition
[pɑːrtíʃən]

名 **仕切り**；分割　動 ~を仕切る；**~を分割する**

- a glass **partition** (ガラスの仕切り(壁))
- **partition** the subjects into three groups
  (被験者を3つのグループに分割する)

46 barbarian
[bɑːrbέəriən]

名 **野蛮人、未開人**；無教養の人
形 **未開の、野蛮な**；無教養の

- act like a **barbarian** (野蛮人のように振る舞う)
- a **barbarian** king (未開部族の王)

派 □ barbaric 形 野蛮な、未開の
　 □ barbarous 形 野蛮な；残酷な

> barbarian には、barbaric や barbarous が持つ軽蔑的な含意はありません。

47 sector
[séktər]

名 **部門、分野**；区域、地域；(社会) 階層

でる the public [private] **sector** (公共 [民間] 部門)

派 □ sectoral 形 部門の、分野の

> sect (宗派、分派) と混同しないように注意しましょう。

48 disrespect
[dìsrispékt]

名 **無礼、失礼**；軽視
動 ～に失礼なことをする [言う]；～を軽視する

でる show **disrespect** for [to] ～ (～に無礼な態度を取る)

派 □ disrespectful 形 無礼な、失礼な
反 □ respect 名 尊敬、敬意 動 ～を尊敬する；～を尊重する

49 orbit
[ɔ́ːrbit]

名 **軌道** 動 ～の軌道を回る

でる the planets in **orbit** around the sun (太陽の軌道を回る惑星)

派 □ orbital 形 軌道の
類 □ trajectory 名 軌道；軌跡

50 thermometer
[θərmάmətər]

名 **温度計**；体温計

でる What does the **thermometer** read?
(温度計 [体温計] は何度を指していますか)

> 「湿度計」は hygrometer [haigrάmətər] と言います。

🎧 51

51 moisture
[mɔ́istʃər]

名 **水分、湿気、水蒸気**

でる absorb **moisture** (水分 [湿気] を吸収する)

派 □ moist 形 湿った；涙ぐんだ

52 humidity
[hjuːmídəti]

名 **湿度、湿気**

でる The **humidity** is high. (湿度が高い) [= The humidity level is high.]

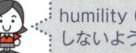

派 □ humid 形 湿度の高い、湿気の多い

> humility (謙虚、謙遜) と混同しないように注意しましょう。

53 semester
[siméstər]

名 **（２学期制の）学期**

でる When does the new **semester** start? (新学期はいつ始まりますか)

> 「３学期制の学期」は term、「４学期制の学期」は quarter と言います。

54 breakdown
[bréikdàun]

名 **故障；断絶、崩壊；衰弱；内訳**

でる a **breakdown** of the vehicle (車両の故障)
でる a **breakdown** in communication (コミュニケーションの断絶)
でる have a nervous **breakdown** (神経衰弱に陥る)
でる a **breakdown** of expenses (費用の内訳)

55 dilemma
[dilémə] 発

名 **ジレンマ、板挟み**

でる face a moral **dilemma** (道徳的なジレンマに直面する)
[= be faced with a moral dilemma]

56 feat
[fíːt]

名 **偉業、離れ業；芸当**

でる achieve a historic **feat** (歴史的な偉業を成し遂げる)
でる the **feat** of juggling (ジャグリングの芸当[早業])

> feet (足；フィート [foot の複数形]) や feast (祝宴；ごちそう) と混同しないように注意しましょう。

57 scent
[sént] 発

名 **香り、芳香**；におい

でる the sweet **scent** of this perfume (この香水の甘い香り)

> scent と cent (セント；１セント硬貨) は同音語です。

58 bulk
[bʌ́lk]

名 **大部分、大半**；容積；巨大さ；巨漢

でる the **bulk** of the money (そのお金の大部分[大半])

熟 □ in bulk まとめて、大量に
派 □ bulky 形 かさばる；巨体の

サクッと復習テスト

❶ ～に対する文化的偏見　　　a cultural _____ against ～
❷ ～に対して同情を示す　　　show _____ for ～
❸ 湿度が高い。　　　　　　　The _____ is high.

答え ❶ bias　❷ compassion　❸ humidity

---

59 domain
[douméin]
名 分野、領域；領地

でる the **domain** of psychology（心理学の分野）
でる a feudal **domain**（封建領地）

60 readership
[ríːdərʃip]
名 読者数；読者層

でる increase the **readership** of the journal（その雑誌の読者数を増やす）

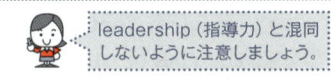

> leadership（指導力）と混同しないように注意しましょう。

🎧 52

61 narrative
[nǽrətiv]
名 物語；話術　形 物語体［風］の

でる a well-written historical **narrative**（よく書けた歴史的物語）
でる a **narrative** poem（物語詩、叙事詩）

派 □ narrate [nǽreit] 動 ～を語る
　□ narration 名 物語ること、ナレーション
　□ narrator 名 語り手、ナレーター

62 bliss
[blís]
名 至福、無上の喜び

でる Ignorance is **bliss**.（無知は至福である⇒知らぬが仏：諺）
でる the secret of marital **bliss**（幸せな結婚の秘訣）

派 □ blissful 形 この上なく幸せな、至福の

63 remedy
[rémədi]
名 解決［救済］策；治療法［薬］
動 ～を改善する；～を治療する

でる a **remedy** for the problem（その問題の解決［救済］策）
でる a natural **remedy** for a fever（発熱に効く自然療法）

派 □ remedial 形 救済的な；治療（上）の；補習の

64 ornament [ɔ́:rnəmənt] 発

名 装飾（品）　動 [ɔ́:rnəmènt] 発 ～を飾る

でる home interior **ornaments**（家庭用室内装飾品）

派 □ ornamental　形 装飾用の；観賞用の　名 装飾品；観賞植物

65 injection [indʒékʃən]

名 注射；投入

でる The veterinarian gave my dog two **injections**.
（獣医は私の犬に注射を2本打った）

でる an **injection** of public funds（公的資金の投入）

派 □ inject　動 ～を注射する；～を投入する

66 infection [infékʃən]

名 感染症、伝染病；感染、伝染；影響

でる an ear **infection**（耳の感染症）

でる the risk of **infection**（感染の危険性）

派 □ infect　動 ～に感染させる；～に影響を与える
　□ infectious　形 感染［伝染］性の；伝わりやすい

67 layer [léiər]

名 層、重なり　動 ～を層状にする

でる the depletion of the ozone **layer**（オゾン層の減少）

68 coffin [kɔ́:fin]

名 棺（ひつぎ）

でる place the body in a **coffin**（遺体を棺に納める）

類 □ casket　名 棺

69 bunch [bʌ́ntʃ]

名 房；束；多数、大量；(人の) 集まり、集団

でる a **bunch** of bananas（一房のバナナ）

でる a **bunch** of roses（一束のばら）

でる a whole **bunch** of tourists（大勢の旅行客）

類 □ cluster　名 房；束；群れ、集団

70 odds
[ádz]
名 可能性、見込み；勝算、勝ち目；困難

- でる the **odds** of getting pregnant (妊娠する可能性)
- でる The **odds** are that ~ (きっと[ほぼ間違いなく]~だろう)
- でる The **odds** are for [against] us. (我々の勝算は高い[低い])

派 □ odd 形 奇妙な；奇数の
　□ oddity 名 変人；特異性

71 reflex
[rí:fleks]
名《~es》反射神経；反射作用

- でる have quick **reflexes** (反射神経が素早い)

> reflection（反射；反映；熟考）と混同しないように注意しましょう。

72 greed
[grí:d]
名 強欲、どん欲

- でる She married him out of **greed** for money.
  (彼女は金銭欲のために、彼と結婚した)

派 □ greedy 形 強欲な；食い意地の張った

73 appliance
[əpláiəns]
名（家庭用の）器具、機器

- でる electrical [electric] **appliances** (電気器具、電化製品)
- でる household [domestic] **appliances** (家庭用器具、家電製品)

74 temptation
[temptéiʃən]
名 誘惑、衝動

- でる give in to the **temptation** to drink alcohol
  (飲酒の誘惑に負ける[屈する])

派 □ tempt 動 ~を誘惑する；(人に)~したがらせる
　□ tempting 形 魅力的な、心[食欲]をそそる

75 excursion
[ikskə́:rʒən | ikskə́:rʃən]
名（団体の）小旅行、遠足

- でる go on a school **excursion** to ~ (修学旅行で~に行く)

76 robbery
[rɑ́bəri]

名 強盗（事件）；強盗罪

でる a bank **robbery**（銀行強盗 [事件]）

派 □ robber 名 強盗
　□ rob 動 ～から（～を）奪う、強奪する（of）

77 ambulance
[ǽmbjuləns]

名 救急車

でる call an **ambulance**（救急車を呼ぶ）

> 「消防車」は fire engine や fire truck と言います。

78 superstition
[sùːpərstíʃən]

名 迷信

でる There is a **superstition** that ~（～という迷信がある）

派 □ superstitious 形 迷信深い；迷信的な

79 errand
[érənd]

名 使い、使い走り；用事

でる I went on an **errand** for my mother.（母のためにお使いに行った）

> errant [érənt]（誤った、逸脱した）と混同しないように注意しましょう。

80 trait
[tréit]

名 特徴、特性、特質

でる personality **traits**（性格特徴 [特性]）

> traitor（反逆者；裏切り者）と混同しないように注意しましょう。

🎧 54

81 density
[dénsəti]

名 密度；濃度

でる a high [low] population **density**（高い [低い] 人口密度）
でる the **density** of the ozone layer（オゾン層の濃度）

派 □ dense 形 密集した；濃い
　□ densely 副 密集して；濃く

> densely populated areas（人口密度の高い地域、人口密集地域）と sparsely populated areas（人口の希薄な地域、過疎地）をセットにして覚えておきましょう。

サクッと復習テスト

❶ 知らぬが仏。　　　　　　　Ignorance is _____.
❷ 耳の感染症　　　　　　　　an ear _____
❸ 反射神経が素早い　　　　　have quick _____

答え　❶ bliss　❷ infection　❸ reflexes

---

82 ingredient
[ingríːdiənt]

名 (料理などの) 材料、原料；構成要素、要因

- でる use a secret **ingredient**（秘密の材料を使う⇒隠し味を使う [入れる]）
- でる a key **ingredient** for success（成功の重要な要素 [要因]）

83 advent
[ǽdvent]

名 出現、到来；(A-)（キリスト教の）降臨節

- でる with the **advent** of the Internet（インターネットの出現と共に）
- でる the **advent** of the 21st century（21世紀の到来）
- 類 □ arrival 名 出現、到来；到着

84 entity
[éntəti]

名 存在；実在物、実体

- でる as a separate **entity**（独立した存在として）
- でる corporate **entities**（企業体、企業組織）

85 applause
[əplɔ́ːz]

名 拍手喝采；称賛

- でる Let's give them a big round of **applause**.
  （彼らに盛大な拍手を送りましょう）[= Let's give them a big hand.]
- 派 □ applaud 動 拍手する；～に拍手を送る；～を称賛する

86 vocation
[voukéiʃən]

名 天職、職業；使命（感）

- でる She decided to be a teacher for her **vocation**.
  （彼女は自分の天職として教師になることに決めた）
- 派 □ vocational 形 職業（上）の；職業訓練の

> vacation（休暇、休み）と混同しないように注意しましょう。

87 doom
[dúːm]

名 **(不幸な) 運命；破滅、死**　動 ~を運命づける

でる It might decide his **doom**. (それは彼の運命を決定するかもしれない)
でる sense impending **doom** (差し迫った破滅を感じる)

> deem (~と見なす、考える) と混同しないように注意しましょう。

88 toll
[tóul]

名 **(道路・橋などの) 通行料金；電話料金；(事故や災害の) 死傷者数**

でる pay a **toll** on the bridge (橋で通行料金を支払う)
でる call a **toll**-free number
(フリーダイヤル番号 [通話料無料の電話番号] に電話をかける)
でる The war took a heavy casualty **toll**. (その戦争は多数の死傷者が出した)

89 hub
[hʌ́b]

名 **中心、中枢；拠点**；(車輪の) ハブ

でる a **hub** of industry [commerce] (産業 [商業] の中心地)
でる an international **hub** airport (国際ハブ [拠点] 空港)

> 沖縄諸島や奄美諸島に生息する毒ヘビの「ハブ」は、habu と綴ります。

90 lumber
[lʌ́mbər]

名 《米》 **材木、板材**　動 ~を伐採する

でる the **lumber** industry (木材業、製材業)

派 □ lumbering 名 伐採業；製材業
類 □ timber 名 《英》材木、板材

> 同音語の lumbar (腰部；腰部の) と混同しないように注意しましょう。

🎧 55

91 chore
[tʃɔ́ːr] 発

名 **(日常の) 雑用、雑事**

でる do household **chores** (家事をする)

> choir [kwáiər] (聖歌隊；合唱団) と混同しないように注意しましょう。

92 predator
[prédətər]

名 補食動物、捕食者；人を食い物にする者；略奪者

でる the relationship between a **predator** and its prey
（補食動物［捕食者］と被補食動物［被食者］の関係）

派 □ predatory 形 捕食性の；人の弱みにつけ入る；略奪する
反 □ prey [préi] 名 被食者、餌食　動 〜を餌食にする

93 transition
[trænzíʃən]

名 移行、転換、変化

でる the **transition** from socialism to capitalism
（社会主義から資本主義への移行）

派 □ transitional 形 暫定の、過渡的な

the transition from A to B（A から B への移行）の形で覚えておきましょう。

94 pension
[pénʃən]

名 年金、恩給；（ヨーロッパ諸国の）賄い付き小ホテル

でる live on a **pension**（年金で暮らす）

派 □ pensioner 名 年金受給者

95 wrinkle
[ríŋkl]

名 （顔・皮膚などの）しわ；（衣類・紙などの）しわ；妙案　動 しわができる；〜にしわを寄せる

でる Her face is full of **wrinkles**.（彼女の顔はしわだらけだ）
でる **wrinkles** in the shirt（シャツのしわ）

派 □ wrinkly 形 しわの寄った（= wrinkled）

96 cupboard
[kʌ́bərd] ※

名 食器棚、戸棚

でる the kitchen **cupboards**（台所の食器棚）

97 heed
[híːd]

名 注意、留意　動 〜に気をつける；〜を心に留める

でる He paid no **heed** to my advice.（彼は私の助言を気にも留めなかった）

派 □ heedful 形 （〜に）注意深い、気をつける（of）
　□ heedless 形 無頓着な；（〜に）気をつけない（of）

pay [give] heed to 〜 = take heed of 〜（〜に注意を払う、〜に留意する）の形で覚えておきましょう。

Chapter 2 ● 名詞

98 dormitory
[dɔ́:rmətɔ̀:ri]
名 寮、宿舎

でる Many college students in the U.S. live in **dormitories**.
(アメリカでは多くの学生が寮に住んでいる)

> 口語では dormitory の省略形の dorm がよく用いられます。

99 tuition
[tjuːíʃən]
名 **授業料**；教授、授業

でる pay **tuition** and fees（授業料及び諸経費を支払う）

100 transcript
[trænskript]
名 **（大学・高校などの）成績証明書**；筆記録

でる a college **transcript**（大学の成績証明書）

派 □ transcribe 動 ～を書き写す
　 □ transcription 名 筆記；書き写し

🎧 56

101 minister
[mínəstər]
名 **大臣**；**（プロテスタント教会の）牧師、聖職者**

でる the Prime **Minister**（総理大臣）
でる a Protestant **minister**（プロテスタント牧師）

派 □ ministerial 形 大臣の；牧師の
　 □ ministry 名 省、庁；牧師の職務

102 priest
[príːst]
名 **（カトリック、英国国教会などの）司祭、神父**；
（キリスト教以外の）聖職者、僧侶

でる a Catholic **priest**（カトリック教会の司祭）
でる a Buddhist **priest**（仏教の僧侶）

103 famine
[fǽmin]
名 **飢饉**；**飢餓**；不足、欠乏

でる the death toll from the **famine**（その飢饉による死亡者数）
でる die of **famine**（飢餓［飢饉］で死ぬ）

> feminine（女らしい；女性の）と混同しないように注意しましょう。

サクッと復習テスト

① インターネットの出現と共に　　with the _____ of the Internet
② 年金で暮らす　　live on a _____
③ 大学の成績証明書　　a college _____

答え　① advent　② pension　③ transcript

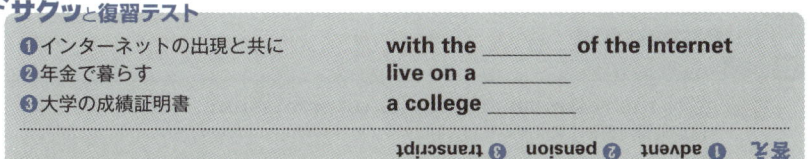

104 drought
[dráut] 発
名 干ばつ、日照り

でる the **drought** due to a shortage of rainfall（降雨不足による干ばつ）

105 riot
[ráiət]
名 暴動　動 暴動を起こす

でる stop the **riots**（暴動を鎮める）

派 □ riotous　形 暴動の；どんちゃん騒ぎの

106 lapse
[lǽps]
名 時の経過；ささいな誤り、過失
動 （〜の）状態になる（into）；（時が）経過する；失効する

でる after a **lapse** of three years（3年経過後に）
でる a **lapse** in judgment（判断の誤り[間違い]）

107 sequence
[síːkwəns]
名 連続、一連；順序

でる the **sequence** of events on that day（あの日に起きた一連の出来事）
でる in the correct **sequence**（正しい順序で）

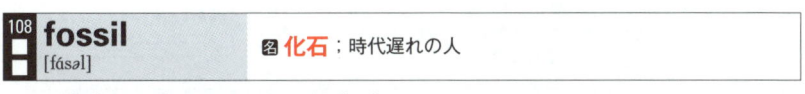

consequence（結果、結末）と混同しないように注意しましょう。

108 fossil
[fásəl]
名 化石；時代遅れの人

でる dependence on **fossil** fuels（化石燃料への依存）

派 □ fossilize　動 化石化する；〜を化石化する

109 lyric
[lírik]
名 《〜s》歌詞；叙情詩　**形 叙情的な、叙事詩の**

でる memorize the **lyrics** of the song（その歌の歌詞を覚える）
でる read **lyric** [lyrical] poetry（叙事詩を読む）

110 intermission
[ìntə:rmíʃən]

名 (劇場・演奏などの) 休憩時間、幕間；休止、中断

でる go to the restroom during the **intermission**
（休憩時間[幕間]にトイレに行く）

でる without **intermission**（間断なく）

類 □ interval [íntərvəl] 名 休憩時間、幕間；間隔、合間

🎧 57

111 peril
[pérəl]

名 危険、危機

でる Certain animals are in **peril** of extinction.
（ある種の動物は絶滅の危機にある）

派 □ perilous 形 危険な（= dangerous）
類 □ danger 名 危険、危機

112 heir
[ɛ́ər] 発

名 (〜の) 相続人 (to)；(〜の) 継承者、後継者 (to)

でる an **heir** to a large fortune（莫大な遺産の相続人）

でる an **heir** to the throne（王位継承者）

> heir と air（空気）は同音語です。hare [héər]（野うさぎ）と混同しないように注意しましょう。

113 stem
[stém]

名 (草の) 茎；(木の) 幹　動 (〜に) 起因する、(〜から) 生じる (from)；〜をくい止める

でる tulips with long **stems**（茎の長いチューリップ）

でる The problem **stems** from ignorance.（その問題は無知から生じている）

類 □ stalk [stɔ́:k] 名 (草の) 茎　動 〜に忍び寄る
□ trunk 名 (木の) 幹；象の鼻；(人間の) 胴体；(車の) トランク

> 「幹細胞」は stem cell と言います。

114 deed
[dí:d]

名 行為、行動；偉業、功績

でる a disgraceful **deed**（恥ずべき行為）

でる commemorate his **deed**（彼の偉業を称える）

> 副詞の indeed（本当に、実際に）は、元々 in deed（行為において）が一語になったものです。

115 legacy
[légəsi]
名 (遺言による) 遺産；(過去からの) 遺産、遺物

- でる receive a **legacy** from ~ (~から遺産を相続する)
- でる a cultural **legacy** (文化遺産)

類 □ inheritance　名 相続財産、遺産

116 supplement
[sʌ́pləmənt] 発
名 補足、追加；付録；(栄養) 補助食品
動 [sʌ́pləmènt] 発 ~を補う

- でる provide **supplement** assistance (追加 [補足] 支援を行う)
- でる I **supplement** my diet with vitamin pills.
  (私は食事をビタミン剤で補っています)

派 □ supplementary　形 補足の、追加の

117 compliment
[kɑ́mpləmənt]
名 賛辞、褒め言葉；表敬；《~s》挨拶　動 ~を褒める

- でる pay the highest **compliment** to ~ (~に最高の賛辞を贈る)
- でる Thank you for your **compliment**. (お褒めの言葉をありがとうございます)

派 □ complimentary
形 無料の；称賛の；挨拶の

> complement (~を補完する；補足；補語)や complementary (補足的な) と混同しないように注意しましょう。

118 bruise
[brúːz] 発
名 打撲傷；あざ　動 ~に打撲傷を与える；~を傷つける

- でる I got a **bruise** from a fall while skiing.
  (スキー中に転倒してあざができた [打撲傷を負った])

> blues [blúːz] (ブルース；《the ~》憂鬱) と混同しないように注意しましょう。

119 sanction
[sǽŋkʃən]
名《~s》(~に対する) 制裁 (措置) (against)；認可、承認　動 ~を認可する、承認する；~に制裁措置を取る

- でる lift economic **sanctions** against the country
  (その国に対する経済制裁を解除する)
- でる without official government **sanction** (政府の正式認可 [承認] なしに)

120 nuisance
[njúːsns] 発
名 迷惑な行為；厄介 (者)；(不法) 妨害

- でる a **nuisance** to the neighbors (近隣の迷惑⇒近所迷惑)
- でる a public **nuisance** (公的不法妨害、はた迷惑な人)

121 tribute
[tríbju:t]
名 賛辞、敬意；贈り物、記念品

- でる pay **tribute** to ~（~に賛辞を呈する、~に敬意を表する）
- でる a floral **tribute**（花束の贈り物）

122 resolution
[rèzəlú:ʃən]
名 決議；解決；決意

- でる adopt a **resolution**（決議を採択する）
- でる the peaceful **resolution** of ~（~の平和的解決）
- でる Did you make any New Year's **resolutions**?
  （新年の決意をしましたか⇒新年の抱負を決めましたか）

派 □ resolve **動** ~を解決する；(~しようと) 決心する (to *do*)；~を決議する
　□ resolute **形** 断固とした

123 conservation
[kànsərvéiʃən]
名 保護、保全；節約、保存

- でる wildlife **conservation**（野生生物の保護）
- でる energy **conservation**（エネルギー節約⇒省エネ）

派 □ conserve **動** ~を保存[保護]する（= preserve）；~を節約する
　□ conservationist **名** 自然保護論者
類 □ preservation **名** 保護、保存；維持

124 illusion
[ilú:ʒən]
名 幻想、思い違い、錯覚

- でる They are under the **illusion** that ~
  （彼らは~という幻想を抱いている、彼らは~と錯覚している）

派 □ illusory [ilú:səri] 発
　形 幻の、錯覚の；偽りの；架空の

> disillusion（幻滅）と混同しないように注意しましょう。

125 reproduction
[rì:prədʌ́kʃən]
名 生殖、繁殖；複製（品）；再生

- でる animal **reproduction**（動物の生殖[繁殖]）
- でる a **reproduction** of the famous painting（名画の複製画）

派 □ reproduce **動** 繁殖[生殖]する；~を再生[複製]する
　□ reproductive **形** 生殖[繁殖]の；再生の

サクッと復習テスト

① 化石燃料への依存　　　dependence on _____ fuels
② 莫大な遺産の相続人　　an _____ to a large fortune
③ 決議を採択する　　　　adopt a _____

答え: ① fossil　② heir　③ resolution

126 contempt
[kəntémpt]
名 **軽蔑、侮辱**；侮辱罪

でる **contempt** for the needy（貧困者に対する軽蔑）

派 □ contemptible 形 軽蔑に値する、卑劣な
□ contemptuous 形 軽蔑的な、さげすんだ

127 geology
[dʒiálədʒi]
名 **地質学**

でる major in **geology**（地質学を専攻する）

派 □ geological 形 地質学の；地質（上）の
□ geologist 名 地質学者

> geography（地理学；地形）と混同しないように注意しましょう。

128 anthropology
[æ̀nθrəpálədʒi]
名 **人類学**

でる cultural **anthropology**（文化人類学）

派 □ anthropological 形 人類学的な、人類学（上）の
□ anthropologist 名 人類学者

> anthology（選集、作品集）と混同しないように注意しましょう。

129 mouthful
[máuθfùl]
名 **一口（分）；長くて発音しにくい語（句）**；適切な言葉、名言

でる eat a **mouthful** of ~ (~を一口食べる)
でる That's a bit of a **mouthful**. (それは長くて少し発音しにくいですね)

> earful（大目玉、きつい小言、さんざんの文句）も覚えておきましょう。get an earful (from ~)((~から)大目玉を食う[さんざん文句を言われる])のように使います。

130 pathway
[pǽθwèi]
名 **小道、通路**；路線、進路

でる a narrow **pathway**（狭い小道[通路]）
でる the **pathway** to peace（平和への道）

類 □ path 名 小道；路線

> partway（途中まで；ある程度まで）と混同しないように注意しましょう。

131 exposure
[ikspóuʒər]

名 (〜に) さらすこと (to); 暴露

でる **exposure** to radiation (放射線にさらされること⇒放射線被ばく、放射線放射)

派 □ expose 動 〜を (〜に) さらす；〜を暴露する

132 corps
[kɔ́ːr] 発

名 (軍の) 部隊；軍団

でる the U.S. Marine **Corps** (米国海兵隊)

> corps は単複同形ですが、複数形の場合は [kɔ́ːrz] と発音されます。
> corpse [kɔ́ːrps] (死体、死骸) と混同しないように注意しましょう。

133 tact
[tǽkt]

名 機転、如才なさ、気配り

でる use **tact** (機転を利かす [働かせる])

派 □ tactful 形 如才ない、機転の利く
□ tactless 形 機転の利かない

134 tactic
[tǽktik]

名 《〜s》戦術；駆け引き

でる change **tactics** accordingly (その都度戦術を変える)

派 □ tactical 形 戦術の、方策の

> tactics は「個々の戦術」、strategy は「包括的で大規模な戦略」を意味します。

135 breakthrough
[bréikθrùː]

名 大発見、躍進；突破 (口)、打開

でる make a medical **breakthrough**
(医学上の大発見をする、医学的な躍進を遂げる)

でる a **breakthrough** in the negotiations (交渉の突破口 [打開])

> breakdown (故障；断絶；衰弱；内訳) と混同しないように注意しましょう。

136 constitution
[kànstətjúːʃən]

名 憲法；構成；体質

でる Article 9 of the Japanese **Constitution** (日本国憲法第9条)
でる genetic **constitution** (遺伝的 [遺伝子] 構成)

派 □ constitutional 形 憲法の、合憲の；構成上の
□ constitute 動 〜を構成する；〜に等しい

137 returnee
[ritə́ːrníː]
名 帰還者、帰国者；帰国子女

- でる accommodate **returnees**（帰還［帰国］者を受け入れる）
- でる **returnee** students（帰国子女の生徒）

138 riddle
[rídl]
名 なぞなぞ；謎、難問
動 ～をふるいにかける；～を穴だらけにする

- でる tell a **riddle**（なぞなぞ遊びを言う）
- でる solve the **riddle** of ～（～の謎を解く）
- 派 □ riddled 形（～で）いっぱいの（with）；穴だらけの

139 mountaineer
[màuntəníər]
名 登山家 動 登山する

- でる an adventurous **mountaineer**（冒険好きな登山家）
- 派 □ mountaineering 名 登山

140 gymnastics
[dʒimnǽstiks]
名（器械）体操、体操競技

- でる a **gymnastics** coach（体操競技のコーチ）
- 派 □ gymnastic 形 体操の
  □ gymnasium [xxxx] 名 体育館

> gymは「スポーツクラブ」を意味する名詞としてよく使われますが、gymnasiumの短縮形として「体育館」、gymnasticsの短縮形として「（器械）体操」の意味もあります。

🎧 60

141 deadline
[dédlàin]
名 締め切り、期限、期日

- でる I managed to meet the **deadline**.（どうにか締め切りに間に合った）
- 類 □ due date 締め切り、期限、期日

142 component
[kəmpóunənt]
名 構成要素；部品；成分

- でる an integral **component** of ～（～の不可欠な構成要素）
- でる electronic **components**（電子部品）

143 token
[tóukən]

名 **しるし、あかし**；記念品　形 **形だけの、名目上の**

でる Please accept this as a **token** of my gratitude [appreciation].
(感謝の印にこれをお受け取りください)

でる a **token** gesture (形だけの言動、見せかけの態度)

熟 □ by the same token　同様に；さらに

144 plot
[plát]

名 **策略、陰謀；(本・映画などの) 筋**
動 **〜を企てる、たくらむ**

でる see through a **plot** (策略[陰謀]を見抜く)

でる How does the **plot** of the story develop [unfold]?
(その物語の筋はどう展開しますか)

145 collision
[kəlíʒən]

名 **衝突、激突；(意見の) 対立**

でる multiple **collision** of vehicles (車両の多重[玉突き]衝突)

でる a **collision** between the two countries over fishing rights
(漁業権をめぐる2国間の意見の対立)

派 □ collide　動 (〜と) 衝突する (with)

146 fluid
[flú:id]

名 **液体、流動体；水分**　形 流動的な

でる a bottle of colorless **fluid** (無色の液体の入った瓶)

でる Be sure to drink plenty of **fluids**. (必ず水分を多く取ってください)

派 □ fluidity　名 流動性

147 herd
[hə́:rd]

名 **(牛・馬などの動物の) 群れ**；群衆
動 **(家畜) を世話する；(動物の群れ) を集める**

でる a **herd** of cows (乳牛の群れ)

> shepherd は a herder of sheep (羊の世話をする人) から、「羊飼い」という意味になりました。さらに「(鳥・羊・ヤギなどの) 群れ」は flock と言うことも覚えておきましょう。

148 venue
[vénju:]

名 **開催地、会場**

でる the **venue** for the next Olympics (次のオリンピックの開催地)

> avenue (大通り；並木道) と混同しないように注意しましょう。

サクッと復習テスト

❶ 文化人類学　　　　　　　　cultural _____
❷ 日本国憲法第9条　　　　　　Article 9 of the Japanese _____
❸ 無色の液体の入った瓶　　　　a bottle of colorless _____

答え　❶ anthropology　❷ Constitution　❸ fluid

149 zeal [zíːl]
名 熱意、熱心さ

でる show **zeal** for education（教育に対する熱意を示す）

派 □ zealous [zéləs] 発　形 熱心な；熱狂的な
類 □ est　名 熱意；強い興味；趣

150 fraud [frɔ́ːd] 発
名 詐欺、不正行為；詐欺師

でる practice **fraud** on customers（顧客に対して詐欺を働く）

派 □ fraudulent [frɔ́ːdʒulənt | frɔ́ːdjələnt]　形 詐欺的な、不正な

🎧 61

151 barter [báːrtər]
名 物々交換；物々交換の品
動 （～と）物々交換をする（with）

でる a **barter** system（物々交換制度、バーター取引制）
でる **barter** with the islanders for food（島の住民たちと食糧を物々交換する）

> batter [bǽtər]（バッター、打者）や butter [bʌ́tər]（バター）と混同しないように注意しましょう。

152 scope [skóup]
名 範囲、領域；機会

でる broaden [expand/extend/widen] the **scope** of ~（~の範囲を広げる）
でる within [beyond] the **scope** of ~
（~の範囲内で [範囲外で、~の範囲を超えて]）

153 investigation [invèstəgéiʃən]
名 調査、研究；捜査

でる a thorough **investigation** into the cause of ~
（~の原因の徹底的調査 [究明]）
でる a criminal **investigation**（犯罪捜査）

派 □ investigate　動 ~を調査 [研究] する；~を捜査する；(~を) 調査 [捜査] する（into）
　□ investigator　名 捜査官、調査員

154 flaw
[flɔ́ː]

名 **欠陥、不備**；欠点、弱点；割れ目、傷

でる a serious **flaw** in the system（システム［制度］の重大な欠陥）

派 □ flawed 形 欠陥のある；欠点のある
□ flawless 形 非の打ち所のない、完璧な

flow [flóu]（流れる；流れ）と混同しないように注意しましょう。

155 spouse
[spáus] 発

名 **配偶者**

でる a **surviving** spouse（残された配偶者）

派 □ spousal [spáuzəl] 発 形 配偶者の
□ espouse [ispáuz] 発 動 ～を支持する、信奉する；～を結婚する

156 sibling
[síbliŋ]

名 **きょうだい（兄、弟、姉または妹）**

でる Do you have any **siblings**?（きょうだいはいますか）
[= Do you have any brothers or sisters?]

でる **sibling** rivalry（きょうだい間の競争［争い］）

157 manuscript
[mǽnjuskrìpt] ア

名 **原稿**；写本

でる edit a **manuscript**（原稿を編集［校訂］する）

でる the deadline of the **manuscript** submission（原稿の提出締め切り）

158 directory
[diréktəri]

名 **電話帳**；人名簿

でる look up the number in the (telephone) **directory**
（電話帳で番号を調べる）

でる dial **directory** assistance（電話番号案内にかける）

派 □ direct 動 ～を指示する；～を（～に）向ける (to)；～を指導する

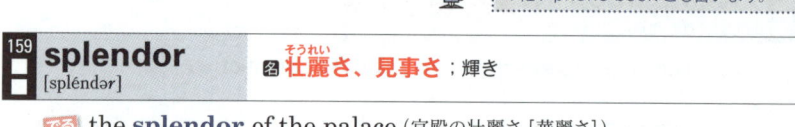

「電話帳」は (telephone) directory の他、phone book とも言います。

159 splendor
[spléndər]

名 **壮麗さ、見事さ**；輝き

でる the **splendor** of the palace（宮殿の壮麗さ［華麗さ］）

派 □ splendid 形 素晴らしい；立派な；壮麗な

160 monopoly
[mənápəli]

名 **独占**；専売

- have a **monopoly** on ~（~を独占する）
- 派 □ monopolize 動 ~を独占する

> アメリカ製のボードゲームに Monopoly（モノポリー）がありますが、あれは土地に見立てた盤上のコマを"独占"しながら自らの資産を増やしていくゲームですね。

🎧 62

161 reference
[réfərəns]

名 **言及**；**参照**；**照会**

- make no **reference** to ~（~について言及しない［一切触れない］）
- for future **reference**（今後の参考のために）
- a letter of **reference**（人物照会［紹介］状、人物証明書）
- 熟 □ in [with] reference to ~　~に関して
- 派 □ refer 動（~に）言及する（to）；（~を）参照する（to）

162 syllabus
[síləbəs]

名 **シラバス、講義概要**

- read the **syllabus** carefully（シラバス［講義概要］を注意深く読む）

> syllabus の複数形は syllabi [síləbài] です。syllable [síləbl]（音節、シラブル）と混同しないように注意しましょう。

163 fable
[féibl]

名 **寓話**；伝説、説話

- Aesop's **Fables**（イソップ物語）
- 派 □ fabled 形 伝説的な；架空の

164 parable
[pǽrəbl]

名 **たとえ話**；教訓

- Jesus used many **parables**.（イエスは多くのたとえ話を用いられた）

165 dose
[dóus]

名 **（1回の）服用量**；（薬の）一服

- reduce the **dose** of medication（薬の服用量を減らす）
- take three **doses** a day（1日に3回薬を飲む）

> doze [dóuz]（うたた寝する；居眠り）と混同しないように注意しましょう。

166 mission [míʃən]
名 **使命**；**任務**；使節団；伝道

でる my **mission** as a leader（リーダーとしての私の使命）
でる the U.N. peacekeeping **mission**（国連平和維持任務）

派 □ missionary 名 宣教師 形 伝道の、布教の

167 session [séʃən]
名 **（議会などの）開会**；**会合、集会**；《米》（大学の）授業

でる The Diet is now in [out of] **session**.（今国会は開会[閉会]中である）
でる the purpose of this **session**（この会合の目的）

168 verge [vɔ́ːrdʒ]
名 **間際、寸前、瀬戸際**；端、縁

でる on the **verge** of extinction（絶滅に瀕して、絶滅寸前で）
でる the **verge** of the road（道の端）

> on the verge of ～ ＝ on the edge of ～ ＝ on the brink of ～（～に瀕して；今にも～しそうで）の形で覚えておきましょう。

169 outlet [áutlet]
名 **はけ口**；**（電気の）コンセント**；販売店、アウトレット

でる find an **outlet** to relieve stress（ストレスを発散するはけ口を見つける）
でる a wall **outlet**（壁コンセント）

> 電気の差し込む口のことを「コンセント」と言いますが、英語のconsent（同意する；承諾）はその意味では用いられません。「コンセント」はアメリカではoutlet、イギリスではsocketと言います。

170 transaction [trænzǽkʃən]
名 **（商）取引**；（業務の）処理、遂行

でる commercial **transactions**（商取引）

派 □ transact 動（取引）を行う；（業務）を処理する

🎧 63

171 addict [ǽdikt]
名 **中毒者、常習者**；**熱狂的な愛好者** 動 ～を（～の）中毒にさせる（to）；～を（～に）没頭させる（to）

でる a drug **addict**（麻薬中毒者）
でる a video-game **addict**（テレビゲーム中毒者[熱中者]）

派 □ addicted 形（～の）中毒になって（to）；（～に）病みつきになって（to）
□ addictive 形 中毒[常習]性の；病みつきになる
□ addiction 名 中毒、依存症；熱中

サクッと復習テスト

① システムの重大な欠陥　　　　　a serious _____ in the system
② 原稿を編集する　　　　　　　　edit a _____
③ 絶滅に瀕して　　　　　　　　　on the _____ of extinction

答え　① flaw　② manuscript　③ verge

---

172 gale
[géil]

名 **強風、疾風**

でる It was blowing a **gale**. （強風が吹いていた）

> breeze（そよ風、微風）や gust [gʌ́st]（突風）も覚えておきましょう。

173 queue
[kjúː] 発

名《英》**（順番待ちの）列、行列**　動 列を作る、列に並ぶ

でる wait in a **queue** （列に並んで待つ）[= wait in (a) line]

類 □ line 名 列、行列；直線；（電話の）回線

> アメリカでは line、イギリスでは queue が使われます。

174 vessel
[vésəl]

名 **（大型）船**；**管**；容器

でる a fishing **vessel** （漁船）
でる a blood **vessel** （血管）

> artery（動脈）と vein [véin]（静脈）も覚えておきましょう。

175 mold
[móuld]

名 **鋳型**；流し形；性格；**かび**
動 〜を型に入れて作る、形作る

でる pour the concrete into the **mold** （コンクリートを鋳型に流し込む）
でる bread covered in **mold** （かびだらけのパン）

派 □ moldy 形 かびの生えた；古くさい

176 poll
[póul]

名 **世論調査**；投票（数）
動 〜に世論調査をする；〜を得票する

でる A recent (opinion) **poll** showed that 〜 （最近の世論調査によれば）

> 同音語の pole（棒；極）と混同しないように注意しましょう。

177 folklore
[fóuklɔːr]

名 民間伝承、民話；民俗学

でる American **folklore**（アメリカの民間伝承 [民話]）

派 □ folk 名 人々；家族；両親　形 民間の；民族の
　□ folkloric 形 民間伝承の；民族の
類 □ folk tale 民話

> myth（神話）や legend（伝説）も覚えておきましょう。

178 utensil
[juːténsəl]

名 （台所の）用品、器具；道具

でる kitchen [cooking] **utensils**（台所用品 [調理器具]）
でる writing **utensils**（筆記用具）

179 heap
[híːp]

名 山、山積み；たくさん
動 ～を積み上げる；～を山盛りにする

でる a **heap** of rubble（がれきの山）
でる a **heap** of problems（たくさんの問題）

派 □ heaping 形 （スプーンなどに）山盛りの

180 intuition
[ìntjuːíʃən]

名 直観（力）、勘

でる know things by **intuition**（直観的に物事を理解する）

派 □ intuitive 形 直観の；直観的な
　□ intuit [intjúːit] 動 ～を直観する

> intuition は「理性としての直観、認識能力」、instinct は「（動物的）本能、直感」というニュアンスの違いがあります。

🎧 64

181 hazard
[hǽzərd]

名 危険性、危険要素；危険

でる the health **hazards** of smoking
（喫煙による健康上のリスク／喫煙の健康被害）

派 □ hazardous 形 危険な；有害な

182 altitude
[ǽltətjuːd]

名 高度；高所

でる fly at an **altitude** of 40,000 feet（高度4万フィートを飛行する）
でる people living at high **altitudes**（高地 [標高の高い地域] に住む人々）

> attitude（態度、姿勢）と混同しないように注意しましょう。

183 germ
[dʒə́ːrm]

名 **細菌、病原菌、ばい菌**

でる kill **germs**（細菌[病原菌]を殺す）

> virus [váiərəs]（ウイルス）も覚えておきましょう。

184 parasite
[pǽrəsàit]

名 **寄生虫**；寄生生物；居候

でる Most animals are infested with **parasites**.
（ほとんどの動物には寄生虫がはびこっている）

派 □ parasitic [pærəsítik] 形 寄生性の；居候している

> 「学卒後もなお親と同居し、面倒を見てもらっている未婚者」のことをパラサイト・シングルと言いますが、あれは和製英語です。

185 distress
[distrés]

名 **苦悩、苦痛**；経済的困窮；**遭難**
動 ～を苦しめる、悩ます

でる experience a great deal of **distress**（深い苦悩を経験する）
でる send a **distress** signal（遭難信号を出す）[= send an SOS]

派 □ distressful 形 苦しい、悲惨な

186 recess
[ríːses | risés]

名 **休憩（時間）**；**休会、休廷**；くぼみ
動 ～を休会[休廷]する

でる a ten-minute **recess** between classes（授業の間の10分休憩）
でる The parliament is in **recess**.（議会は休会中である）

187 thesis
[θíːsis] 発

名 **（学位取得のための）論文**

でる write a doctoral [master's] **thesis**（博士[修士]論文を書く）

類 □ dissertation 名（博士・修士）論文

> thesis の複数形は theses [θíːsiːz] です。

188 hostage
[hástidʒ]

名 **人質**

でる Some journalists were held **hostage**.
（ジャーナリスト数名が人質に取られた）

189 aptitude
[ǽptətjùːd]

名 才能、資質、適性

でる have a natural **aptitude** for math（天性の数学の才能がある）

派 □ apt 形 適切な；〜しがちな (to *do*)

> attitude（態度、姿勢）や altitude（高度）と混同しないように注意しましょう。

190 predecessor
[prédəsèsər] 発

名 前任者；前身；先祖

でる in contrast to his **predecessor**（彼の前任者とは対照的に）
でる the **predecessor** of this version（この型の前身[旧型]）

反 □ successor 名 後継者、後任者

🎧 65

191 pollen
[pálən]

名 花粉

でる I'm allergic to **pollen**.（私は花粉アレルギーです）

> 「花粉症」は hay fever や pollenosis と言います。

192 incentive
[inséntiv]

名 やる気、刺激、動機；報奨（金）

でる have little **incentive** to work（仕事をする気[動機]がほとんどない）
でる a financial **incentive**（金銭的報奨⇒報奨金、奨励金）

派 □ stimulus 名 励み、刺激
　□ impetus 名 原動力、弾み、刺激

193 exile
[égzail]

名 国外追放（者）；亡命（者）
動 〜を（〜から）追放する

でる His whole family was forced into **exile**.
（彼の家族全員が国外追放を強制された）
でる a political **exile**（政治亡命者）

194 mischief
[místʃif] 発

名 (子供の) いたずら、悪さ；茶目っ気

でる Keep him out of **mischief**.（彼にいたずらをさせないように）

派 □ mischievous [místʃəvəs] 発 形 いたずら好きな；悪意のある

サクッと復習テスト

❶ 台所用品　　　　　　　　　kitchen _____
❷ 博士論文を書く　　　　　　write a doctoral _____
❸ 私は花粉アレルギーです。　I'm allergic to _____.

答え　❶ utensils　❷ thesis　❸ pollen

---

195 collaboration
[kəlæbəréiʃən]
名 **協力、協調、連携**；共同制作［研究］

- でる close **collaboration** between A and B（AB間の密接な協力［連携］）
- でる in **collaboration** with ~（~と協力［共同］して）
- 派 □ collaborate 動（~と）協力する（with）；（~と）共同制作［研究］する（with）
  □ collaborative 形 協力的な；共同による
  □ collaborator 名 協力者；共同制作者［研究者］

> corroboration（確証、裏付け）や corroborate（~を確証する、裏付けする）と混同しないように注意しましょう。

196 procedure
[prəsí:dʒər]
名 **手順、やり方；手続き**

- でる Please follow the **procedure** below.（以下の手順に従ってください）
- でる various legal **procedures**（さまざまな法的手続き）
- 派 □ procedural 形 手続き（上）の

197 quest
[kwést]
名 **探求、追求**　動（~を）探し求める（for）

- でる the **quest** for peace（平和の探求）
- 熟 □ in quest of ~　~を求めて、~を探求して

198 commodity
[kəmádəti]
名 **商品、物品；生産物；日用品**

- でる **commodity** prices（商品価格）
- でる agricultural **commodities**（農産物）
- でる household **commodities**（家庭用品）

199 warehouse
[wéərhàus]
名 **倉庫、商品保管所**

- でる an abandoned **warehouse**（廃棄［放棄］された倉庫）

> warehouse は ware（商品、製品）を入れる house（家屋）という意味です。

200 observance
[əbzɚ́ːrvəns]

名 遵守；儀式

- でる the strict **observance** of traffic laws（交通法規の厳守）
- でる a religious **observance**（宗教儀式、宗教的行事）

派 □ observe 動 〜を観察する；〜を守る；〜に気づく；〜と述べる

類 □ rite 名 儀式、典礼（= ritual）

> observation（観察、観測；意見）と混同しないように注意しましょう。

🎧 66

201 array
[əréi]

名 ずらりと並んだもの、勢揃い；配列
動 〜を配列［配置］する

- でる an **array** of choices（ずらりと並んだ選択肢、多様な選択肢）
- でる All shoes are **arrayed** in pairs.（すべての靴が二つ一組になって並べられている）

202 bribe
[bráib]

名 賄賂　動 〜に賄賂を贈る；〜を買収する

- でる offer a **bribe**（賄賂を贈る⇒贈賄する）

派 □ bribery 名（贈）収賄

203 jail
[dʒéil]

名 《米》留置所；《英》刑務所

- でる He was thrown into **jail**.（彼は留置所［牢屋］に入れられた）

類 □ prison 名 刑務所；留置所

> イギリスでは同じ発音で gaol と綴ることもあります。

204 stake
[stéik]

名 賭け（金）；利害関係；杭　動 〜を（〜に）賭ける（on）

- でる play for high **stakes**（大きな賭けをする、大ばくちを打つ）
- でる have a **stake** in 〜（〜に利害関係を持つ）

熟 □ at stake 危険にさらされて；賭けられて

> stake と steak（ステーキ）は同音語です。

205 criterion
[kraitíəriən]

名 基準、尺度

- でる What are your **criteria** for choosing a college?（大学を選ぶあなたの基準は何ですか）

> criterion の複数形は criteria [kraitíəriə] です。

206 norm
[nɔ́ːrm]

名 **規範**；**基準、標準**；達成基準、ノルマ

- でる social [cultural] **norms**（社会 [文化] 的規範）
- でる above [below] international **norms** of ~
（~の国際基準を上回って [下回って]）

派 □ normal 形 標準の；正常な 名 標準
　□ normative 形 標準的な；規範的な

> 仕事上の「ノルマ」には、通常 quota が用いられます。

207 multitude
[mʌ́ltətjùːd]

名 **多数**；《the ~》**群衆、大衆**

- でる a **multitude** of problems（多数の問題）
- でる the assembled **multitude**（集まった群衆）

> multi- は「多数の」の意味を表す接頭辞です。

208 prophecy
[práfəsi]

名 **予言**；（神意を伝える）預言

- でる Her **prophecies** were soon fulfilled.
（彼女の予言はすぐに現実のものとなった）

派 □ prophet 名 予言者；預言者
　□ prophetic 形 予言的な；預言的な
　□ prophesy [práfəsài] 動 ~を予言する；~を預言する

209 doctrine
[dáktrin]

名 **教義**；主義；原則

- でる the essential Christian **doctrine**（本質的なキリスト教教義）

派 □ doctrinal 形 教義上の

210 bureau
[bjúərou] 発

名 **（新聞社などの）支局**；**（政府の）省、局、部**；
案内所、事務局

- でる the Washington **bureau** of The New York Times
（ニューヨークタイムズ紙のワシントン支局）
- でる the Federal **Bureau** of Investigation（連邦捜査局）[= the FBI]
- でる visit the tourist **bureau**（観光案内所を訪れる）

211 solace
[sáləs]

名 慰め　動 ～を慰める

でる seek **solace** in ~（～に慰めを求める）

類 □ consolation　名 慰め

212 biotechnology
[bàioutèknálədʒi]

名 生物［生命］工学、バイオテクノロジー

でる study **biotechnology** at graduate school
（大学院で生物［生命］工学を学ぶ）

類 □ bioengineering
名 生物［生体］工学

biochemical（生化学の、生化学的な）や biodiversity（生物多様性、生態学的多様性）など、接頭辞 bio- は「生物の、生命の」の意味を表します。

213 anguish
[ǽŋgwiʃ]

名 (心身の) 激しい苦悩、苦悶

でる after many years of **anguish** over the issue
（その問題のことで長年ひどく苦悩した後で）

214 hue
[hjúː] 発

名 色、色合い、色調；(考えなどの) 特色、傾向

でる all the **hues** of the rainbow（虹のあらゆる色）
でる politicians of various **hues**（いろんな考え方を持つ政治家）

215 expedition
[èkspədíʃən]

名 遠征 (隊)、探検 (隊)；迅速さ

でる go on an **expedition** to the North Pole（北極探検［遠征］に出る）

派 □ expeditionary　形 遠征の、探検の

216 stereotype
[stériətàip]

名 固定観念；紋切り型　動 ～を型にはめる、固定化する

でる unfounded gender **stereotypes**（根拠のない性別による固定観念）

派 □ stereotypical　形 型にはまった、画一的な

217 apparatus
[æpərǽtəs | æpəréitəs]

名 器具；装置

でる a lighting **apparatus**（照明器具）
でる a remote-control **apparatus**（遠隔操縦装置）

サクッと復習テスト

1. 以下の手順に従ってください。
2. 贈賄する
3. 根拠のない性別による固定観念

Please follow the _____ below.
offer a _____
unfounded gender _____

答え： 1. procedure 2. bribe 3. stereotypes

---

218 mobility
[moubíləti]

名 **流動性、移動性**

でる the social **mobility** of ~ (~の社会的流動性)

派 □ mobile [móubəl | móubail] 形 可動式の、携帯式の；流動性のある　名 携帯電話

219 asset
[ǽset]

名 《~s》**資産**；**貴重な存在**；強み

でる The company has $70 billion in **assets**.
(その会社には700億ドルの資産がある)

でる He will be a great **asset** to your company.
(彼は御社にとって貴重な人材となるでしょう)

反 □ liability 名 《~ies》負債；法的責任、義務

220 patent
[pǽtnt | péitnt]

名 **特許（権）**
形 **特許の**；明白な　動 ~の特許（権）を取る

でる apply for a **patent** (特許を申請する)
でる **patent** law (特許法)

🎧 68

221 warranty
[wɔ́:rənti]

名 **保証（書）**；正当な理由、根拠

でる This product comes with a one-year **warranty**.
(この製品は1年間の保証付きです)

でる It's still under **warranty**. (それはまだ保証期間中です)

派 □ warrant 動 ~を保証する；~を正当化する　名 令状；許可証、証明書
　　□ unwarranted 形 根拠のない；不当な
類 □ guarantee 名 保証（書）　動 を保証する

222 majesty
[mǽdʒəsti]

名 **壮大さ、雄大さ**；威厳；陛下

でる the **majesty** of the mountain (その山の壮大さ[偉容])

派 □ majestic 形 壮大な、雄大な；威厳のある

223 novice
[nάvɪs]
名 初心者、素人；新参者

でる a **novice** golfer（ゴルフの初心者）

類 □ beginner **名** 初心者、初学者
□ newcomer **名** 新参者；初心者

224 ally
[ǽlaɪ | əláɪ]
名 同盟国、連合国；協力者
動 [əláɪ]（～と）同盟する（with/to）

でる the U.S. and its **allies**（米国とその同盟国［連合国］）
でる Canada is **allied** with the United States.
（カナダは米国と同盟を結んでいる）

派 □ allied **形** 同盟している；連合国の；同類の
□ alliance **名** 同盟、提携；同盟国

> alley [ǽli]（路地；小道）や alloy [ǽlɔɪ]（合金）と混同しないように注意しましょう。

225 by-product
[báɪprɑ̀dʌkt]
名 副産物；副作用

でる a **by-product** of history（歴史的産物、歴史的副産物）

> byproduct と綴ることもあります。

226 hierarchy
[háɪərɑ̀ːrki]
名 階級制度；階層、序列

でる the social **hierarchy**（社会的階級制［序列］）

派 □ hierarchical **形** 階級制の、序列的な

227 faction
[fǽkʃən]
名 派閥、党派；党争、内紛

でる the party's largest **faction**（党の最大派閥）

派 □ factional **形** 派閥の、党派の

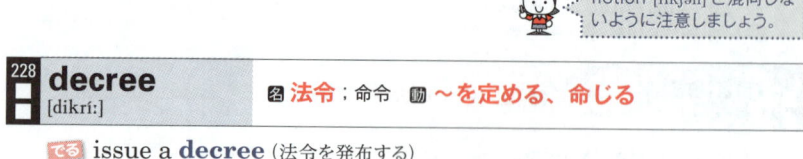

> fiction [fíkʃən] と混同しないように注意しましょう。

228 decree
[dɪkríː]
名 法令；命令　**動** ～を定める、命じる

でる issue a **decree**（法令を発布する）
でる The government **decreed** (that) ～（政府は～することを定めた）

229 revenue
[révənjùː]

名 歳入；収入、収益

でる government **revenue**（政府の歳入）

反 □ expenditure 名 歳出；支出

230 subsidy
[sʌ́bsədi]

名 補助金、助成金

でる government **subsidies**（政府補助金）

派 □ subsidize 動 ～に補助金［助成金］を交付する
□ subsidiary 名 子会社 形 子会社の；補助の；副次的な

🎧 69

231 fragment
[frǽgmənt]

名 断片；破片、かけら

でる I overheard **fragments** of their conversation.
（私は彼らの会話の断片を小耳に挟んだ）

でる one **fragment** of the truth（真実のひとかけら）

派 □ fragmentary 形 断片的な

232 query
[kwíəri] 発

名 質問、疑問 動 ～に疑問を呈する；～に質問する

でる If you have any further **queries**, please feel free to contact me.（その他に質問がございましたら、ご遠慮なくご連絡ください）

類 □ inquiry 名 質問、問い合わせ（= enquiry）

233 wreck
[rék]

名（船・飛行機・車などの）残骸；衝突（事故）
動 ～をつぶす、台無しにする；～を大破させる

でる discover the **wreck** of the Titanic（タイタニック号の残骸を発見する）

でる Injuries from the accident **wrecked** his career.
（その事故で負った怪我で彼のキャリアは終わった）

派 □ wreckage 名 残骸；漂着物
□ wrecker 名 レッカー車

234 tyranny
[tírəni]

名 圧政、専制政治；暴虐、苛酷さ

でる revolt against the **tyranny** of the country
（国の圧政［専制政治］に対して反乱を起こす）

でる the **tyranny** of nature（自然の苛酷さ）

派 □ tyrannical 形 暴君的な；専制的な
□ tyrant [táiərənt] 発 名 暴君、専制君主

235 aristocracy
[ərəstάkrəsi]

名 貴族（階級）；上流階級

the privileges of the **aristocracy** (貴族階級の特権)

派 □ aristocrat [ərístəkræt] 名 貴族
□ aristocratic 形 貴族（階級）の；貴族的な

> autocracy [ɔːtάkrəsi] (独裁［専制］政治) や autocratic (独裁政治の；ワンマンな) と混同しないように注意しましょう。

236 premise
[prémis]

名 前提、根拠；《~s》土地、敷地　動 ~を前提とする

on the **premise** that ~（~であることを前提にして）

Smoking is not allowed on these **premises**. (構内[店内]は禁煙です)

237 counterpart
[káuntərpὰːrt]

名 対応［相当］するもの・人、相対物

The Diet Building in Japan is a **counterpart** of the Capitol in the United States. (日本の国会議事堂は、米国の連邦議会議事堂に相当する)

類 □ equivalent 名 同等のもの　形（~と）同等の、（~に）相当する（to）

238 paradox
[pǽrədὰks]

名 逆説、パラドックス；矛盾

"Make haste slowly" is a **paradox**.
(「ゆっくり急げ（急がば回れ）」は逆説［パラドックス］である)

resolve a **paradox** (矛盾を解決する)

派 □ paradoxical [pὰrədάksikəl] 形 逆説的な；矛盾した

239 dimension
[diménʃən]

名 局面、側面、様相；《~s》規模；次元

add a whole new **dimension** to ~（~に全く新たな局面をもたらす[加える]）

a problem of global **dimensions** (世界規模の問題)

view the image in three **dimensions** (画像を3次元で見る)

派 □ dimensional 形 次元の；寸法の

240 implication
[ìmplikéiʃən]

名 言外の意味、意味合い、含意、示唆；影響

understand the **implications** of the word
(その語の言外の意味を理解する)

have long-term **implications** for ~（~に長期的な影響を与える）

派 □ imply 動 ~を示唆する、ほのめかす；~の意味を含む

サクッと復習テスト

❶ 特許を申請する　　　　　apply for a _____
❷ 政府補助金　　　　　　　government _____
❸ 〜であることを前提にして　on the _____ that 〜

答え　❶ patent　❷ subsidies　❸ premise

🎧 70

241 representative
[rèprizéntətiv]

名 **代表者**；代理人；(R-)《米》下院議員
形 **（〜を）よく表している**（of）；代表的な

でる as a **representative** of the institution（その機関の代表者として）
でる Sushi is **representative** of Japanese food culture.
　　（寿司は日本の食文化をよく表している）

派 □ represent 動 〜を表す、象徴する；〜を代表する

242 senator
[sénətər] 発

名 《米》**上院議員**

でる a newly-elected **senator**（新しく選ばれた上院議員）

派 □ senate [sénət] 発
　　名 (the S-) 上院

米国議会は、the Senate（上院）と the House of Representatives（下院）から成ります。

243 interaction
[ìntərǽkʃən]

名 **相互作用**；**(人間同士の) 交流**

でる the **interaction** between A and B（AとBとの相互作用）
でる promote social **interaction**（社会的交流を促進する）

派 □ interact 動 (〜と) 交流する、ふれあう (with)；(〜と) 相互に作用する (with)
　□ interactive 形 相互作用的な；双方向の、対話式の

counteract（〜に対抗する；〜を阻止する；〜を中和する）と counteraction（反作用；防止；中和）も覚えておきましょう。

244 fuss
[fʌ́s]

名 **大騒ぎ、騒動**　動 やきもきする；気をもむ

でる Don't make a **fuss** over a little thing.（小さなことで騒ぎ立てるな）

派 □ fussy 形 (〜に) うるさい (about)
類 □ fret 動 やきもきする；気をもむ 名 苛立ち；苦悩

245 plight
[pláit]

名 **苦境、窮地、窮状**

でる His family was in a financial **plight** at the time.
　　（彼の家族は当時、経済的苦境に立たされていた [財政的窮地に陥っていた]）

246 vow
[váu]

名 誓い、誓約　動 ～を誓う

でる make [break] a **vow**（誓いを立てる [破る]）
でる **vow** to fight terrorism（テロリズムと戦うことを誓う⇒テロとの戦いを誓う）

> bow [báu]（おじぎをする；おじぎ）や bow [bóu]（弓）と混同しないように注意しましょう。

247 segment
[séɡmənt]

名 部分、区分；一区切り　動 ～を分割する

でる a large **segment** of the population（大部分の人々）
でる **segment** the class into small groups（クラスを小グループに分ける）

派 □ segmental　形 部分の；部門別の
　 □ segmentation　名 分割、区分

248 footnote
[fútnòut]

名 脚注；補足説明　動 ～に脚注をつける

でる look at the **footnote** at the bottom of the page
（ページの下の脚注を見る）

249 disgrace
[disɡréis]

名 不名誉、不面目、恥辱
動 ～の面目をつぶす、～に恥をかかせる

でる resign in **disgrace**（面目を失って [つぶして] 辞任する）
でる He **disgraced** himself in public.
（彼は人前で恥をかいた⇒彼は赤恥をかいた）

派 □ disgraceful　形 恥ずべき、不名誉 [不面目] な
類 □ dishonor　名 不名誉、恥辱　動 ～に恥をかかせる
反 □ honor　名 名誉、光栄；敬意　動 ～の栄誉 [名誉] をたたえる；～を尊敬する

> disgrace は [dis（不、非）+ grace（好意）] から「不名誉、不面目」の意味となります。

250 drawback
[drɔ́ːbæ̀k]

名 欠点、短所；障害

でる have a serious **drawback**（重大な欠点がある）

類 □ weakness　名 欠点、短所；弱点
　 □ shortcoming　名 欠点、短所

251 recipient
[rɪsípiənt]

名 受取人、受領者

- でる an e-mail **recipient**（電子メール受信者）
- でる a Nobel Prize **recipient**（ノーベル賞受賞者）
- でる an organ transplant **recipient**（臓器移植者、臓器移植患者）

252 landslide
[lǽndslàɪd]

名 地滑り、山崩れ；（選挙の）地滑り的［圧倒的］勝利

- でる trigger a **landslide**（地滑りを引き起こす［誘発する］）
- でる win the election by a **landslide** (victory)
  （地滑り的に当選する、圧倒的大差で選挙に勝つ）

> mudslide（土砂崩れ）と avalanche（雪崩）も覚えておきましょう。

253 iceberg
[áɪsbəːrg]

名 氷山

- でる the tip of the **iceberg**（氷山の一角）

> glacier（氷河）も覚えておきましょう。

254 equator
[ɪkwéɪtər]

名《the ~》赤道

- でる Quito, the capital of Ecuador, is a city right on the **equator**.
  （エクアドルの首都キトは赤道直下の都市である）

> equator は [equate（[地球を南北に]等しく分ける）+ or（もの）] から「赤道」の意味となります。エクアドル（Ecuador）は、スペイン語で「赤道」を意味します。

255 eclipse
[ɪklíps]

名（日食・月食の）食；失墜、衰退
動 ~を失墜させる；~をしのぐ

- でる a solar [lunar] **eclipse**（日食［月食］）
- でる the **eclipse** of the movie star's fame（映画スターの名声の失墜）

> ellipse [ɪlíps]（楕円）と混同しないように注意しましょう。

256 comet
[kɑ́mɪt]

名 彗星

- でる Halley's **comet**（ハレー彗星）

257 meteor
[míːtiər] 発

名 隕石；流星

でる a **meteor** crash（隕石の衝突）

類 □ meteorite [míːtiəràit]
名 隕石

> meteor は専門用語ですが、より身近な言葉としては shooting [falling] star（流れ星）を使います。

258 asteroid
[æstərɔ̀id]

名 小惑星

でる What if an **asteroid** collided with the Earth?
（小惑星が地球に衝突したらどうなるだろうか）

> planet（惑星；《the ~》地球）も覚えておきましょう。

259 constellation
[kànstəléiʃən]

名 星座；集まり

でる the **constellation** (of) Orion（オリオン座）[= the Orion constellation]

> consternation [kànstərnéiʃən]（仰天、驚愕）や constipation [kànstəpéiʃən]（便秘）と混同しないように注意しましょう。

260 axis
[æksis]

名（地球の）地軸；回転軸；（座標の）軸；中心線

でる The earth rotates [turns] on its **axis**.
（地球は軸を中心に回転する⇒地球は自転する）

> axle [æksl]（車軸）と混同しないように注意しましょう。

🎧 72

261 personnel
[pə̀ːrsənél] アク

名 職員、社員；人事部 [課]

でる All hospital **personnel** are required to wear ID badges.
（病院職員は全員、身分証バッジの着用を義務づけられている）

でる the **personnel** department（人事部）
[= the human resources department]

> personal [pə́ːrsənl]（個人の、個人的な）と混同しないように注意しましょう。

サクッと復習テスト

❶ 新しく選ばれた上院議員　　　　a newly-elected _____
❷ 氷山の一角　　　　　　　　　　the tip of the _____
❸ 日食　　　　　　　　　　　　　a solar _____

答え ❶ senator ❷ iceberg ❸ eclipse

---

262 reign
[réin]
名 治世、君臨；支配、統治　**動** 君臨する；支配する

でる during the **reign** of Henry VIII（ヘンリー8世の治世中に）
でる His **reign** as king only lasted a decade.
（彼の王としての統治は10年間しか続かなかった）

> reign と rain（雨）、rein（手綱；統制力；～を抑制する）は同音語です。

263 fury
[fjúəri]
名 激怒、憤激；猛威

でる He was beside himself with **fury**.（彼は激怒のあまり我を忘れていた）

派 □ furious **形** 激怒した；猛烈な

> fury は rage よりも意味合いが強く、「抑えきれないほどの狂気じみた怒り」を意味する語です。

264 conceit
[kənsíːt]
名 うぬぼれ、思い上がり

でる He is full of **conceit**.（彼はうぬぼれが強い）

派 □ conceited **形** うぬぼれの強い、思い上がった
反 □ humility **名** 謙虚、謙遜
　 □ modesty **名** 謙虚、謙遜

265 vigor
[vígər]
名 活力；元気；力強さ

でる restore economic **vigor**（経済力を回復させる）
でる work with **vigor**（元気よく働く）

派 □ vigorous **形** 活発な；元気な

266 folly
[fáli]
名 愚行；愚かさ

でる commit a **folly**（馬鹿なことをする）
でる the height of **folly**（愚の骨頂）

267 legislation
[lèdʒisléiʃən]

名 立法；法律

でる the power of **legislation**（立法権）
でる the **legislation** on health care（医療に関する法律）

派 □ legislative 形 立法の
　□ legislate 動 〜を法制化する
　□ legislature 名 議会、立法府

> 立法 (legislation)、行政 (administration)、司法 (judicature [jurisdiction]) の「三権分立」も覚えておきましょう。

268 foresight
[fɔ́ːrsàit]

名 先見の明、洞察力；見通し、予感

でる have [lack] **foresight**（先見の明がある [ない]）

反 □ hindsight 名 後知恵

269 expertise
[èkspərtíːz]

名 専門的知識 [技能]；(専門家の) 助言

でる have **expertise** in family law（家族法の専門知識を持つ）

派 □ expert 名 専門家 形 専門家の

270 correlation
[kɔ̀ːrəléiʃən]

名 相関関係、相互関係

でる a **correlation** between A and B（AとBの相関関係）

派 □ correlate 動 (〜と) 関連がある、相関する（with）

🎧 73

271 solitude
[sɑ́lətjùːd]

名 孤独、寂しさ；僻地

でる live in **solitude**（孤独に [ひっそりと] 暮らす）

派 □ solitary 形 単独の；唯一の；孤独を好む；人里離れた

272 odor
[óudər] 発

名 (嫌な) におい、臭気

でる offensive body **odor**（不快な体臭）

派 □ odorous 形 においのする
　□ odorless 形 無臭の

> order [ɔ́ːrdər] と混同しないように注意しましょう。

273 fraction
[frǽkʃən]

名 **ごく一部、ほんの少し**；断片；**分数**

- でる a **fraction** of land（わずかな土地）
- でる calculate **fractions**（分数の計算をする）

派 □ fractional　形 わずかな；分数の

> 「小数」は decimal [désəməl] と言います。

274 grievance
[grí:vəns]

名 **不満、不平**

- でる have a **grievance** against ~（~に不満[不平]を抱く）

> grievous（悲痛な；重大な）と混同しないように注意しましょう。

275 commencement
[kəménsmənt]

名 《米》**卒業式、学位授与式**；開始、始まり

- でる give the **commencement** address [speech]（卒業式のスピーチをする）

派 □ commence　動 ~を開始する；始まる
類 □ graduation　名 卒業；卒業式
　□ beginning　名 開始、始まり

> graduation は graduate [grade（学位）+ ate（取る）] の名詞形で、日本の卒業[業（ぎょう）を卒（終える）]に近いニュアンスを持つ語と言えます。一方、commencement は「新しい旅立ち」というニュアンスを持つ語です。視点の相違が興味深いですね。

276 precaution
[prikɔ́:ʃən]

名 **予防措置[対策]、（事前の）用心**

- でる take **precautions** against ~（~に対して予防措置[対策]を講ずる）
- でる if proper **precautions** are taken（適切な予防策を講じれば）

派 □ precautionary　形 予防（上）の

> precaution は [pre（予め、以前の）+ caution（注意、用心）] から「予防措置[対策]」の意味となります。

277 fortnight
[fɔ́:rtnàit]

名 **2週間**

- でる almost a **fortnight** ago（ほぼ2週間前に）

> fortnight は主にイギリスで用いられ、アメリカでは通例 two weeks が用いられます。fortnight の fort は fourteen が詰まった形で、語源は fourteen nights（14夜）です。

278 drudgery
[drʌ́dʒəri]

名 退屈な重労働、単調な骨折り仕事

でる household **drudgery**（骨の折れる家事労働⇒家事雑事）

派 □ drudge 名（つまらない仕事を）こつこつやる人 動 こつこつと仕事をする

279 attorney
[ətə́ːrni] 発

名 弁護士；法定代理人

でる consult an **attorney**（弁護士に相談する）

類 □ lawyer 名 弁護士

280 particle
[pɑ́ːrtikl]

名 粒子、小片；素粒子

でる **particles** of dust（ほこりの粒子、粉塵）

でる **particle** physics（素粒子物理学）

🎧 74

281 hydrogen
[háidrədʒən] 発

名 水素

でる a **hydrogen** bomb（水素爆弾⇒水爆）[= an H-bomb]

> oxygen（酸素）と nitrogen（窒素）も覚えておきましょう。

282 surge
[sə́ːrdʒ]

名 急増、急騰；(感情の) 急な高まり；殺到 動 急上昇する；(波が) 打ち寄せる；(感情が) 込み上げる (up)

でる a **surge** in sales（販売 [売り上げ] の急増）

でる a sudden **surge** of joy（喜びの急な高まり）

283 remorse
[rimɔ́ːrs]

名 自責の念、深い後悔、良心の呵責

でる feel no **remorse**（自責の念 [良心の呵責] を全く感じない）

派 □ remorseful 形 後悔して；悔恨の
　□ remorseless 形 容赦のない；残忍な
類 □ regret 名 後悔；遺憾の意

284 proposition
[prɑ̀pəzíʃən]

名 提案；主張；命題

でる make a **proposition**（提案をする）

でる consider the **proposition** that ~（~という主張を検討する）

派 □ proposal 名 提案、申し出；結婚のプロポーズ

サクツと復習テスト

❶ 彼はうぬぼれが強い。　　　　He is full of ＿＿＿＿＿.
❷ AとBの相関関係　　　　　　a ＿＿＿＿＿ between A and B
❸ 弁護士に相談する　　　　　　consult an ＿＿＿＿＿

答え：❶ conceit　❷ correlation　❸ attorney

---

285 friction
[fríkʃən]

名 摩擦；あつれき、不和

- でる the trade **friction** between the two countries（両国間の貿易摩擦）
- でる **friction** with his parents（彼の親とのあつれき[不和]）

fraction（ごく一部；断片；分数）と混同しないように注意しましょう。

---

286 sphere
[sfíər]

名 領域、分野；範囲；球（体）

- でる the Western cultural **sphere**（西洋文化圏[領域]）
- でる my main **sphere** of activity（私の主な活動範囲）

派 □ spherical **形** 球形の；球の

hemisphere（半球）も覚えておきましょう。[hemi（半分）＋ sphere（半球）]が語源です。the Northern [Southern] Hemisphere（北[南]半球）の形でよく出ます。

---

287 throng
[θrɔ́ːŋ]

名 群衆；多数　**動** ～に群がる、殺到する

- でる the **throng** of demonstrators（デモ参加者の群れ）
- でる a **throng** of questions（多数の質問）

---

288 longevity
[lɑndʒévəti]

名 長生き、寿命、長寿

- でる Japan has the world's highest **longevity** rate.
（日本は世界一の長寿国である）

類 □ life-span **名** 寿命

life expectancy（平均余命）も覚えておきましょう。

289 ethic
[éθik]

名 倫理、道徳；《~s》倫理規範；《~s》倫理学

でる a strong work **ethic**（確固とした労働倫理、強い勤労意欲）
でる medical **ethics**（医療倫理）

派 □ ethical 形 倫理的な、道徳的な
□ unethical 形 非倫理的な、非道徳的な

> ethnic（民族の、民族的な）と混同しないように注意しましょう。

290 acclaim
[əkléim]

名 称賛、絶賛　動 ~を称賛する

でる receive international **acclaim**（世界的な称賛[国際的な評価]を得る）

派 □ acclamation 名 歓呼、喝采
類 □ praise 名 称賛；賛美　動 ~を称賛する；~を賛美する
□ accolade [ǽkəlèid] 名 称賛、絶賛；賞、栄誉

🎧 75

291 self-sufficiency
[sèlfsəfíʃənsi]

名 自給自足

でる improve self-**sufficiency** in food production
（食料自給（率）を高める）

派 □ self-sufficient 形 自給自足できる
□ sufficient 形 十分な

292 momentum
[mouméntəm]

名 勢い、はずみ、推進力；運動量

でる gain [gather] **momentum**（勢いを増す、はずみがつく）

> memento [məméntou]（記念品；形見）と混同しないように注意しましょう。

293 analogy
[ənǽlədʒi]

名 類似性[点]；類推

でる explain the **analogies** between *A* and *B*
（A B間の類似性[点]について説明する）
でる on the **analogy** of ~（~から類推して）[= by the analogy with [to] ~]

派 □ analogous 形（~に）類似した（to/with）
□ analog [ǽnəlɔ̀ːg] 名 類似物　形 アナログ式の
類 □ likeness 名 類似（性）
□ similarity 名 類似（性）
□ resemblance 名 類似（性）

294 pretext
[príːtekst]
名 口実、名目、言い訳

- provide a **pretext** for ~ (~に対する口実を与える)
- on [under] the **pretext** of ~ (~という口実 [名目] で)

295 abbreviation
[əbrìːviéiʃən]
名 略語、省略形

- TV is the **abbreviation** for television.
 (TV は television の略語 [省略形] である)[= TV is short for television.]

派 □ abbreviate 動 ~を省略する、短縮する

296 deficit
[défəsit]
名 赤字；不足；損失；欠陥

- a trade [budget] **deficit** (貿易 [財政] 赤字)
- move from **deficit** to surplus (赤字から黒字へ転じる)
- **deficit** in [of] oil (石油不足)[= a shortage of oil]

類 □ deficiency 名 不足；欠陥
反 □ surplus 名 黒字；余剰　形 余った

297 hassle
[hǽsl]
名 面倒、煩わしいこと；言い争い
動 ~を困らせる；(~と) 口論する (with)

- It's a **hassle** to go there. (そこに行くのは面倒だ)
- Don't **hassle** me. (困らさないでくれ、邪魔しないでくれ)

hustle [hʌ́sl] (~を乱暴に押す；急ぐ；頑張る、ハッスルする；喧噪)と混同しないように注意しましょう。

298 retrospect
[rétrəspèkt]
名 回顧、回想、追想

- in **retrospect** (今にして思えば、振り返ってみると)

派 □ retrospective
形 回顧的な；遡及的な
名 回顧展

retrospect は [retro (後方へ、元へ) + spect (よく見る)] から「回顧、追想」の意味となります。

299 complexion
[kəmplékʃən]
名 顔色、肌の色；様子、様相

- have a fair **complexion** (色白である)

300 maxim [mǽksim]
名 格言、金言；処世術

でる as the **maxim** says（格言にもあるように）

類 □ proverb **名** 格言、諺

> maximum（最大限の；最大限度）と混同しないように注意しましょう。

301 leaflet [líːflit]
名 ちらし、ビラ；小冊子

でる hand out **leaflets** on the street（通りでちらし [ビラ] を配る）

類 □ flyer (= flier) **名** ちらし、ビラ；小冊子；パイロット；飛行機の乗客

302 brochure [brouʃúər]
名（広告・宣伝などの）パンフレット、冊子

でる a free **brochure**（無料パンフレット）

類 □ pamphlet **名** パンフレット、冊子
□ booklet **名** パンフレット、冊子

303 petroleum [pətróuliəm]
名 石油

でる the price of **petroleum**（石油の価格）

派 □ petrol [pétrəl] **名**《英》ガソリン

> petrochemical（石油化学の；石油化学製品）も覚えておきましょう。

304 slaughter [slɔ́ːtər]
名 大量殺戮、大虐殺；（家畜の）食肉処理、畜殺
動 ～を大量に殺す；～を解体処理する

でる massive human **slaughter**（人間の大量殺戮 [大虐殺]）
でる **slaughter** whales and dolphins（くじらやイルカを屠殺 [解体] する）

類 □ genocide **名** 大虐殺、集団虐殺

> manslaughter（故殺、過失致死罪）も覚えておきましょう。

305 jury [dʒúəri]
名 陪審；陪審（員）団

でる trial by **jury**（陪審裁判）
でる the members of the **jury**（陪審団の構成員）

派 □ juror **名** 陪審員

サクッと復習テスト

❶ 両国間の貿易摩擦　　the trade _____ between the two countries
❷ 勢いを増す　　　　　gain _____
❸ 今にして思えば　　　in _____

答え　❶ friction　❷ momentum　❸ retrospect

306 verdict [və́ːrdikt]
名 **(陪審による) 評決**；判断、意見

でる reach a unanimous **verdict** (全員[満場]一致の評決に至る)

> plaintiff (原告) と defendant (被告) も覚えておきましょう。

307 sexism [séksizm]
名 **(特に女性に対する) 性差別 (主義)**

でる eradicate **sexism** in language (言葉における性差別を根絶[撲滅]する)

派 □ sexist 名 性差別主義者　形 性差別主義者の

308 epidemic [èpədémik]
名 **伝染病；流行、蔓延**　形 伝染性の；流行の、はやりの

でる prevent the **epidemic** from spreading (伝染病が広がるのを防ぐ)
でる the global **epidemic** of AIDS (AIDSの世界的な蔓延)

> endemic (風土性の、ある地域に特有の) と混同しないように注意しましょう。

309 plague [pléig] 発
名 **疫病、伝染病**　動 **～を苦しめる、悩ます**

でる the worst **plague** in history (史上最悪の疾病)
でる He is **plagued** by a huge debt. (彼は膨大な借金で苦しんでいる)

> plague は、epidemic (伝染病) の中でも多くの死者を出す致命的な伝染病のことを言います。

310 nursery [nə́ːrsəri]
名 **保育園**；託児所；子供部屋　形 **幼児の**

でる a **nursery** school (保育園) [= a preschool]
でる sing **nursery** rhymes (童謡[わらべ歌]を歌う)

> nursing home (老人ホーム) と混同しないように注意しましょう。

311 verse
[və́ːrs]
- 名 韻文（体）;（集合的に）詩;（聖書の）節
- でる Almost the entire play is written in **verse**.
(その脚本のほとんどすべてが韻文で書かれている)
- 派 □ versed 形（〜に）精通［熟達］した（in）

312 prose
[próuz]
- 名 散文（体）
- でる a famous **prose** poem（有名な散文詩）
- 派 □ prosaic
  形 散文体の；平凡な；退屈な

散文（prose）とは、韻律や句法にとらわれずに書かれた普通の文体のことを言います。

313 bystander
[báistændər]
- 名 傍観者、居合わせた人、見物人
- でる an innocent **bystander**
（無実の傍観者、たまたま居合わせた人、事件とは全く関係のない第三者）
- 類 □ onlooker 名 傍観者、見物人

314 terminology
[tə̀ːrmənálədʒi]
- 名（集合的に）専門用語
- でる use medical **terminology**（医学用語を用いる）
- 派 □ terminological 形 術語の、用語（上）の
- 類 □ technical terms 専門用語

315 hallmark
[hɔ́lmὰːrk]
- 名 顕著な特徴、特質；品質証明
- でる have all the **hallmarks** of 〜（〜の顕著な特徴をすべて持っている）

316 obsession
[əbséʃən]
- 名 強迫観念、妄想；執着、こだわり
- でる an unconquerable **obsession**（克服できない強迫観念）
- でる an **obsession** with money（金への執着）
- 派 □ obsessed 形（〜に）取り付かれた（with）
- □ obsessive 形 異常なほどの；強迫的な

317 discourse
[dískɔːrs]
- 名 談話；講演
- 動 [diskɔ́ːrs]（長々と）論ずる；（〜と）話す（with）
- でる a **discourse** analysis of 〜（〜の談話分析）
- でる give a **discourse** on modern literature（近代文学について講演する）

318 anecdote
[ǽnikdòut]

名 逸話、秘話

でる a touching **anecdote**（感動的な逸話）

派 □ anecdotal 形 逸話の；事例に基づく

> antidote（解毒剤；対抗［防御］手段）と混同しないように注意しましょう。

319 gist
[dʒíst]

名 要点、主旨、骨子

でる get [understand] the **gist** of the story（話の要点をつかむ［理解する］）

320 connotation
[kὰnətéiʃən]

名 含意、言外の意味、暗示的意味；内包

でる have a negative **connotation**（否定的な含意［含み］がある）

派 □ connote 動 ～を含意する、暗示する
類 □ implication 名 言外の意味、含意；影響
反 □ denotation 名 （語の）明示的意味；外延

🎧 78

321 stature
[stǽtʃər]

名 身長；名声；水準

でる He is of short **stature**.（彼は背が低い）[= He has a short stature.]
でる gain international **stature**（国際的名声を得る）

> statue（彫像）や statute（法令；規則）と混同しないように注意しましょう。

322 facet
[fǽsit]

名 面、側面、様相；（宝石の）小平面

でる every **facet** of ～（～のあらゆる側面［様相］）

類 □ phase [xxxx] 名 面、様相；段階

> faucet [fɔ́ːsit]（蛇口）と混同しないように注意しましょう。

323 molecule
[mάləkjùːl]

名 分子

でる a water **molecule**（水の分子）

派 □ molecular [məlékjulər] 形 分子の

> 「原子」は atom と言います。

324 diameter
[daiǽmətər]
名 直径

でる The **diameter** is twice the radius.（直径は半径の2倍である）

radius（半径）と circumference [sərkʌ́mfərəns]（円周）も覚えておきましょう。

325 geometry
[dʒiámətri]
名 幾何学

でる He has little interest in **geometry**.
（彼は幾何学にほとんど興味［関心］がない）

派 □ geometric 形 幾何学の
　□ geometrician 名 幾何学者

algebra（代数学）も覚えておきましょう。

326 ailment
[éilmənt]
名（慢性的な）病気

でる suffer from a stomach **ailment**（胃腸障害に苦しむ［を患う］）

派 □ ail 動（病気を）患う；～を苦しめる
　□ ailing 形 病んでいる；不況の

327 calamity
[kəlǽməti]
名 災難、惨事；不幸、苦難

でる protect against natural **calamities**（自然災害に備える）

派 □ calamitous 形 災難をもたらす、悲惨な
類 □ disaster 名 災難、災害、惨事；不幸

328 sermon
[sə́ːrmən]
名（教会での）説教；小言

でる listen to the **sermon** in the church（教会で説教を聞く）
でる the **Sermon** on the Mount（山上の垂訓）[新約聖書マタイ伝第5章～7章]

salmon [sǽmən]（鮭）と混同しないように注意しましょう。

329 creed
[kríːd]
名（宗教上の）信条、教義；信念

でる people of all races, colors, and **creeds**
（あらゆる人種、肌色、信条を持った人々）

類 □ credo [kríːdou] 名（宗教上の）信条、教義

サクッと復習テスト

1. 全員一致の評決に至る　　　reach a unaminous ＿＿＿＿
2. 感情的な逸話　　　　　　　a touching ＿＿＿＿
3. 水の分子　　　　　　　　　a water ＿＿＿＿

答え ① verdict ② anecdote ③ molecule

---

330 asylum
[əsáiləm]

名 **亡命、庇護**；保護施設；避難所

でる seek political **asylum**（政治的亡命［庇護］を求める）

331 comrade
[kάmræd] 発

名 **（苦楽を共にした）仲間**

でる become **comrades** in arms（戦友になる）

派 □ comradeship 名 仲間関係、仲間意識

332 reverence
[révərəns]

名 **敬意、尊敬** 動 ～を崇拝する

でる speak with **reverence**（敬意を持って話す）

派 □ reverent 形 うやうやしい、敬虔な
　□ reverend 名 牧師 形 尊敬すべき

333 solidarity
[sὰlədǽrəti]

名 **団結、結束、連帯**

でる show team **solidarity**（チームの団結［結束］を示す）

派 □ solid 形 固体の；しっかりした 名 固体
　□ solidify 動 ～を固める；～を団結［結束］させる

334 resentment
[rizéntmənt]

名 **憤慨、恨み**

でる harbor [bear] **resentment** against ～
（～に対して憤りを感じる、～に対して恨みを抱く）

派 □ resent 動 ～に憤慨する、～を恨む
　□ resentful 形 憤慨した、恨んだ
類 □ bitterness 名 恨み；苦み

335 strait [stréit]
名 海峡;《~s》苦境

でる the Bering **Strait** (ベーリング海峡)
でる in dire **straits** (ひどい苦境[大変な窮地]に陥って)

> strait と straight (まっすぐな;連続した)は同音語です。

336 allegiance [əlí:dʒəns] 発
名 忠誠;忠義;献身

でる pledge **allegiance** to ~ (~に忠誠を誓う)

派 □ allegiant 形 忠実な

> アメリカ人が国旗(星条旗)に向かって右手を左胸に当てて斉唱する「忠誠の誓い」は、the Pledge of Allegiance と言います。

337 inventory [ínvəntɔ̀:ri] ア
名 在庫(品);備品目録

でる check the **inventory** (在庫を調べる)

類 □ stock 名 在庫(品)

> inventor (発明家)や invention (発明)と混同しないように注意しましょう。

338 catastrophe [kətǽstrəfi] 発
名 大惨事、大災害;壊滅状態;大失敗

でる prevent a nuclear **catastrophe** (核の大惨事を防ぐ)

派 □ catastrophic 形 大惨事の;壊滅的な

339 adversary [ǽdvərsèri] ア
名 敵、敵国;対戦相手 形 敵対者の、対立する

でる a longtime **adversary** of ~ (~の長年の敵対者)

派 □ adversarial [ædvərsɛ́əriəl] ア
　　形 敵対者の、対立する
　□ adverse [ædvə́:rs | ǽdvə:rs] 形 逆の;不利な

> adversity [ædvə́:rsəti] (逆境;災難)と混乱しないように注意しましょう。

340 introvert [íntrəvə̀:rt]
名 内向的な人 形 内向的な

でる She is an **introvert**. (彼女は内向的な人だ)[= She is introvert(ed).]

派 □ introverted 形 内向的な
反 □ extrovert 名 外向的な人 形 外向的な (= extroverted)

341 prototype
[próutətàip]

名 原型、典型；試作品

でる the **prototype** of the fairy tale（そのおとぎ話の原型）

派 □ prototypical　形 原型的な、典型的な

342 scrutiny
[skrú:təni]

名 精査、詳細な吟味［検討］

でる The system is now under **scrutiny**.（そのシステムは現在精査中である）

でる The proposal needs careful **scrutiny**.
（その提案は入念な吟味［検討］を必要とする）

派 □ scrutinize　動 ～を精査する、細かく吟味する

343 antipathy
[æntípəθi]

名 反感、嫌悪

でる feel **antipathy** to [toward] ～（～に反感を覚える［抱く］）

派 □ antipathetic　形 （～に）反感を持つ、（～を）毛嫌いする（to/toward）

344 morale
[mərǽl]

名 士気、気力、やる気

でる boost [lower] the **morale** of ～（～の士気を高める［くじく］）

moral [mɔ́:rəl]（道徳的な：道徳、モラル）や mortal（死ぬ運命にある）と混同しないように注意しましょう。

345 integrity
[intégrəti]

名 誠実さ、高潔；完全（性）、統合

でる a man of high **integrity**（非常に誠実な［高潔な］男）

でる ensure the **integrity** of ～（～の完全性を確保する）

派 □ integral　[íntigrəl]　形 不可欠な；完全な　名 積分
　□ integrate　動 ～を統合する、一体化する

346 deadlock
[dédlàk]

名 行き詰まり、手詰まり、膠着状態　動 行き詰まる

でる come to a **deadlock**（行き詰まる）

でる break the **deadlock** of ～（～の行き詰まり［膠着状態］を打開する）

類 □ dead end　行き詰まり、手詰まり

wedlock（婚姻）や bedrock（基盤、根幹；岩盤）と混同しないように注意しましょう。

347 autocrat
[ɔ́:təkræt]

名 **独裁者**；支配者

でる the **autocrat** of the country（その国の独裁者）

派 □ autocratic 形 独裁的な
　□ autocracy 名 独裁政治；独裁主義国家
類 □ dictator 名 独裁者；支配者

348 questionnaire
[kwèstʃənéər] 発

名 **アンケート（用紙）**

でる fill out a **questionnaire**（アンケート用紙に記入する）

類 □ survey [sə́:rvei]
　　名 調査、アンケート；測量

「アンケート」の語源は、調査や質問を意味するフランス語の enquête です。

349 realm
[rélm] 発

名 **領域、分野、部門**；王国

でる in the **realm** of natural science（自然科学の領域で）

350 slur
[slə́:r]

名 **中傷**；不明瞭な口調
動 〜を中傷する；**〜を不明瞭に話す**

でる make a racial **slur**（人種差別的な中傷をする）
でる His speech was **slurred**.
（彼は不明瞭な口調で話した⇒彼はろれつが回らなかった）

slurp（〜を音を立ててすすり飲む）や blur（〜を曖昧にする；〜をぼやけさせる）と混同しないように注意しましょう。

🎧 81

351 detour
[dí:tuər | ditúər]

名 **迂回、回り道** 動 迂回する、遠回りする

でる take [make] a **detour** down to the coast（迂回して海岸へ下る）

352 turmoil
[tə́:rmoil] 🅰

名 **混乱、騒動、動揺**

でる cause political [economic] **turmoil**（政治的［経済的］混乱を引き起こす）

353 animosity
[æ̀nəmɑ́səti]

名 **（激しい）敵意、（強い）憎しみ、恨み**

でる a strong feeling of **animosity**（強い敵意［敵対心］）

類 □ hostility 名 敵意、敵対心
　□ antagonism 名 敵意、敵対心

サクッと復習テスト

❶ 政治的亡命を求める　　　　seek political _____
❷ 〜の士気を高める　　　　　boost the _____ of 〜
❸ アンケート用紙に記入する　　fill out a _____

答え： ❶ asylum　❷ morale　❸ questionnaire

---

354 census
[sénsəs]

名 **国勢調査、人口調査**

でる take a **census**（国勢調査をする）

> consensus（意見の一致、合意）と混同しないように注意しましょう。

355 preface
[préfis]

名 **序文、前書き**　動 **〜の序文を書く**

でる write a **preface** to the book（本の序文を書く）

356 venture
[véntʃər]

名 **冒険的事業**；冒険
動 **〜を危険にさらす**：思い切って〜する

でる establish a joint **venture**（合弁事業を立ち上げる、合弁会社を設立する）
でる Nothing **ventured**, nothing gained.
（危険を冒さなければ何も得られない⇒虎穴に入らずんば虎児を得ず：諺）

> venture は adventure の頭音（ad の部分）が消失した語です。

357 ordeal
[ɔːrdíːəl]

名 **(厳しい) 試練**

でる a painful **ordeal**（つらい試練）

358 agony
[ǽɡəni]

名 **(肉体的・精神的な) 苦痛、苦悩**

でる die in **agony**（苦悶の中で息絶える）

派 □ agonize 動 (〜で) ひどく苦しむ (over/about)

359 offspring
[ɔ́ːfspriŋ]

名 **子孫**；**子供 (たち)**；結果、所産

でる produce and raise **offspring**（子孫を生み育てる）
でる They had three **offspring**.（彼らには3人の子がいた）

類 □ descendant 名 子孫

360 peasant
[péznt] 発

名 小作農、小作人

でる impoverished **peasants**（貧しい小作農たち）

> pheasant [féznt]（キジ）と混同しないように注意しましょう。

🎧 82

361 hypocrisy
[hipákrəsi] ア

名 偽善（行為）

でる It's sheer **hypocrisy**.（それは全くの偽善だ）

派 □ hypocrite [hípəkrit] ア 名 偽善者
　□ hypocritical 形 偽善の、偽善的な

362 credibility
[krèdəbíləti]

名 信頼性、信憑性

でる lack **credibility**（信頼性［信憑性］に欠ける）

派 □ credible 形 信用できる、信憑性のある

363 petition
[pətíʃən]

名 請願（書）、嘆願（書）　動 ～を請願する、嘆願する

でる sign a **petition** for the humanitarian aid project
（人道支援プロジェクトを求める請願書［嘆願書］に署名する）

> 「～を求める」請願書の場合は petition の後に前置詞 for を、「～に反対する」請願書の場合は前置詞 against を用います。

364 backlash
[bǽklæʃ]

名 （～に対する）反発、反感（against）；反動、跳ね返り

でる a **backlash** against radical reform policies
（抜本的な改革政策に対する反発）

> backwash（逆流；余波）と混同しないように注意しましょう。

365 countenance
[káuntənəns]

名 顔つき、表情　動 ～を容認する、黙認する

でる a puzzled **countenance**（困惑した顔つき［表情］）

366 oblivion
[əblíviən]

名 忘却、忘れ去られること

でる fall [sink] into **oblivion**（世間から忘れ去られる、忘却の淵に沈む）

派 □ oblivious **形** （～に）気づかない、忘れて（to/of）

367 cuisine
[kwizíːn]

名 料理（法）；食事

でる That restaurant serves excellent French **cuisine**.
（あのレストランは素晴らしいフランス料理を出す）

368 reptile
[réptail]

名 爬虫類

でる Snakes, lizards, and turtles are all **reptiles**.
（ヘビ、トカゲ、カメはすべて爬虫類だ）

> mammal（哺乳類）と amphibian（両生類）も覚えておきましょう。

369 proficiency
[prəfíʃənsi]

名 熟達、熟練、堪能

でる language **proficiency**（言語熟達度⇒言語運用能力）

でる an English **proficiency** test
（英語の熟達度テスト⇒英語実力テスト、英語検定試験）

派 □ proficient **形** 熟達［熟練］した、堪能な

370 constituent
[kənstítʃuənt]

名 選挙区民、有権者；構成要素、成分

でる receive favorable support from **constituents**
（選挙区民［有権者］の好意的な支持を受ける）

派 □ constituency **名** 選挙区；（集合的に）選挙区民、有権者

371 segregation
[sègrigéiʃən]

名 （人種）差別、隔離；分離

でる racial **segregation**（人種差別、人種隔離）

派 □ segregate **動** ～を差別する、隔離する；～を分離する
反 □ integration **名** 人種差別撤廃；統合、統一、一体化

372 latitude
[lǽtətjùːd]
名 緯度；自由、余裕

- でる a **latitude** of 35 degrees north（北緯35度）
- でる education with **latitude**（ゆとり教育）

派 □ latitudinal 形 緯度の

> longitude（経度）と longitudinal（経度の；長期的な）も覚えておきましょう。

373 mindset
[máindsèt]
名 考え方、物の見方

- でる You need to change your **mindset**.
  （考え方［思考］を切り替える必要がある⇒発想の転換が必要だ）

374 outskirts
[áutskə̀ːrts]
名 郊外、町はずれ

- でる travel to the **outskirts** of Barcelona（バルセロナの郊外を訪れた）
- でる a hotel located on the **outskirts** of town
  （市の郊外［はずれ］にあるホテル）

> 日本語では同じ「郊外」と訳される語であっても、outskirts は「市内」、suburb は「市外」を指します。

375 synthesis
[sínθəsis]
名 統合、総合；合成

- でる a **synthesis** of science and religion（科学と宗教の統合）
- でる the **synthesis** of tissues（組織の合成）

派 □ synthesize 動 ～を総合［統合］する；～を合成する

376 remnant
[rémnənt]
名 残り物；遺物、残骸；名残、面影；生存者

- でる the **remnants** of food（食べ物の残り物⇒食べ残し）
- でる **remnants** from the Jurassic period（ジュラ紀の遺物）

377 credential
[kridénʃəl]
名 資格証明書、認定書；実績、業績；信任状

- でる look over his **credentials**（彼の資格証明書に目を通す）
- でる her **credentials** as a public health expert
  （公衆衛生の専門家としての彼女の実績［業績］）

派 □ credence 名 信用、信頼

> credential は多くの場合、複数形で用いられます。

サクッと復習テスト

❶ 国勢調査をする — take a _____
❷ 困惑した顔つき — a puzzled _____
❸ 北緯35度 — a _____ of 35 degrees north

答え ❶ census ❷ countenance ❸ latitude

---

378 erosion
[iróuʒən]

名 **浸食**；腐食；衰退

でる wind **erosion**（風による浸食⇒風食）

派 □ erode 動 ～を浸食する；～を腐食させる
　□ erosive 形 浸食性の；腐食性の
類 □ corrosion 名 腐食（作用）；さび

379 myriad
[míriəd]

名 **無数**　形 **無数の**

でる a **myriad** of stars in the universe（宇宙にある無数の星）
　［= myriads of stars in the universe］

でる deal with **myriad** challenges（無数の課題に対処する）

380 archaeology
[à:rkiálədʒi] 発

名 **考古学**

でる publications on **archaeology**（考古学に関する出版物）

派 □ archaeological 形 考古学（上）の
　□ archaeologist 名 考古学者

381 irrigation
[ìrəgéiʃən]

名 **灌漑**；（傷口などの）洗浄

でる water for **irrigation**（灌漑用水）

派 □ irrigate 動 ～を灌漑する、～に水を引く

> irritation（苛立ち；炎症）と混同しないように注意しましょう。

382 cohesion
[kouhí:ʒən]

名 **団結、まとまり**；結合、密着；凝集性

でる family **cohesion**（家族の団結）

派 □ cohesive 形 団結した；密着した；凝集性の

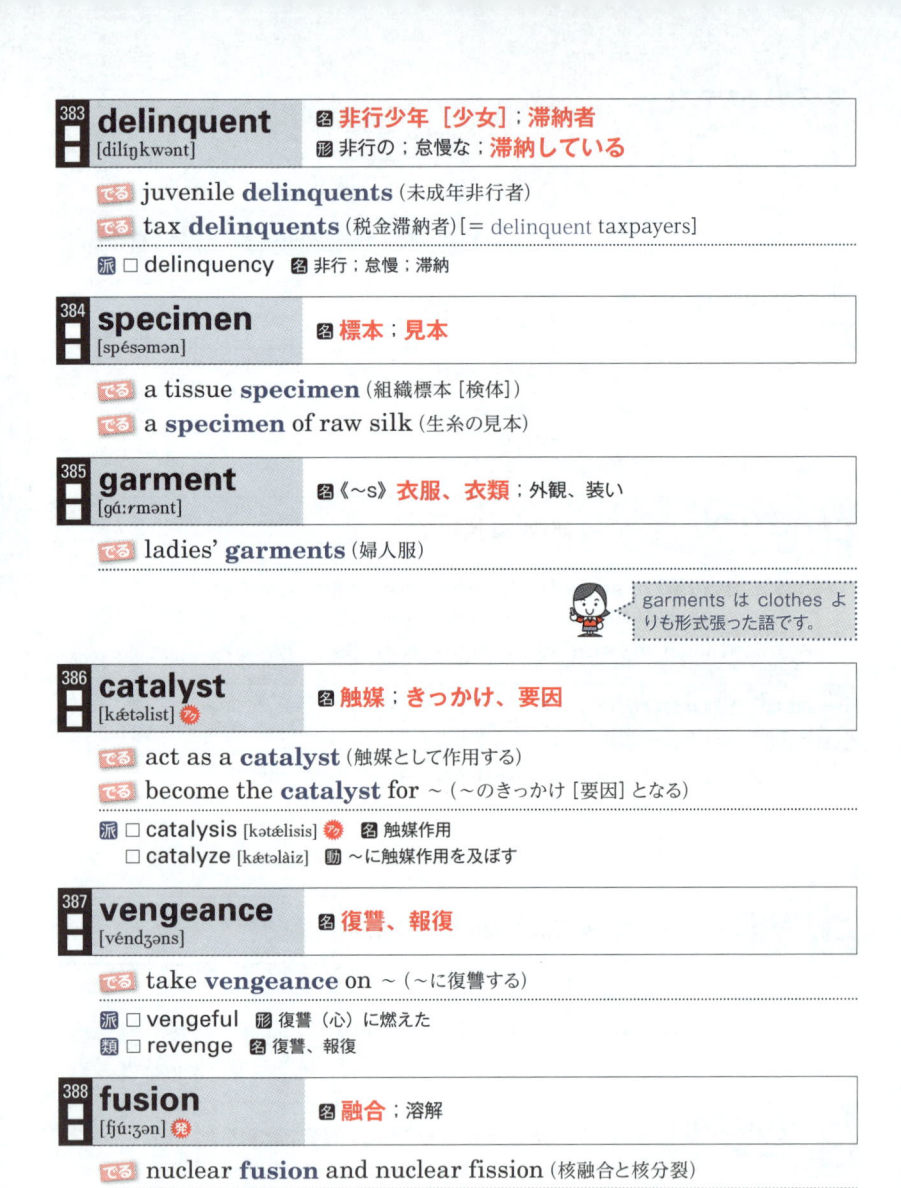

383 delinquent
[dilíŋkwənt]
- 名 非行少年 [少女]；滞納者
- 形 非行の；怠慢な；滞納している

- でる juvenile **delinquents**（未成年非行者）
- でる tax **delinquents**（税金滞納者）[= delinquent taxpayers]
- 派 □ delinquency 名 非行；怠慢；滞納

384 specimen
[spésəmən]
- 名 標本；見本

- でる a tissue **specimen**（組織標本 [検体]）
- でる a **specimen** of raw silk（生糸の見本）

385 garment
[gá:rmənt]
- 名 《～s》衣服、衣類；外観、装い

- でる ladies' **garments**（婦人服）

> garments は clothes よりも形式張った語です。

386 catalyst
[kǽtəlist]
- 名 触媒；きっかけ、要因

- でる act as a **catalyst**（触媒として作用する）
- でる become the **catalyst** for ～（～のきっかけ [要因] となる）
- 派 □ catalysis [kətǽlisis] 名 触媒作用
  □ catalyze [kǽtəlàiz] 動 ～に触媒作用を及ぼす

387 vengeance
[véndʒəns]
- 名 復讐、報復

- でる take **vengeance** on ～（～に復讐する）
- 派 □ vengeful 形 復讐（心）に燃えた
- 類 □ revenge 名 復讐、報復

388 fusion
[fjú:ʒən]
- 名 融合；溶解

- でる nuclear **fusion** and nuclear fission（核融合と核分裂）
- 反 □ fission 名 分裂

389 atheist
[éiθiist]
名 無神論者

でる He calls himself an **atheist**. (彼は自らを無神論者と呼んでいる)

派 □ atheistic 形 無神論(者)の
□ atheism 名 無神論

390 whim
[hwím]
名 思いつき、気まぐれ

でる I went to the beach on a **whim**. (ふと思いつきで海辺に行った)

派 □ whimsical 形 奇抜な、突飛な;気まぐれな

391 conjecture
[kəndʒéktʃər]
名 推測、憶測　動 ～を推測する、憶測する

でる It's only a **conjecture**. (それはただの推測に過ぎない)

派 □ conjectural 形 推測上の、憶測上の
類 □ guesswork 名 当て推量、当てずっぽう

> conjecture には「不確実な情報、不十分な証拠から推測[憶測](する)」というニュアンスがあります。

392 parameter
[pəræmətər]
名 限度、限界;媒介変数、パラメーター

でる within [outside] **parameters** (限度内[外]で)

> barometer [bərámitər] (指標、バロメーター;気圧計)や perimeter [pərímətər] (周囲の長さ;周辺)と混同しないように注意しましょう。

393 derivation
[dèrəvéiʃən]
名 由来、起源;語源(研究)

でる What's the **derivation** of the word? (その語[言葉]の由来は何ですか)

派 □ derive 動 ～を(～から)得る(from);(～に)由来する(from)

393 jurisdiction
[dʒùərisdíkʃən]
名 管轄(区域)、権限;司法権、裁判権

でる under the **jurisdiction** of ～ (～の管轄下で)

394 posterity
[pɑstérəti]

名 後世の人々、子孫

でる go down to **posterity**（後世[子々孫々]まで伝わる）

派 □ posterior 形 後の、次の；後部の 名 後部；臀部
反 □ ancestry 名 祖先、先祖；家系

395 ration
[rǽʃən]

名（食料・燃料などの）割り当て量、配給量；《～s》
1日分の食料　動 ～を配給する、分配する；～を制限する

でる food **rations**（食料供給[配給]）
でる on short **rations**（食料不足で、食料を制限されて）

> ratio [réiʃou]（比率、割合）と混同しないように注意しましょう。

396 deforestation
[di:fɔ:ristéiʃən]

名 森林破壊、森林伐採、森林減少

でる combat **deforestation** and desertification
（森林破壊および砂漠化と闘う）

派 □ forest 名 森林、山林　動 ～に植林する
　□ forestry 名 林業
　□ forestation 名 植林

> 接頭辞 de- は「分離；下降；否定；反対」などの意味を表します。deforestation は森（forest）としての姿から「分離 (de) ＝かけ離れてしまった」状態 (ation) なので、「森林破壊」という意味になるのです。afforestation（新規植林）と reforestation（再植林）も覚えておきましょう。

397 velocity
[vəlάsəti]

名 速度、速さ

でる the **velocity** of light（光の速度⇒光速）

類 □ speed 名 速度、速さ

398 invoice
[ínvɔis] ア

名 送り状、納品書、明細請求書
動 ～に送り状を送付する

でる There was a mistake in the **invoice**.（送り状に間違いがあった）

399 equation
[ikwéiʒən] 発

名 方程式；考慮すべき要素

でる solve the **equation**（方程式を解く）
でる It is a part of the **equation**.（それは考慮に入れるべき点である）

派 □ equate 動 ～を同等とみなす；一致する

サクッと復習テスト

1. 灌漑用水 — water for _____
2. 未成年非行者 — juvenile _____
3. 森林破壊および砂漠化と闘う — combat _____ and desertification

答え: ① irrigation ② delinquents ③ deforestation

---

400 vicinity
[vɪsínəti]
名 付近、近辺；近接

でる live in the **vicinity** of the beach (海辺の近くに住む)
[= live in proximity to the beach]

類 □ proximity 名 近接；付近

401 sanctuary
[sǽŋktʃuèri]
名 自然保護区；避難所；聖域；神聖な場所

でる a bird **sanctuary** (鳥類保護区)
でる a **sanctuary** for refugees (難民のための避難所)

402 Confucianism
[kənfjúːʃənìzm]
名 儒教

でる **Confucianism** is the teachings of Confucius.
(儒教は孔子の教えである)

派 □ Confucian 形 儒教の、孔子の 名 儒学者

「仏教」は Buddhism と言います。

403 anarchy
[ǽnərki]
名 無政府状態；無秩序、混乱

でる in a state of **anarchy** (無政府状態で)

派 □ anarchism 名 無政府主義
  □ anarchist 名 無政府主義者
  □ anarchistic [ænərkístik] 形 無政府主義の

405 repercussion
[rìːpərkʌ́ʃən]
名 《通例~s》(悪) 影響、反響、余波

でる have severe [serious] **repercussions** on ~ (~に甚大な影響を及ぼす)
でる result in long-term **repercussions** (長期的な影響が出る)

406 abortion
[əbɔ́ːrʃən]

名 妊娠中絶、堕胎；（計画などの）失敗

でる oppose **abortion**（妊娠中絶に反対する）

派 □ abort 動 （計画など）を中止する；（胎児）を妊娠中絶する

407 chromosome
[króuməsòum]

名 染色体

でる a **chromosome** abnormality（染色体異常）

gene（遺伝子）と genome [dʒíːnoum]（ゲノム）も覚えておきましょう。

408 psychiatrist
[sikáiətrist]

名 精神科医

でる see a **psychiatrist**（精神科医にかかる、精神科医に診てもらう）

派 □ psychiatric [sàikiǽtrik]
　　形 精神科の、精神医学の
　□ psychiatry [sikáiətri] 名 精神医学
　□ psychic [sáikik] 形 精神の；心霊の

psychologist（心理学者）と混同しないように注意しましょう。

409 satire
[sǽtaiər]

名 風刺作品 [劇・小説]；風刺、皮肉

でる The play is a **satire** on materialism today.
（その劇は現代の物質主義を風刺した [皮肉った] ものである）

派 □ satirical 形 風刺の、風刺的な
　　　（= satiric）

satire は社会に対する風刺・皮肉、sarcasm は特定個人に対する皮肉を意味します。

410 caricature
[kǽrikətʃər | kǽrikətʃùər]

名 風刺画 [文]、戯画 [文]

でる a harsh **caricature**（辛口の風刺画 [風刺漫画]）

派 □ caricatural [kæ̀rikətʃúərəl] 形 風刺的な

411 foliage
[fóuliidʒ]

名 葉、枝葉、群葉

でる see the beautiful autumn **foliage**（美しい紅葉を見る）

412 residue
[rézədjùː]
名 残留物、残余、残り

- toxic chemical **residues**（有害な化学残留物）
- 派 □ residual 形 残余の、残りの 名 残余、残留物

413 metaphor
[métəfɚr]
名 隠喩、暗喩；（～の）象徴（for）

- "All the world is a stage" is a **metaphor** but "The world is like a stage" is a simile.
  （「全世界は舞台である」は隠喩だが、「世界は舞台のようだ」は直喩である）
- a **metaphor** for knowledge（知識の象徴）
- 派 □ metaphorical 形 隠喩の；比喩的な
  □ metaphorically 副 比喩的に；隠喩的に

> simile [síməli]（直喩）も覚えておきましょう。

414 itinerary
[aitínərèri]
名 旅程（表）、旅行日程

- Can I change my **itinerary** during the trip?
  （旅行中に旅程を変更することはできますか）
- 派 □ itinerant 形 あちこち旅［移動］する 名 遍歴者；放浪者

415 pitfall
[pítfɔːl]
名 落とし穴、危険

- beware the hidden **pitfalls** of ~
  （～の隠れた［思わぬ］落とし穴に気をつける）

416 milestone
[máilstòun]
名 画期的な出来事、重要な事件；道しるべ、里程標

- a **milestone** in the history of ~（～の歴史における画期的な出来事）
- a major **milestone** in my life（自分の人生で大きな節目となる出来事）

> cornerstone（基礎、土台）と混同しないように注意しましょう。

417 ransom
[rǽnsəm]
名 身代金

- demand [pay] a **ransom**（身代金を要求する［払う］）
- release the hostages in return for a **ransom**
  （身代金と引き換えに人質を解放する）

418 plateau
[plætóu] 発
- 名 **停滞期、プラトー期**；高原、台地
- 動 安定水準に達する、横ばい [水平] 状態になる

でる reach a **plateau**（停滞期に達する、頭打ちになる）

419 discrepancy
[diskrépənsi]
- 名 **食い違い、矛盾、不一致**

でる There is a **discrepancy** between *A* and *B*.
（AB間には食い違い [矛盾] がある）

派 □ discrepant 形 食い違う、矛盾する
類 □ contradiction 名 食い違い、矛盾；反対、否定

420 disparity
[dispǽrəti]
- 名 **格差、差異、不等、不均衡**

でる the wage **disparity** between men and women（男女間の賃金格差）

派 □ disparate [díspərət] 形 全く異なる、共通点のない

🎧 88

421 vertebrate
[və́ːrtəbrət]
- 名 **脊椎動物** 形 脊椎動物の

でる An octopus is not a **vertebrate** but an invertebrate.
（タコは脊椎動物ではなく、無脊椎動物である）

派 □ vertebra 名 脊椎（骨）
反 □ invertebrate 名 無脊椎動物
　　　　　　　　　形 無脊椎動物の

> spine（脊柱）= backbone（背骨）も覚えておきましょう。spine は backbone よりもフォーマルな専門用語です。

422 spectrum
[spéktrəm]
- 名 **範囲、幅、領域**；スペクトル、分光

でる a broad [wide] **spectrum** of ～（広範囲にわたる～）

> spectrum の複数形は spectra [spéktrə] または spectrums です。

423 aftermath
[ǽftərmæθ]
- 名 **余波、影響**；直後の時期

でる in the **aftermath** of the earthquake
（その地震の余波を受けて／その地震の直後に）

でる in the **aftermath** of the scandal（そのスキャンダルのあおりを食って）

> in the aftermath of ~（~の余波で；~の直後に）の形がよく出ます。

サクッと復習テスト

1. 妊娠中絶に反対する　　oppose _____
2. 〜の歴史における画期的な出来事　　a _____ in the history of 〜
3. 身代金を要求する　　demand a _____

答え：① abortion　② milestone　③ ransom

---

424 martyr
[mάːrtər] 発

名 殉教者　**動** 〜を殉教させる

- でる early Christian **martyrs**（初期のキリスト教殉教者）
- でる They were **martyred** for their faith.（彼らは信仰を貫き殉教した）
- 派 □ martyrdom **名** 殉教；受難

murder [mə́ːrdər]（殺人；〜を殺害する）と混同しないように注意しましょう。

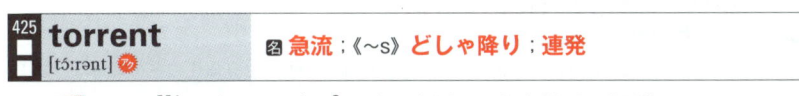

---

425 torrent
[tɔ́ːrənt] ア

名 急流；《〜s》どしゃ降り；連発

- でる a swelling **torrent** of water（増水した奔流[急流・激流]）
- でる It was raining in **torrents**.（激しく[ざあざあ]雨が降っていた）
- でる a **torrent** of criticism（批判のあらし）
- 派 □ torrential **形** 急流の（ような）；猛烈な

---

426 epitome
[ipítəmi] 発

名 縮図、典型；概要、要約

- でる the **epitome** of American society（アメリカ社会の縮図[典型]）
- でる the **epitome** of happiness（幸せそのもの、絵に描いたような幸せ）
- 派 □ epitomize **動** 〜を典型的に示す；〜を要約する

---

427 bail
[béil]

名 保釈；保釈金　**動** 〜を保釈する

- でる The man was released on **bail**.（彼は保釈された）
  [= The man was bailed.]
- 熟 □ bail out 〜　〜を（資金面で）救済する

parole [pəróul]（仮釈放；〜を仮釈放する）も覚えておきましょう。

---

428 felony
[féləni]

名 重罪

- でる commit a **felony**（重罪を犯す）
- 反 □ misdemeanor **名** 軽罪；無作法、不品行

429 threshold
[θréʃhould | θréʃould] 発

名 敷居、戸口；**出発点、発端**；基準、水準；限界

- でる cross the **threshold** of ~（~の敷居をまたぐ、~の中に入る）
- でる at the **threshold** of ~（~の出発点 [発端] に、~の入り口に）

430 metabolism
[mətǽbəlìzm]

名 **(新陳) 代謝、代謝作用、物質交代**

- でる have a high [low] rate of **metabolism**（代謝率が高い [低い]）
- 派 □ metabolic 形 (新陳) 代謝の、物質交代の

「メタボ（＝メタボリック症候群）」は、metabolic syndrome と言います。

431 hypertension
[hàipərténʃən]

名 **高血圧（症）**

- でる one of the main causes of **hypertension**（高血圧の主な原因の1つ）
- 類 □ high blood pressure
- 反 □ hypotension
  名 低血圧（症）(= low blood pressure)

hyper- は「過度の、過剰な」、hypo- は「より低い、より少ない」の意味を表す接頭辞です。

432 malpractice
[mælprǽktis]

名 **医療過誤、医療ミス**；違法 [不正] 行為

- でる a medical **malpractice** lawsuit（医療過誤訴訟）

malpractice は [mal（悪い、ひどい）＋ practice（開業；業務）] から「医療過誤；違法行為」の意味となります。接頭辞 mal- の付いた malfunction（故障、不調）や malnutrition（栄養失調 [不良]）も覚えておきましょう。

433 anatomy
[ənǽtəmi]

名 **解剖（学）；解剖学的構造**；人体

- でる clinical **anatomy**（臨床解剖学）
- でる the **anatomy** of the brain（脳の構造）
- 派 □ anatomical
  形 解剖の、解剖学（上）の
  □ anatomist 名 解剖学者

dissect [disékt|daisékt]（~を解剖する；~を詳しく分析する）も覚えておきましょう。

434 antibiotic
[æ̀ntibaiɑ́tik | æ̀ntaibaiɑ́tik]
名 抗生物質　形 抗生（物質）の

でる take **antibiotics**（抗生物質を服用する）

> 接頭辞 anti- は「抗、反、非、不」などの意味を表します。antibody（抗体、免疫体）と antidote（解毒剤；対抗［防御］手段）も覚えておきましょう。

435 rapport
[ræpɔ́ːr] 発
名 協調関係、信頼関係

でる He has a good **rapport** with his colleagues.
（彼は同僚とよい関係にある）

436 precipitation
[prisìpətéiʃən]
名 降雨、降雪；降水［雨］量；沈殿；軽卒

でる heavy **precipitation**（激しい降雨［降雪］）

派 □ precipitate 動 ～を早める、促進する；～を沈殿させる
類 □ rainfall 名 降雨［量］

437 despot
[déspət] ア
名 独裁者、専制君主、暴君

でる an evil **despot**（邪悪な独裁者［専制君主］）

派 □ despotic 形 独裁的な、専制的な
　□ despotism 名 専制［独裁］政治；独裁

438 culmination
[kʌ̀lmənéiʃən]
名 絶頂、最高点；結果、結末

でる the **culmination** of his life（彼の人生の絶頂［全盛期］）
でる the tragic **culmination** of the play（その劇の悲劇的な結末）

派 □ culminate 動 最高潮に達する；～を完結させる

439 predicament
[pridíkəmənt]
名 苦境、窮地、窮状

でる in a tough **predicament**（厳しい苦境［窮地］に置かれて）

類 □ plight 名 苦境、窮地
　□ quagmire 名 苦境、窮地；ぬかるみ、沼地

サクッと復習テスト

❶ 初期のキリスト教殉教者　　early Christian _____
❷ 医療過誤訴訟　　　　　　　a medical _____ lawsuit
❸ 激しい降雨　　　　　　　　heavy _____

答え ❶ martyrs ❷ malpractice ❸ precipitation

---

440 conspiracy
[kənspírəsi]

名 **陰謀、共謀**

でる a **conspiracy** to overthrow the government
（政府を転覆するための陰謀⇒政府転覆の陰謀）

でる a **conspiracy** theory（陰謀説）

派 □ conspire 動 共謀する、陰謀を企てる

441 stratosphere
[strǽtəsfìər]

名 **成層圏**；非常に高い水準［レベル］

でる reach the **stratosphere**（成層圏に達する）

派 □ stratospheric 形 成層圏の；非常に高い

442 labyrinth
[lǽbərìnθ]

名 **迷宮、迷路**；複雑なこと

でる walk into a **labyrinth**（迷宮に足を踏み入れる）

派 □ labyrinthine [lǽbərínθin] 形 迷宮［迷路］の；複雑に入り組んだ

443 equilibrium
[ìːkwəlíbriəm]

名 **均衡、平衡、釣り合い**

でる maintain the **equilibrium** of ~（~の均衡［バランス］を保つ）

Chapter 3

形容詞・副詞

難関 464

Chapter 3 では形容詞・副詞を取り上げます。形容詞・副詞はものごとの程度や細かな状況を伝えるものですから、文脈を正しく読み解き、正解を導き出すのに非常に役に立ちます。正解率を高めるためにも、しっかりマスターしておきましょう。

92 〜 138

Chapter 3 形容詞・副詞

🎧 92

1. advanced
[ædvǽnst]
形 **先進的な；上級の**

でる **advanced** countries（先進国）
でる **advanced** classes（上級クラス）

派 □ advance 動 前進する；発展する；～を促進する 名 発展、進歩；前進
　□ advancement 名 進歩、向上

2. sound
[sáund]
名 **健全な；適切な**　副 **ぐっすりと**　名 音；調子
動 ～に思える；鳴る

でる A **sound** mind in a **sound** body.（健全な身体に健全な精神が宿る）
でる **sound** advice（適切 [的確] な助言）
でる She is **sound** asleep.（彼女はぐっすり寝ている）

3. heavenly
[hévənli]
形 **天体の、空の；天国の**；素晴らしい

でる **heavenly** bodies（天体）
でる the **heavenly** Father（天の父なる神）

派 □ heaven 名 天国；神；天、空
類 □ celestial [səléstʃəl | səléstiəl] 形 天体の；天国の；素晴らしい
反 □ hellish 形 地獄の（ような）；最悪の

4. crude
[krúːd]
形 **下品な、無作法な；粗末な；天然のままの**

でる use **crude** language（下品な言葉を使う）
でる a **crude** shack（粗末な掘っ立て小屋）
でる **crude** oil（原油）

派 □ crudity 名 下品さ；粗雑さ

5. deadly
[dédli]
形 **致命的な；命にかかわる；全くの**　副 とても、ひどく

でる a **deadly** disease（致命的な [命にかかわる] 病気）
でる **deadly** boredom（全くの退屈）

6 fellow
[félou]

形 **仲間の、同僚の** 名 男、奴；**同僚、仲間**

- でる **fellow** band members（バンド仲間）
- でる my school **fellows**（同級生／同窓生）

7 seasonal
[síːzənl]

形 **季節ごとの、季節的な；特定の季節だけの**

- でる **seasonal** changes（季節的変化）
- でる **seasonal** workers（季節労働者、出稼ぎ労働者）
- 派 □ seasonable 形 季節にふさわしい；時宜を得た

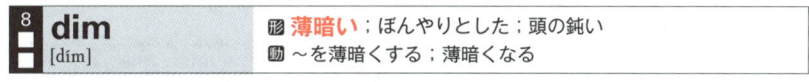

8 dim
[dím]

形 **薄暗い**；ぼんやりとした；頭の鈍い
動 ～を薄暗くする；薄暗くなる

- でる in the **dim** light of the restaurant（レストランの薄暗い照明［光］の中で）
- 派 □ dimly 副 薄暗く；ぼんやりと

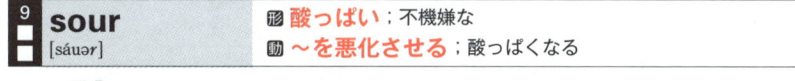

9 sour
[sáuər]

形 **酸っぱい**；不機嫌な
動 **～を悪化させる**；酸っぱくなる

- でる Lemons are **sour**.（レモンは酸っぱい）
- でる **sour** the good relationship（良好な関係を悪化させる）
- 熟 □ sour grapes 負け惜しみ

10 blank
[blǽŋk]

形 **白紙の；ぼかんとした**；空虚な 名 空欄、空所

- でる a **blank** sheet of paper（1枚の白紙）
- でる with a **blank** look（ぼかんとした顔つきで、うつろな表情で）
- 派 □ blankly 副 ぼかんとして、ぼんやりと；きっぱりと

🎧 93

11 specific
[spisífik]

形 **特定の；具体的な、明確な**；特有の
名《～s》詳細、細目

- でる a **specific** location（特定の場所）
- でる Could you be more **specific**?（もう少し具体的に話していただけますか）
- 派 □ specifically 副 特に；明確に；具体的に言うと
  □ specify 動 ～を明確に述べる、明記する、指定［特定］する
- 類 □ particular 形 特定の；特有の
- 反 □ general 形 概略の、大まかな；一般的な

12 damp [dǽmp]

形 **湿気の多い、じめじめした** 名 湿気
動 ～を湿らせる；～をくじく

でる The room is **damp** and smelly.（その部屋は湿気が多く嫌なにおいがする）

派 □ dampen 動 ～を湿らせる；～をくじく（= damp）
　□ dampness 名 湿気（= damp）
類 □ moist 形 湿った

13 holy [hóuli] 発

形 **神聖な、聖なる**；畏敬すべき；敬虔な

でる a **journey** to the Holy Land（聖地への旅）

派 □ sacred [séikrid] 形 神聖な；畏敬すべき
　□ divine [diváin] 形 神聖な；神の；素敵な

holy と wholly（全く、完全に）は同音語です。holiday（休日、祝日）の語源は holy day（神聖な日、聖なる日）で、元々は「安息日」のことを指していました。holly [hɑ́li]（ヒイラギ）と混同しないように注意しましょう。

14 sole [sóul]

形 **唯一の**；単独の 名 足の裏

でる the **sole** survivor of the plane crash
（その飛行機墜落事故の唯一の生存者）

派 □ solely 副 もっぱら、単に

sole と soul（魂）は同音語です。

15 biblical [bíblikəl]

形 **聖書の**；聖書のような；**大規模な**

でる use **Biblical** quotations [quotes]（聖書からの引用を用いる）
でる changes of **biblical** proportions（大規模な変化）

派 □ Bible 名《the ~》聖書；《通例 b-》必読書
反 □ unbiblical 形 非聖書的

unbiblical と umbilical（へその；へその緒 = umbilical cord）を混同しないように注意しましょう。

16 antique [æntíːk] アク

形 **骨董の**；古風な 名 **骨董品**

でる **antique** furniture（骨董家具）
でる a rare **antique**（珍しい骨董品）

派 □ antiquity 名 古代；古さ
　□ antiquated [ǽntikwèitid] 形 時代遅れの、古くさい

サクッと復習テスト

❶ 適切な助言　　　　　　　　　　　＿＿＿＿＿＿＿ advice
❷ 原油　　　　　　　　　　　　　　＿＿＿＿＿＿＿ oil
❸ 1枚の白紙　　　　　　　　　　　a ＿＿＿＿＿＿＿ sheet of paper

答え ❶ sound　❷ crude　❸ blank

---

17 swift [swíft]
形 **迅速な**；即座の；**(〜するのが) 早い**

- a **swift** response（迅速な対応、即答）
- Be **swift** to hear and slow to speak.
（聞くことに速く、語ることに遅くあれ）[新約聖書ヤコブ書]

派 □ swiftly 副 迅速に、素早く

18 naive [nɑːíːv]
形 **世間知らずの、うぶな**；素朴な

- She is so naive.（彼女は本当に世間知らずだ）

派 □ naiveté [nɑːíːvtei] 名 純朴さ；世間知らず（= naivety）

> naive はネガティブな意味で使われることが多い語です。日本語の「ナイーブ」は通常、「繊細な；傷つきやすい」の意味で使われるので、sensitive に近いと言えます。

19 secondary [sékəndèri]
形 **第2の、二次的な、副次的な**

- a **secondary** industry（第二次産業）
- a **secondary** product（二次製品、副産物）

> 「第一次産業」は primary industry、「第三次産業」は tertiary industry と言います。

20 rusty [rʌ́sti]
形 **さびた**；**(能力や技術が) さびついた、下手になった**；色あせた

- step on a **rusty** nail（さびた釘を踏みつける）
- My math is a bit **rusty**.（私の数学の力は少しさびついている）
[= I'm a bit rusty on math.]

派 □ rust 名 さび；さびつき、鈍化

> rustic（田舎の、田園の）と混同しないように注意しましょう。

21 lunar
[lúːnər]

形 月の

でる the **lunar** calendar (太陰暦)

反 □ solar 形 太陽の

> lunatic [lúːnətik] (ひどく馬鹿げた；気の狂った) と混同しないように注意しましょう。

22 amateur
[ǽmətʃùər | ǽmətər] 発

形 アマチュアの、素人の 名 アマチュア、素人

でる an **amateur** astronomer (アマチュア天文家)

でる That golfer is not an **amateur**, but a professional.
(あのゴルファーはアマチュアではなく、プロだ)

派 □ amateurish [ǽmətʃùəriʃ] 形 素人くさい、未熟な
反 □ professional 形 プロの；専門職の 名 プロ（選手）；専門家

23 pregnant
[prégnənt]

形 妊娠している；（〜に）富んだ、満ちた (with)；意味深長な

でる She is three months **pregnant**. (彼女は妊娠3ヶ月です)

でる **pregnant** with humor (ユーモアに満ちた)

派 □ pregnancy 名 妊娠（期間）

> pregnable（攻撃されやすい、弱みのある）や impregnable（難攻不落の、堅固な）と混同しないように注意しましょう。

24 notorious
[noutɔ́ːriəs]

形 （〜で）悪名高い (for)

でる The area is **notorious** for crime. (その地域は犯罪の多いことで有名だ)

派 □ notoriety 名 悪名
類 □ infamous [ínfəməs] 形 （〜で）悪名高い (for)；破廉恥な

25 ample
[ǽmpl]

形 十分な、豊富な；広々とした

でる **ample** time [evidence] (十分な時間[証拠])

でる an **ample** living room (広い居間)

派 □ amplify 動 〜を拡大する、増幅する；〜を詳しく説明する
　□ amplifier 名 アンプ；増幅器

26 rigid
[rídʒid] 発

形 **厳格な、厳重な；柔軟性に欠ける**；固い

でる **rigid** rules（厳格な [厳重な] 規則）
でる a **rigid** attitude（柔軟性のない態度）

派 □ rigidity 名 厳しさ；柔軟性の欠如；硬直

27 sheer
[ʃíər]

形 **全くの；純粋な**

でる It's **sheer** nonsense.（それは全くのたわ言 [愚の骨頂] だ）
でる out of **sheer** curiosity（純粋な [全くの] 好奇心から）

> 同音語の shear（（羊などの毛）を刈る；～を奪い取る；大ばさみ）と混同しないように注意しましょう。

28 durable
[djúərəbl]

形 **耐久性のある、長持ちする**；永続的な

でる These shoes are lightweight but **durable**.
（このシューズは軽量だが、耐久性がある [長持ちする]）

派 □ durability 名 耐久性；永続性
　□ duration 名 継続（時間）

29 infinite
[ínfənət]

形 **限りない、無限の、無数の**

でる in an **infinite** number of ways（無限 [無数] の方法で）

派 □ infinity 名 無限（数）、無限大
類 □ boundless 形 無限の；広大な
反 □ finite [fáinait] 発 形 限りある、有限の

30 tropical
[trɑ́pikəl]

形 **熱帯の、熱帯性の**

でる **tropical** fish（熱帯魚）
でる **tropical** rainforests（熱帯雨林）

派 □ tropic 名《the ～s》熱帯（地方）形 熱帯の

31 arctic
[á:rktik]

形 **北極の**；極寒の 名《the ～》北極地方

でる the **Arctic** Circle（北極圏）

派 □ antarctic 形 南極の 名《the ～》南極地方

> 「南極大陸」は Antarctica と言います。

32 polar
[póulər]

形 **南［北］極の、極地の**；**正反対の**

でる a **polar** expedition（極地探検）

でる Her view is the **polar** opposite of mine.
（彼女の考えは私の考えと正反対だ）

派 □ pole 名 極；棒；正反対
□ polarity 名 両極性；正反対
□ polarize 動 ～を二極化させる；対立する
□ polarization 名 二極化、二分化

33 firsthand
[fə́:rsthænd]

形 **直接の、じかの** 副 **直接に、じかに**

でる have **firsthand** experience of ~（～を直接［じかに］体験する）

でる I saw it **firsthand**.（私はそれをじかに見た［この目で目撃した］）

類 □ at first hand 直接に、じかに

> secondhand（また聞きの；中古の／また聞きで；中古で）も覚えておきましょう。

34 dual
[djú:əl]

形 **二重の**；2の

でる He has **dual** nationality.（彼は二重国籍を持っている）

派 □ dualism 名 二元論

> 同音語の duel（決闘；争い）と混同しないように注意しましょう。

35 botanical
[bətǽnikəl]

形 **植物の**；植物学（上）の

でる a **botanical** garden（植物園）

派 □ botany 名 植物学
□ botanist 名 植物学者

サクッと復習テスト

❶ 第二次産業　　　　　　　　　　a _____ industry
❷ 太陽暦　　　　　　　　　　　　the _____ calendar
❸ 彼は二重国籍を持っている　　　He has _____ nationality.

答え ❶ secondary　❷ lunar　❸ dual

---

36 superb
[supə́ːrb]

形 **最高の、素晴らしい**；豪華な；**雄大な、壮大な**

- でる The dinner was **superb**. (夕食は最高 [豪華] だった)
- でる a **superb** view of Lake Superior (スペリオル湖の雄大 [壮大] な景色)

37 blunt
[blʌ́nt]

形 **ぶっきらぼうな、遠慮のない；とがっていない；切れ味の悪い**　動 ～を鈍らせる

- でる give a **blunt** reply (ぶっきらぼうな [無愛想な] 返事をする)
- でる a **blunt** pencil (芯の先が丸くなった鉛筆)
- でる a **blunt** knife (切れないナイフ)

> brunt (矛先、矢面) と混同しないように注意しましょう。

38 exotic
[igzɑ́tik] 発

形 **異国情緒の、異国風の；外国産の**

- でる listen to **exotic** music (異国情緒あふれる音楽を聴く)
- でる **exotic** plants (外来植物)

派 □ exoticism 名 異国情緒、異国風

39 instrumental
[ìnstrəméntl]

形 **助けになる、役に立つ；器楽用の**

- でる He was **instrumental** in founding the organization.
  (彼はその団体を創立するのに助けになった⇒彼はその団体の創立に尽力した)
- でる **instrumental** performers (器楽奏者)

派 □ instrument 名 器具、機器；楽器

40 alert
[ələ́ːrt]

形 **(～を) 警戒した** (to)；油断のない；機敏な、抜け目のない　名 **警報、警告**　動 ～に警告する

- でる remain **alert** to the risk of ～ (依然として～の危険性を警戒している)
- でる issue a tornado [flood] **alert** (竜巻 [洪水] 警報を発する)

熟 □ on the alert 警戒態勢で、油断なく警戒して
派 □ alertness 名 鋭敏さ；用心深さ
類 □ wary 形 (～を) 警戒した (of)；油断のない

41 concise
[kənsáis]
形 簡潔な、簡明な

でる a **concise** definition of ~ (~の簡潔な定義)

派 □ conciseness 名 簡潔さ、簡明さ

42 timid
[tímid]
形 臆病な、気弱な

でる a **timid** girl (臆病な [おどおどした] 女の子)

派 □ timidity 名 臆病さ、気弱さ
反 □ bold 形 大胆な

43 remarkable
[rimá:rkəbl]
形 注目すべき、めざましい、顕著な

でる produce a **remarkable** achievement
（注目すべき [優れた] 業績を生み出す）

でる make **remarkable** progress (著しく進歩 [上達] する)

派 □ remarkably 副 際立って、非常に、著しく
　□ remark 動 ~と述べる、言う 名 意見、発言
類 □ noteworthy 形 注目すべき、顕著な

44 individualistic
[ìndəvìdʒuəlístik]
形 個人主義の；個性的な、独自の

でる an **individualistic** society and a group-oriented society
（個人主義社会と集団主義社会）

派 □ individual 形 個々の；個人の；独特の 名 個人
　□ individualism 名 個人主義
　□ individuality 名 個性、独自性

45 manual
[mǽnjuəl]
形 手動の、手の；肉体の；手先の
名 取扱説明書、マニュアル

でる a **manual** system (手動システム)
でる **manual** labor (肉体労働)

派 □ manually 副 手動で；手作業で
反 □ automatic 形 自動の；機械的な

> menial [mí:niəl] (単調でつまらない) と混同しないように注意しましょう。

46 shaky [ʃéiki]
形 不安定な；あやふやな；(体が) ふらつく

- でる a **shaky** relationship between *A* and *B*（AとBの間の不安定な関係）
- でる from his **shaky** memory（彼のあやふやな記憶によると）
- でる He was **shaky** on his legs.（彼は足元がふらついて[よろめいて]いた）

類 □ shake 動 震える；揺れる 名 震え；振動；ミルクセーキ

47 muddy [mʌ́di] 発
形 泥だらけの、ぬかるみの　動 ～を泥だらけにする

- でる a **muddy** road（泥んこ道、ぬかるんだ道）

派 □ mud 名 泥、ぬかるみ

48 deaf [déf] 発
形 耳が聞こえない

- でる Beethoven went **deaf** and blind.
  （ベートーベンは耳が聞こえなくなり、目も見えなくなった）

熟 □ turn a deaf ear to ～　～に耳を貸さない、～を無視する
派 □ deafen 動 ～の耳を聞こえなくする；～の耳をつんざく
　□ deafening 形 耳をつんざくような

49 shrewd [ʃrúːd] 発
形 抜け目のない；鋭い

- でる a **shrewd** businessperson（抜け目のない[やり手の]実業家）
- でる make a **shrewd** guess（鋭い推測をする）

> shroud [ʃráud]（覆い；とばり）や skewed [skjúːd]（歪んだ；偏った）と混同しないように注意しましょう。

50 nasty [nǽsti]
形 意地の悪い；ひどく嫌な、不快な；(天候が) 荒れ模様の

- でる make a **nasty** remark（意地の悪い発言をする、邪険な言葉を吐く）
- でる a **nasty** taste [smell]（ひどく嫌な味[におい]）
- でる **nasty** weather（ひどい[大荒れの]天気）

51 variable
[vέəriəbl]
- 形 **変わりやすい、不安定な**；変えられる；気まぐれな
- 名 **不確定要素**；変数

でる **variable** weather（変わりやすい天気）
でる many **variables**（多くの不確定要素[変数]）

派 □ vary 動 変わる、異なる
　□ variability 名 変動性；多様性
　□ invariably 副 いつも、必ず
反 □ invariable 形 変わらない、不変の 名 定数

52 affluent
[ǽfluənt]
- 形 **裕福な；豊富な**

でる an **affluent** family（裕福な家庭）
でる a land **affluent** in natural resources（天然資源が豊富な土地）

派 □ affluence 名 裕福；豊富

> effluent（流出物；流れ出る）と混同しないように注意しましょう。

53 dizzy
[dízi]
- 形 **目まいがする、ふらふらする**
- 動 ～に目まいを起こさせる

でる Lizzie felt **dizzy**.（リジーは目まいがした）

54 stationary
[stéiʃənèri]
- 形 **静止した、動かない**

でる a **stationary** object（静止した物体）

類 □ static 形 静止した、動かない；静電気の

> 同音語の stationery（文房具）と混同しないように注意しましょう。

55 disabled
[diséibld]
- 形 **（身体・精神に）障害のある**

でる The child was physically and mentally **disabled**.
（その子供は身体および知的障害を抱えていた）

派 □ disability
　　名（身体・精神）障害；能力を欠くこと
類 □ handicapped 形（身体・精神に）障害のある

> 近年ではphysically [mentally] challengedという表現が好まれて使われています。

サクッと復習テスト

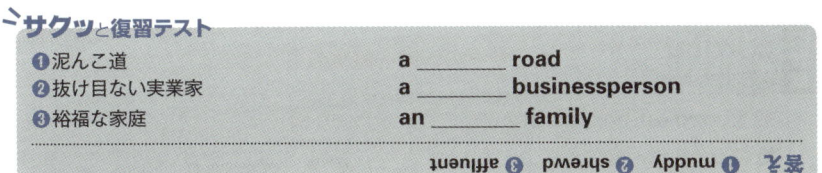

1. 泥んこ道 a _____ road
2. 抜け目ない実業家 a _____ businessperson
3. 裕福な家庭 an _____ family

答え ① muddy ② shrewd ③ affluent

---

56 brisk
[brísk]

形 **きびきびした、活発な**；**すがすがしい、爽快な**

でる take a **brisk** walk（きびきびと歩く）
でる a **brisk** wind（すがすがしい風）

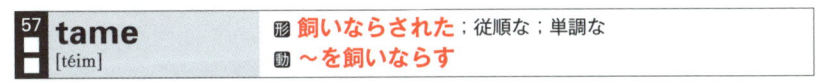

派 □ briskly 副 きびきびと、元気よく
類 □ crisp 形 すがすがしい、爽快な；サクサク［バリバリ］した；きびきびした

57 tame
[téim]

形 **飼いならされた**；従順な；単調な
動 **〜を飼いならす**

でる a **tame** gorilla（飼いならされたゴリラ）[= a tamed gorilla]

類 □ domesticated 形 飼いならされた
反 □ wild 形 野生の

58 drastic
[drǽstik]

形 **抜本的な、思い切った**；徹底的な、強烈な

でる a **drastic** reform [change]（抜本的な改革）

派 □ drastically 副 抜本的に、思い切って；大幅に、徹底的に

59 spiral
[spáiərəl]

形 **らせん状［形］の** 名 らせん；**悪循環**；急上昇［急降下］
動 らせん状に動く；急上昇［急降下］する

でる a **spiral** staircase（らせん階段）
でる a **spiral** of violence（暴力の悪循環）
[= a vicious cycle [circle] of violence]

60 hearty
[hɑ́ːrti]

形 **心からの**；元気な；**たっぷりの**

でる She expressed her **hearty** thanks to me.
（彼女は私に心からの感謝を表した）
でる have a **hearty** breakfast（たっぷりの朝食を取る）

派 □ heartily 副 心から；元気よく；一生懸命に
類 □ heartfelt 形 心からの、誠意ある
□ cordial 形 心からの、誠意ある

61 cordial
[kɔ́ːrdʒəl | kɔ́ːrdiəl]
形 心からの、誠心誠意の

でる **cordial** hospitality（心からの歓待 [もてなし]）

派 □ cordially 副 心から、真心を込めて
□ cordiality 名 心からの気持ち、真心

> 手紙の結びに用いる Cordially yours [= Yours cordially] は「敬具」の意味を表します。

62 brutal
[brúːtl]
形 残忍な、残虐な；厳しい

でる the **brutal** torture of prisoners of war
（戦争捕虜に対する残忍 [残酷] な拷問）

でる the **brutal** truth that ~（~という厳しい事実）

派 □ brutality 名 残忍性、残虐性
□ brute 名 野獣、けだもの；人でなし

63 minute
[mainjúːt] 発
形 微小な；詳細な；ささいな
名 [mínit] アク 分；瞬間；《~s》議事録

でる a **minute** organism（微小な有機体 [生命体]）

でる in **minute** detail（きわめて詳細に、事細かに）

でる the **minutes** of the previous meeting（前回の会議の議事録）

64 cubic
[kjúːbik]
形 立方体の；体積の；立方の、3乗の

でる have a **cubic** shape（立方体 [形] である）

でる per **cubic** meter（1立方メートル当たり）

派 □ cube 名 立方体；3乗 動 ~を3乗する

65 liable
[láiəbl]
形 ~しがちな（to do）；（~に）法的責任がある（for）

でる He is **liable** to arrive late.（彼は遅刻しがちだ）
[= He tends to arrive late.]

でる They are **liable** for all damages.
（彼らは損害賠償すべてに対して責任を負う）

派 □ liability 名 法的責任、義務；《~ies》負債

66 applicable
[əplíkəbl | ǽplikəbl]

形 (〜に) 適用 [応用] できる、当てはまる (to); 適切な

でる This rule is not **applicable** to you.
(この規則はあなたには適用され [当てはまり] ません)
[= This rule does not apply to you.]

でる if [when] **applicable** (もし当てはまれば [当てはまる時] ⇒該当する場合)

派 □ apply 動 〜を (〜に) 適用する (to); (〜に) 当てはまる (to); 申し込む
□ application 名 適用、応用; 申し込み

67 demanding
[dimǽndiŋ]

形 **要求が多い; 負担の大きい**

でる a **demanding** boss (要求の多い上司)

でる a physically **demanding** job (肉体的にきつい仕事)

派 □ demand 動 〜を (強く) 要求する 名 需要; 要求

68 crucial
[krú:ʃəl]

形 **極めて重要な; 決定的な**

でる play a **crucial** role in 〜 (〜で極めて重要な役割を果たす [担う])

でる at a **crucial** moment (決定的瞬間に、正念場に)

類 □ vital 形 極めて重要な、不可欠の

69 trustworthy
[trʌ́stwər:ði]

形 **信頼 [信用] できる、頼りになる**

でる a **trustworthy** person (信頼できる人)

派 □ trusting 形 信じやすい (= trustful); 信頼し合える
反 □ untrustworthy 形 信頼 [信用] できない

70 successive
[səksésiv]

形 **連続した; 歴代の**

でる for three **successive** days (3日間連続で)

派 □ successively 副 連続して
□ succession 名 連続; 継承

> successful (成功した) や succeeding (続いて起こる) と混同しないように注意しましょう。

71 considerable
[kənsídərəbl]　形 かなりの、相当な

でる a **considerable** amount of time（かなりの時間）

派 □ considerably　副 かなり、相当に
類 □ substantial　形 かなりの、相当な
　□ sizable　形 かなりの、相当な

> considerate（思いやりのある）と混同しないように注意しましょう。

72 extensive
[iksténsiv]　形 広範囲の、幅広い；広大な

でる conduct **extensive** research on ~（~に関して幅広い[広範な]調査を行う）
でる **extensive** corn fields（広大なトウモロコシ畑）

派 □ extensively　副 広範囲に、幅広く、大々的に
　□ extend　動 ~を拡大[拡張]する；~を延長する；~を述べる
　□ extension　名 延長；拡張；内線
　□ extent　名 程度；広がり
類 □ expansive　形 広範囲の；広大な；膨張する

73 billion
[bíljən]　形 10億の　名 10億

でる The tornado caused two **billion** dollars in damage.
（その竜巻は20億ドルの被害をもたらした）

派 □ billionaire　名 億万長者

> million（百万の；百万）と trillion（1兆の；一兆）も覚えておきましょう。

74 intimate
[íntəmət]　形 密接な；親密な

でる have an **intimate** link [connection] with ~
（~と密接なつながりがある）
でる an **intimate** relationship（親密な[性的な]関係）

派 □ intimately　副 密接に；親しく
　□ intimacy　名 親密さ

> intimate は性的関係を暗示する語でもあるので、「親友」は an intimate friend ではなく、a close friend と言うのが普通です。

75 rewarding
[riwɔ́ːrdiŋ]　形 やりがいのある、報いのある

でる a **rewarding** job（やりがいのある仕事）

派 □ reward　名 ほうび；報酬　動 ~に報いる；~に報酬を与える

サクッと復習テスト

① 抜本的な改革　　　　　a _____ reform
② 要求の多い上司　　　　a _____ boss
③ かなりの時間　　　　　a _____ amount of time

答え ① drastic ② demanding ③ considerable

---

76 candid
[kǽndid]

形 率直な、遠慮がない；ありのままの

でる give a **candid** opinion（率直な意見を述べる）

> 隠しカメラによるテレビ番組「どっきりカメラ」は、アメリカでは Candid Camera と言います。

---

77 marvelous
[máːrvələs]

形 素晴らしい；驚くべき

でる come up with a **marvelous** idea（素晴らしいアイデアを思いつく）
でる **marvelous** animal life（驚くべき動物の生態）

派 □ marvelously **副** 素晴らしく；驚くほど
　□ marvel **動** (〜に) 驚嘆する (at) **名** 驚異

---

78 acid
[ǽsid]

形 酸性の；酸っぱい；辛辣な　**名** 酸；酸味

でる **acid** rain（酸性雨）
でる an **acid** remark（辛辣な言葉）

派 □ acidity **名** 酸性度；酸味；辛辣さ
反 □ alkaline [ǽlkəlàin] **形** アルカリ性の

---

79 fragile
[frǽdʒəl | frǽdʒail]

形 壊れやすい、もろい；虚弱な；不安定な

でる a **fragile** vase（壊れやすい［割れやすい］花瓶）
でる a **fragile** old lady（虚弱な［か弱い］老女）

派 □ fragility **名** 壊れやすさ；脆弱性；不安定さ
類 □ brittle **形** 壊れやすい、もろい；不安定な

---

80 conservative
[kənsə́ːrvətiv]

形 保守的な；控えめの　**名** 保守的な人

でる a **conservative** way of thinking（保守的な考え方）
でる by **conservative** estimate（控えめに見積もっても）

反 □ progressive **形** 進歩的な；漸進的な

81 stubborn
[stʌ́bərn]
形 頑固な、強情な；頑強な、断固とした

でる a **stubborn** father（頑固な父親）

でる express **stubborn** opposition [resistance] to ~
（～に対して頑強な反対［抵抗］を表明する）

派 □ stubbornness 名 頑固さ；頑強さ
類 □ obstinate 形 頑固な；頑強な

> 「シルベスター・スタローンは頑固(stubborn)だ」と覚えましょう。

82 punctual
[pʌ́ŋktʃuəl]
形 時間を守る、期限通りの

でる I always try to be **punctual**.（時間励行を心がけている）

派 □ punctually 副 時間通りに（= on time）
□ punctuality 名 時間厳守

83 stray
[stréi]
形 道に迷った 動 道に迷う

でる **stray** dogs [cats]（野良犬［猫］）

派 □ astray 副 道に迷って；道を外れて

> go astray（道に迷う；紛失する；堕落する）も覚えておきましょう。

84 overhead
[óuvərhèd]
形 頭上の；諸経費の 副 [òuvərhéd] 頭上に

でる I put my baggage in the **overhead** compartment.
（荷物を頭上の荷物入れに入れた）

でる reduce **overhead** costs（諸経費［間接費］を削減する）

85 upright
[ʌ́pràit]
形 直立した、垂直の；公正な、正直な
副 直立して、まっすぐに

でる Please put your seat (back) in the **upright** position.
（お座席を元の位置にお戻しください）［機内のアナウンス］

でる **upright** dealings（公正な取引）

86 stingy
[stíndʒi]
形 けちくさい、しみったれた；わずかな、乏しい

でる a **stingy** person（けちな人）

反 □ generous 形 気前のよい；寛大な

87 dreadful
[drédfəl]

形 恐ろしい；ひどい

でる a **dreadful** accident（恐ろしい事故）
でる a **dreadful** behavior（ひどい行為［行動］）

派 □ dread 名 恐怖；心配　動 ～を恐れる
　□ dreadfully 副 ひどく、とても；恐ろしく

88 ragged
[rǽgid] 発

形 ぼろぼろの、すり切れた

でる wear **ragged** clothes（ぼろ服［着］をまとう）

派 □ rag 名 ぼろ、ぼろ切れ

> rugged [rʌ́gid]（岩だらけの、起伏の多い；頑丈な）と混同しないように注意しましょう。

89 meager
[míːgər]

形 乏しい、わずかな；やせた

でる live on a **meager** salary（乏しい［わずかな］給料で生活する）

派 □ meagerness 名 少なさ、貧弱

90 drowsy
[dráuzi] 発

形 眠い；眠気を誘う

でる a **drowsy** driver（眠そうな［うとうとしている］運転手）
でる on a **drowsy** spring afternoon（眠気を誘う春の午後に）

派 □ drowse [dráuz] 動 うとうとする　名 居眠り

🎧 101

91 insane
[inséin]

形 正気でない；非常識な；ばかげた

でる That's utterly **insane** behavior.
（それは全く正気ではない［正気の沙汰ではない］行為だ）
でる an **insane** idea（非常識な［ばかげた］考え）

派 □ insanity 名 狂気
反 □ sane 形 正気の；分別のある

Chapter 3 ● 形容詞・副詞

92 lofty
[lɔ́ːfti]

形 **そびえ立つ；高尚な**；高慢な

でる **lofty** buildings（高くそびえる建物）
でる a **lofty** purpose [aim]（高尚な目的 [目標]）

派 □ loft 名 屋根裏（部屋）；ロフト
　　　　 動 （ボール）を高く打ち上げる

> hefty（大きくて重い；多額の）と混同しないように注意しましょう。

93 frosty
[frɔ́ːsti]

形 **凍えるような、とても寒い**；冷淡な

でる a **frosty** day（凍えるような日）

派 □ frost 名 霜、凍結 動 霜が降りる
　 □ defrost 動 〜の霜を取り除く；〜を解凍する

> スノーマン（雪だるま）の歌に『Frosty the Snowman（フロスティー・ザ・スノーマン）』というのがありますね。

94 weird
[wíərd] 発

形 **奇妙な、風変わりな**；不可思議な、神秘的な

でる a **weird** experience（奇妙な経験 [体験]）

派 □ weirdo [wíərdou] 名 奇人、変人
類 □ bizarre [bizɑ́ːr] 形 奇妙な、風変わりな
　 □ queer 形 奇妙な、風変わりな；怪しい
　 □ uncanny [ʌnkǽni] 形 不可思議な、神秘的な

95 agile
[ǽdʒəl | ǽdʒail]

形 **機敏な、すばしこい**；頭の回転の速い

でる an **agile** basketball player（機敏なバスケットボール選手）

派 □ agility 名 機敏さ、敏捷性

96 toxic
[tɑ́ksik]

形 **有毒な**；中毒の

でる **toxic** waste（有毒 [有害] 廃棄物）

派 □ toxin 名 毒素

> tonic（強壮剤；〜を元気づける）と混同しないように注意しましょう。

サクッと復習テスト

① 酸性雨　　　　　　　　　　　　　_____ rain
② 保守的な考え方　　　　　　　　　a _____ way of thinking
③ 野良犬　　　　　　　　　　　　　_____ dogs

答え：① acid ② conservative ③ stray

---

97 optimal
[ápt(ə)məl]

形 **最適な、最善の**

でる an **optimal** environment（最適な環境）

派 □ optimize 動 ～を最適化する；～を最大限に利用する
類 □ optimum 形 最適の、最善の 名 最適条件

> optical（光学の；視覚の）と混同しないようにしましょう。

98 converse
[kənvə́ːrs | kɔ́nvəːs] 発

形 **逆の、反対の** 名 [kάnvəːrs] 発 逆、反対
動 [kənvə́ːrs] 発 会話をする

でる in the **converse** order（逆の順序で）
でる **converse** with others（他の人と会話をする）

派 □ conversely [kənvə́ːrsli | kɔ́nvəːsli] 副 逆に、反対に

99 secondhand
[sékəndhænd]

形 **中古の；間接の；また聞きの** 副 中古で；また聞きで

でる **secondhand** books（中古本、古本）
でる the risk of **secondhand** smoke（間接喫煙［副流煙］の危険性）

類 □ used 形 中古の

100 cosmic
[kάzmik] 発

形 **宇宙の**

でる **cosmic** radiation（宇宙放射、宇宙線）
でる **cosmic** dust（宇宙のちり⇒宇宙塵）

派 □ cosmos [kάzməs | kɔ́zmɔs] 名《the ~》宇宙（= the universe）
類 □ universal 形 宇宙の；世界中の

🎧 102

101 wicked
[wíkid] 発

形 **邪悪な；意地悪な；ひどい**

でる **wicked** acts（邪悪な行為）
でる a **wicked** stepmother（［童話などに出てくる］意地悪な継母）

類 □ evil 形 邪悪な；ひどい

211

102 sensory
[sénsəri]
形 感覚の、知覚の

でる the **sensory** nerve（感覚神経、知覚神経）

派 □ sensor 名 センサー、感知装置

> テレパシーや予知能力のことをESPと言いますが、それはextrasensory perception（超感覚的知覚）の略語です。

103 partial
[pá:rʃəl]
形 部分的な、一部の；不公平な；えこひいきする

でる a **partial** solution（部分的な解決（策））
でる a **partial** judgment（不公平な裁判 [判決]）
でる That teacher is **partial** to some female students.
（あの教師は一部の女子生徒にえこひいきする）

派 □ partially 副 部分的に；不公平に
　□ partiality 名 部分性；不公平；えこひいき
反 □ impartial 形 公平な、偏りのない

104 arrogant
[ǽrəgənt]
形 傲慢（ごうまん）な、尊大な

でる an **arrogant** rich man（傲慢な金持ちの男）

派 □ arrogance 名 傲慢、尊大
反 □ humble 形 謙虚な、謙遜した

105 haughty
[hɔ́:ti] 発
形 高慢な、横柄な

でる **haughty** aristocrats（高慢 [横柄] な貴族たち）

派 □ haughtiness 名 高慢、横柄

106 naughty
[nɔ́:ti] 発
形 （子供が）わんぱくな、いたずらな；下品な

でる a **naughty** little boy（わんぱく [いたずら] 小僧、やんちゃ坊主）

派 □ naughtiness 名 わんぱくさ；下品さ

107 imperial
[impíəriəl]
形 帝国の；皇帝の；威厳のある

でる an **imperial** rule（帝国 [皇帝] 支配）

派 □ imperialism 名 帝国主義
　□ imperialist 名 帝国主義者
　　　　　　　　形 帝国主義の

> empire（帝国）とemperor（皇帝；帝王；天皇）も覚えておきましょう。

108 verbal
[və́ːrbəl]

形 **言葉の、言葉による**；口頭の、口頭による

でる both **verbal** and nonverbal communication
（言葉による［言語］コミュニケーションと言葉を用いない［非言語］コミュニケーション）

派 □ verbally 副 言葉で；口頭で
□ verbalize 動 ～を言葉で表現する
反 □ nonverbal 形 言葉によらない、非言語の
□ written 形 書面の、書面による

109 sturdy
[stə́ːrdi]

形 **たくましい、頑健な**；**丈夫な、頑丈な**

でる a **sturdy** young man（たくましい［がっちりした］若者）
でる a **sturdy** wooden chair（丈夫な木製椅子）

110 clear-cut
[klíərkʌ́t]

形 **明快な、明確な**；輪郭のはっきりした

でる a **clear-cut** explanation（明快［明確］な説明）

🎧 103

111 affirmative
[əfə́ːrmətiv]

形 **肯定的な**；断定的な；**積極的な** 名 肯定的な返答

でる give an **affirmative** answer（肯定的な返事をする）
[= answer in the affirmative]
でる **affirmative** action（《米》積極的差別是正措置）

派 □ affirm 動 ～を断言する；～を確認する
□ affirmation 名 肯定；断言；確認
反 □ negative 形 否定的な；悪い；陰性の

112 reckless
[réklis]

形 **無謀な、向こう見ずな**；**(～を) 気にかけない**（of）

でる a **reckless** driver（無謀な運転手）
でる He is **reckless** of what other people may think of him.
（彼は他人からどう思われるなど意に介さない）

113 ruthless
[rúːθlis]

形 **無慈悲な、冷酷な**；断固とした

でる a **ruthless** poacher（無慈悲な［冷酷な］密猟者）

派 □ ruthlessly 副 情け容赦なく、無情に

114 deceased
[disíːst]

形 亡くなった　名 《the ~》故人

でる her **deceased** husband（彼女の亡夫）

派 □ decease　動 死亡する　名 死亡

> diseased [dizíːzd]（病気の）と混同しないように注意しましょう。

115 pious
[páiəs] 発

形 敬虔な、信心深い

でる a **pious** Christian（敬虔なキリスト教徒）

派 □ piety [páiəti]　名 敬虔さ、信心深さ

116 akin
[əkín]

形 （～と）類似した（to）；（～と）同族で（to）；血族の

でる Pity is **akin** to love.（哀れみの心は愛情に近い⇒憐れみは恋の始まり：諺）

派 □ kin　名 血縁、親族
□ kinship　名 血縁関係；親近感

117 numb
[nʌ́m] 発

形 感覚のない、麻痺した；ぼう然とした
動 ～を麻痺させる；～をぼう然とさせる

でる My fingers became **numb** with cold.
（私の指は寒さでかじんだ［感覚がなくなった］）

派 □ numbness　名 無感覚、麻痺

> nun [nʌ́n]（修道女、尼僧）や thumb [θʌ́m]（親指）と混同しないように注意しましょう。

118 clumsy
[klʌ́mzi]

形 ぎこちない、不器用な；使いにくい、不格好な

でる My sister is a bit **clumsy** with ski poles.
（妹はスキーのステックの使い方が少しぎこちない）

でる a heavy and **clumsy** camera（重くて使いにくいカメラ）

派 □ clumsiness　名 ぎこちなさ、不器用さ

119 weary
[wíəri]

形 疲れ果てた；（～に）うんざりした（of）
動 ～を疲れさせる；～を退屈させる

でる She was **weary** from the long journey.（彼女は長旅で疲れ切っていた）

派 □ wearily　副 疲れて、ぐったりと
□ weariness　名 疲労；退屈

> wary [wéəri]（警戒した、用心深い）と混同しないように注意しましょう。

サクッと復習テスト

❶ 間接喫煙の危険性　　　the risk of _____ smoke
❷ わんぱく小僧　　　　　a _____ little boy
❸ 無謀な運転手　　　　　a _____ driver

答え　❶ secondhand　❷ naughty　❸ reckless

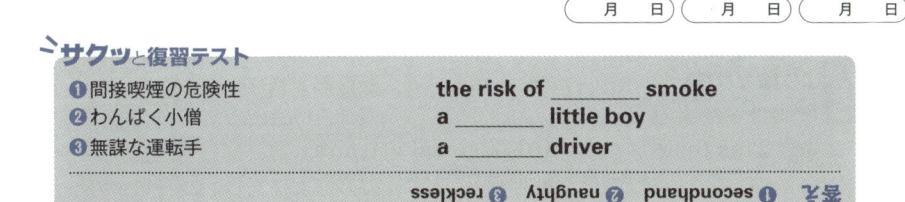

120 dreary
[dríəri]

形 陰鬱な、物悲しい；退屈な

でる on a **dreary**, rainy day（陰鬱な雨の日に）
でる a **dreary** routine（退屈な日課）

🎧 104

121 ecological
[èkəládʒikəl]

形 生態学的な、生態上の；環境保護の

でる from an **ecological** perspective（生態学的な観点からすれば）
でる the whole **ecological** system（全生態系）

派 □ ecology 名 生態学；生態系
　 □ ecologist 名 生態学者

122 confidential
[kànfədénʃəl]

形 機密の、秘密の；内緒の

でる This information is strictly **confidential**.（この情報は極秘である）
でる have a **confidential** talk with ~（~と内緒話をする）

派 □ confidentiality 名 機密性、守秘義務
　 □ confidence 名 信頼；自信；打ち明け話
　 □ confide 動（~に）~を打ち明ける（in）；
　　　　　　　（~を）信頼する（in）

💬 confident（自信がある；確信している）と混同しないように注意しましょう。

123 oval
[óuvəl]

形 楕円形の、卵形の　名 楕円形（の物）

でる an **oval** table（楕円形のテーブル）

💬 米国 White House 内の大統領執務室は卵形［楕円形］の部屋であることから、the Oval Office と呼ばれています。

124 relevant
[réləvənt]

形 (〜に) 関係した、関連のある (to)；適切な

でる This topic is **relevant** to global warming.
（このトピックは地球温暖化に関係 [関連] している）

でる ask **relevant** questions（適切な質問をする）

- 派 □ relevance 名 関連（性）
- 類 □ pertinent 形 (〜に) 関係 [関連] のある (to)；適切な
- 反 □ irrelevant 形 (〜に) 無関係な (to)；不適切な

125 ambiguous
[æmbígjuəs]

形 曖昧な、紛らわしい、多義的な

でる a grammatically **ambiguous** sentence（文法的に曖昧な分）

- 派 □ ambiguously 副 曖昧に、紛らわしく
- □ ambiguity 名 曖昧さ、多義性

> ambiguous は特に「2つ以上の意味に解釈できる曖昧さ」を表現する形容詞です。

126 intelligible
[intélədʒəbl]

形 分かりやすい；理解できる

でる an **intelligible** explanation（分かりやすい [理解できる] 説明）

- 類 □ comprehensible 形 分かりやすい；理解できる
- 反 □ unintelligible 形 分かりにくい；理解できない

> intelligent（知能の高い、聡明な；知的な）と混同しないように注意しましょう。

127 monetary
[mánətèri]

形 金融の、財政上の；通貨の、貨幣の；金銭的な

でる **monetary** policy（金融 [通貨] 政策）

でる for **monetary** reasons（金銭的な理由で）

- 類 □ financial 形 金融の、金融的な；金銭的な

128 cross-cultural
[krɔ́:skʌ́ltʃərəl]

形 異文化間の

でる **cross-cultural** understanding（異文化理解、異文化間理解）

- 類 □ intercultural 形 異文化間の

129 wholesome
[hóulsəm]
形 健全な；健康に良い

- でる **wholesome** movies（健全な映画）
- でる **wholesome** food（健康に良い食べ物、健康食品）

> wholesome は [whole（健全に）＋ some（適した）] から「健全な；健康に良い」の意味となります。

130 obscure
[əbskjúər]
形 はっきりしない、曖昧な、不明瞭な；無名の
動 ～を曖昧にする、分かりにくくする

- でる The origin of the word remains **obscure**.（その語の由来 [語源] は、はっきりしていない）
- でる an **obscure** German painter（無名のドイツ画家）

派 □ obscurity 名 曖昧さ；無名
類 □ vague 形 曖昧な、はっきりしない；漠然とした

🎧 105

131 dubious
[djú:biəs]
形 疑わしい、うさんくさい；(～を)疑っている（about/of）；あやふやな

- でる a **dubious** character（疑わしい [うさんくさい・いかがわしい] 人物）
- でる I'm **dubious** about his sincerity.（私は彼の誠実さを疑っている）

132 fragrant
[fréigrənt]
形 香りの良い、芳香性の

- でる a **fragrant** oil（香りの良い油⇒香油）

派 □ fragrance 名 良い香り、芳香

> flagrant [fléigrənt]（目に余る、言語道断の）と混同しないように注意しましょう。

133 monotonous
[mənátənəs]
形 単調な、一本調子の、変化のない

- でる do **monotonous** work（単調な仕事をする）

派 □ monotony 名 単調さ；退屈さ
　□ monotone 名 一本調子 形 一本調子の

> monotonous は [mono（一つの）＋ tone（調子）＋ ous（の）] から「単調な、一本調子の」の意味となります。

134 frugal
[frúːgəl]

形 **質素な**；(〜を) 節約 [倹約] する (of/with)

でる live a **frugal** life（質素な [つましい] 生活を送る）

派 □ frugality 名 質素；節約、倹約
反 □ wasteful 形 浪費的な、無駄の多い
　□ extravagant 形 贅沢な、浪費する

135 roundabout
[ráundəbàut]

形 **遠回しの、回りくどい；回り道の、迂回の**

でる She said it in a **roundabout** way.
（彼女は遠回しな物の [回りくどい] 言い方をした）

でる a **roundabout** route（回り道、迂回路）

類 □ indirect 形 遠回しの、回りくどい；二次的な、間接的な

136 sullen
[sʌ́lən]

形 **不機嫌な、むっつりした；(空・天候などが) どんよりした、暗い**

でる He was sitting in **sullen** silence.
（彼はむっつりと [ぶすっと黙って] 座っていた）

でる a **sullen** gray sky（どんよりした灰色の空）

siren [sáiərən]（サイレン、号笛）と混同しないように注意しましょう。

137 frantic
[fræntik]

形 **(〜で) 取り乱した** (with)；**必死の**

でる She was **frantic** with worry.
（彼女は心配で取り乱していた [気も狂わんばかりだった]）

でる a **frantic** search for the missing child（行方不明の子供の必死の捜索）

派 □ frantically 副 必死に、死に物狂いで

138 attainable
[ətéinəbl]

形 **達成できる、成し遂げられる**

でる an **attainable** goal（達成できる [達成可能な] 目標）

派 □ attain 動 〜を達成する；〜に達する；〜を獲得する
　□ attainment 名 達成；獲得
類 □ achievable 形 達成できる、成し遂げられる
反 □ unattainable 形 達成できない

サクッと復習テスト

❶ 楕円形のテーブル　　　　　an _____ table
❷ 金融政策　　　　　　　　　_____ policy
❸ 単調な仕事をする　　　　　do _____ work

答え ❶ oval ❷ monetary ❸ monotonous

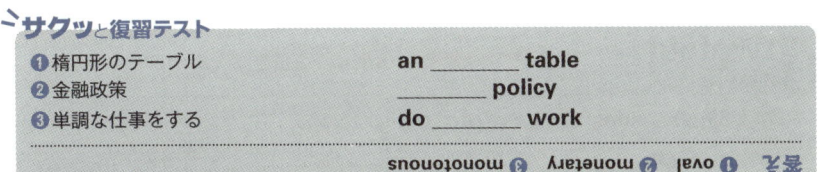

139 open-minded
[óupənmáindid]
形 **心の広い、偏見のない、寛容な**

でる an **open-minded** person（心の広い人間）

- 派 □ open-mindedness 名 心の広いこと、偏見のないこと
- 類 □ broad-minded 形 心の広い、寛容な
- 反 □ narrow-minded 形 心の狭い、偏狭な（= closed-minded）

absent-minded（ぼんやりした）や double-minded（二心のなる）、like-minded（同じ考えをもった）、single-minded（ひたむきな）も覚えておきましょう。

140 eminent
[émənənt]
形 **著名な、高名な**；優れた

でる an **eminent** historian（著名な歴史学者）

- 派 □ eminence 名 名声、高位；名士
- 類 □ prominent 形 著名な；優れた
- □ distinguished 形 著名な；優れた

141 illogical
[ilɑ́dʒikəl]
形 **非論理的な；筋の通らない**

でる **illogical** thinking（非論理的思考）
でる make an **illogical** remark（筋の通らない[不合理な]発言をする）

- 派 □ logic 形 論理；論理学
- 反 □ logical 形 論理的な；筋の通った

142 subsequent
[sʌ́bsikwənt] ⚠
形 **その後の、後に続く**；(〜の)次の (to)

でる observe **subsequent** developments（その後の展開[進展]を見守る）

- 派 □ subsequently 副 その後、それ以降
- 類 □ following 形 その後の、次の
- 反 □ previous 形 先の、以前の

consequent（結果として生じる）と混同しないように注意しましょう。

143 twofold
[túːfòuld]

形 2つの要素から成る；2倍の

でる The reasons are **twofold**. （理由は2つある）

> 同じように fold の直前の数字だけを変えれば、threefold（3つの要素から成る；3倍の）、fourfold（4つの要素から成る；4倍の）…のようになります。

144 manifold
[mǽnəfòuld]

形 多様な、さまざまな　**名** 多様性

でる **manifold** examples of ~ （~の多様な例）

類 □ multifold **形** 多様な、さまざまな　**名** 多様性

145 stern
[stə́ːrn]

形 厳格な；いかめしい；容赦のない

でる a **stern** teacher （厳格な教師）
でる a **stern** face （いかめしい[怖い]顔）

146 comparable
[kɑ́mpərəbl]

形 （~に）匹敵する（to/with）；類似の、同等の

でる His income is **comparable** to [with] yours.
（彼の収入はあなたの収入に匹敵する）

でる produce **comparable** results （類似[同様]の結果を生む）

派 □ compare
　動 ~を（~と）比較する（with/to）；
　~を（~に）例える（to）

> comparative（対照的な、比較の；相対的な）と混同しないように注意しましょう。comparative は、a comparative study of A and B（AとBの対照[比較]研究）のように使います。

147 responsive
[rispɑ́nsiv]

形 （~に）対応が早い（to）；反応の良い；反応の速い

でる **responsive** to customers' needs
（顧客のニーズへの対応が早い⇒顧客のニーズに迅速に対応する）

でる a **responsive** audience （反応の良い聴衆）

派 □ respond　**動** （~に）反応する、対応する（to）；
　　　　　　　　（~に）答える、返事をする（to）
　□ response　**名** 反応、反響；対応；返答

> responsible（責任がある；原因である）と混同しないように注意しましょう。

148 admirable
[ǽdmərəbl]　形 称賛に値する；見事な、立派な

- でる an **admirable** achievement（称賛に値する偉業）
- でる That's what is **admirable** about him.（そこが彼の立派なところだ）

派 □ admire　動 ~を称賛する、~に感嘆する
　□ admiration　名 (~に対する) 称賛、感嘆（for）

149 hospitable
[háspitəbl | hɔ́spitəbl]　形 もてなしの良い、歓待する；快適な、住み易い

- でる The local people were very **hospitable** to us.
（地元の人々は私たちをとても手厚くもてなしてくれた）
- でる a **hospitable** environment for wildlife
（野生生物（が住むの）に適した環境）[= an environment hospitable to wildlife]

派 □ hospitality　名 歓待、温かいもてなし
反 □ inhospitable　形 もてなしの悪い、無愛想な；荒涼とした、住みにくい

150 audible
[ɔ́ːdəbl]　形 聞こえる、聞き取れる

- でる Her reply was barely **audible**.
（彼女の返事はほとんど聞こえない [かろうじて聞き取れる] ものだった）

反 □ inaudible　形 聞こえない、聞き取れない

🎧 107

151 righteous
[ráitʃəs]　形 正義の、正しい、高潔な；当然の

- でる a **righteous** person（正義の [高潔な] 人⇒義人）

派 □ righteousness　名 正義、高潔さ
　□ right　名 権利；正義　形 正しい；右の

> self-righteous（独善的な）も覚えておきましょう。

152 tedious
[tíːdiəs]　形 退屈な、つまらない

- でる a **tedious** job（退屈な [飽き飽きする] 仕事）

派 □ tedium　名 退屈さ（= tediousness）
類 □ boring　形 退屈な、つまらない
　□ dull　形 退屈な、つまらない；鈍い

Chapter 3 ● 形容詞・副詞

153 solemn
[sáləm] 発
形 **厳粛な、荘厳な；いかめしい、真面目な**

- でる a **solemn** ceremony（厳粛な儀式）
- でる with a **solemn** expression on his face
（彼はいかめしい表情をして⇒彼は真剣な面持ちで）

派 □ solemnly 副 真面目に；固く
　□ solemnity 名 厳粛さ；真面目さ

154 rational
[rǽʃənl]
形 **合理的な、理にかなった**；理性的な、分別のある

- でる a **rational** explanation（合理的な説明、筋の立つ説明）

派 □ rationalize 動 ～を合理化する、正当化する
　□ rationalism 名 合理主義
類 □ reasonable 形 合理的な；分別のある；（値段が）手頃な
反 □ irrational 形 不合理な；分別のない

> rationale [ræ̀ʃənǽl]（理論的根拠）と混同しないように注意しましょう。

155 apathetic
[æ̀pəθétik]
形 **無関心な、冷淡な；無感情の、無感動の**

- でる Today's youth are **apathetic** about politics.
（最近の若者は政治に無関心である）

派 □ apathy 名 無関心、無気力
類 □ indifferent 形 無関心な、冷淡な

156 immense
[iméns]
形 **莫大な、膨大な；巨大な、広大な**

- でる spend an **immense** sum of money on ～（～に莫大な金を使う）
- でる an **immense** monolith（巨大な一枚岩）

派 □ immensely 副 莫大に；非常に、大いに
　□ immensity 名 重大さ；巨大、広大；莫大
類 □ gigantic 形 巨大な；莫大な
　□ enormous 形 巨大な；莫大な
　□ colossal 形 巨大な；莫大な

157 plural
[plúərəl]
形 **複数の** 名 **複数形**

- でる The **plural** form of foot is feet.（foot の複数形は feet である）
　[＝ The plural of foot is feet.]

反 □ singular 形 単数の；奇妙な；著しい 名 単数形

サクッと復習テスト

❶ 心の広い人　　　　　　　　an _____ person
❷ 理由は２つある。　　　　　The reasons are _____.
❸ 厳粛な儀式　　　　　　　　a _____ ceremony

答え　❶ open-minded　❷ twofold　❸ solemn

158 authentic
[ɔːθéntik]

形 **本物の、正真正銘の**；**本格的な**；信頼できる

- でる an **authentic** Picasso painting（本物の [正真正銘の] ピカソの絵）
- でる **authentic** Thai food（本格的なタイ料理）

派 □ authenticity　名 信憑性；真偽
　□ authenticate　動 ～が本物であることを証明する；～を認証する
類 □ genuine　形 本物の；心からの；誠実な

159 mindful
[máindfəl]

形 **（～に）留意して、注意して**（of）；**（～を）念頭に置いて、意識して**（that）

- でる Be **mindful** of your health.（健康に留意しなさい）
- でる They are fully **mindful** that ～
（彼らは～ということを十分念頭に置いている [意識している]）

派 □ mindfulness　名 留意、気配り

160 forthcoming
[fɔ̀ːrθkʌ́miŋ]

形 **来るべき、今度の**；前向きな；入手できる

- でる the **forthcoming** elections（来るべき [今度の] 選挙）

類 □ upcoming　形 来るべき、今度の

161 melancholy
[mélənkɑ̀li]

形 **憂鬱な**；物悲しい　名 憂鬱；哀愁

- でる a **melancholy** event（憂鬱になる [心が沈むような] 出来事）

派 □ melancholic　形 憂鬱な；鬱病の
　□ melancholia [mèlənkóuliə]　名 鬱病（= depression）

162 sarcastic
[sɑːrkǽstik]

形 **（特定個人に対する）嫌みな、皮肉な**

- でる a **sarcastic** remark（嫌みな言葉、皮肉な発言）
- でる She was being **sarcastic**.（彼女は嫌み [皮肉] たっぷりだった）

派 □ sarcastically　副 皮肉たっぷりに
　□ sarcasm　名 皮肉、嫌み

163 lame
[léim]

形 **下手な；つまらない**；足の不自由な

- でる a **lame** excuse（下手な［苦しい］言い訳）
- でる a **lame** joke（つまらない冗談）

164 commonplace
[kάmənplèis]

形 **ありふれた、普通の、平凡な** 名 **普通のこと［もの］**

- でる become a **commonplace** sight（ありふれた［普通の］光景になる）
- でる It is now a **commonplace** to see (that) ~
（~であることを目にするのは今や普通のことだ）

165 elaborate
[ilǽbərət] ⚡

形 **複雑な；念入りな**；精巧な
動 [ilǽbərèit] ⚡ **（~を）詳しく述べる**（on）

- でる make **elaborate** calculations（複雑な［緻密な］計算をする）
- でる make **elaborate** preparations（念入りな準備を行う）
- でる Could you **elaborate** on that?
（それについてもっと詳しく話していただけますか）

派 □ elaboration 名 入念さ；精巧さ；詳細

166 lethal
[líːθəl]

形 **致死の、死を招く**；極めて危険な

- でる a **lethal** dose of morphine（致死量のモルヒネ）

167 intricate
[íntrikət] ⚡

形 **複雑な；入り組んだ**

- でる an **intricate** problem（複雑な［入り組んだ］問題、難問）

派 □ intricacy [íntrikəsi] 名 複雑さ；入り組んでいること
類 □ complex [kəmpléks|kάmpleks] 形 複雑な；入り組んだ

168 surplus
[sə́ːrpləs]

形 **余剰の、余分の** 名 余剰；**黒字**

- でる produce **surplus** grain（余剰穀物を生産する）
- でる a trade [budget] **surplus**（貿易［財政］黒字）

反 □ deficit 名 不足；赤字

169 erroneous
[iróuniəs]

形 間違った、誤った

でる come to an **erroneous** conclusion（誤った[間違った]結論に達する）

派 □ err [ə́ːr] 発 動 間違う、誤る
　□ error 名 間違い、誤り
類 □ incorrect 形 間違った、誤った

170 full-scale
[fúlskéil]

形 本格的な、全面的な；実物大の、原寸の

でる a **full-scale** investigation（本格的[全面的]な調査）
でる a **full-scale** model（実物大の模型）

類 □ full-fledged 形 本格的な；一人前の
　□ full-size(d) 形 実物大の；普通サイズの；フルサイズの

> on a full scale（本格的に）という表現も覚えておきましょう。

171 humanitarian
[hjuːmæ̀nətéəriən]

形 人道的な、人道主義の　名 人道主義者

でる **humanitarian** assistance（人道支援、人道的援助）

派 □ humanitarianism 名 人道主義
　□ humanity 名 人間性；人類
類 □ humanistic 形 人道的な；人間主義の
　□ humane [hjuːméin] 形 人道的な；思いやりのある

172 immeasurable
[imézərəbl]

形 計り知れない、無限の

でる cause **immeasurable** damage to ～
（～に計り知れない被害[損害]をもたらす）

派 □ immeasurably 副 計り知れないほど、無限に
反 □ measurable 形 測定可能な；重要な

173 comprehensive
[kɑ̀mprihénsiv]

形 包括的な、総合的な

でる a **comprehensive** approach to ～（～への包括的な取り組み[アプローチ]）

派 □ comprehensively 副 包括的に、総合的に

> comprehensible（分かりやすい；理解できる）と混同しないように注意しましょう。

174 superficial
[sùːpərfíʃəl]
形 表面的な、うわべだけの；浅薄な

- でる on a **superficial** level (表面上は)
- でる a **superficial** relationship (うわべだけの[表面的な]関係)
- でる a **superficial** understanding (浅薄な理解)

派 □ superficially 副 表面上は、外見は

175 dreadful
[drédfəl]
形 恐ろしい；ひどい

- でる a **dreadful** accident (恐ろしい事故)
- でる a **dreadful** mistake (ひどい間違い)

派 □ dread 名 恐れ；心配 動 ～を恐れる
類 □ hideous 形 恐ろしい；ひどい；醜い

176 void
[vɔ́id]
形 (～が)ない、欠けている (of)；空虚な；無効の
名 欠如；空間；空虚 動 ～を無効にする

- でる The lecture was **void** of content. (その講演には中身がなかった)
- でる **void** the contract (契約を無効にする)

類 □ devoid 形 (～が)ない、欠けている (of)

177 absurd
[æbsə́ːrd]
形 ばかげた、途方もない

- でる That's an **absurd** idea. (それは馬鹿げた[とんでもない]考えだ)

派 □ absurdity 名 ばからしさ；不合理
類 □ ridiculous 形 ばかげた、途方もない

178 medieval
[mìːdíːvəl]
形 中世の

- でる a **medieval** castle (中世の城)

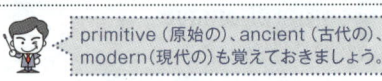

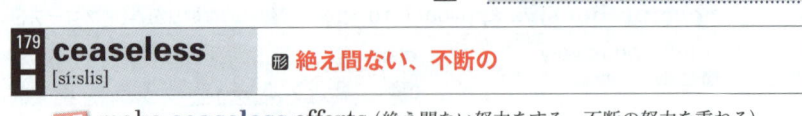

> primitive (原始の)、ancient (古代の)、modern (現代の)も覚えておきましょう。

179 ceaseless
[síːslis]
形 絶え間ない、不断の

- でる make **ceaseless** efforts (絶え間ない努力をする、不断の努力を重ねる)

派 □ cease 動 ～を中止する；終わる
　□ ceaselessly 副 絶え間なく

サクッと復習テスト

1. 本格的な調査   a _____ investigation
2. 人道支援   _____ assistance
3. 中世の城   a _____ castle

答え： ① full-scale   ② humanitarian   ③ medieval

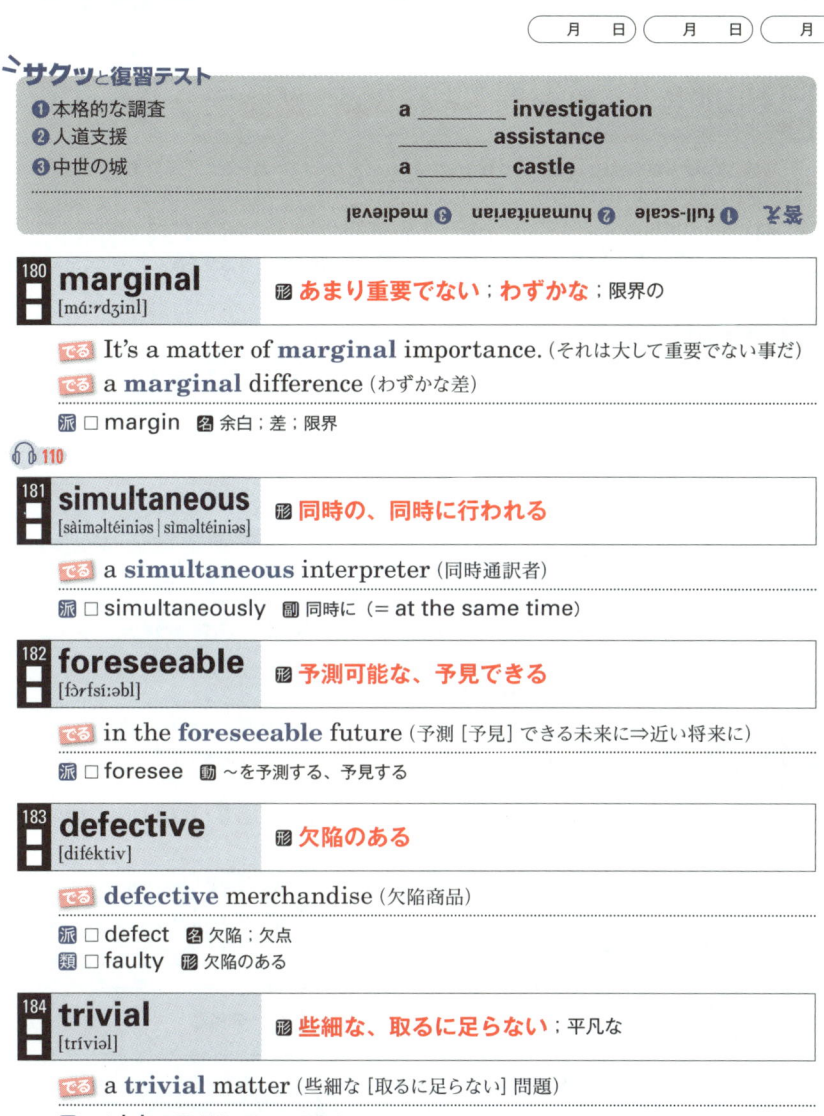

---

180 marginal
[máːrdʒinl]

形 **あまり重要でない；わずかな**；限界の

でる It's a matter of **marginal** importance.（それは大して重要でない事だ）
でる a **marginal** difference（わずかな差）

派 □ margin 名 余白；差；限界

🎧 110

181 simultaneous
[sàiməltéiniəs | sìməltéiniəs]

形 **同時の、同時に行われる**

でる a **simultaneous** interpreter（同時通訳者）

派 □ simultaneously 副 同時に（= at the same time）

182 foreseeable
[fɔrfsíːəbl]

形 **予測可能な、予見できる**

でる in the **foreseeable** future（予測[予見]できる未来に⇒近い将来に）

派 □ foresee 動 〜を予測する、予見する

183 defective
[diféktiv]

形 **欠陥のある**

でる **defective** merchandise（欠陥商品）

派 □ defect 名 欠陥；欠点
類 □ faulty 形 欠陥のある

184 trivial
[tríviəl]

形 **些細な、取るに足らない**；平凡な

でる a **trivial** matter（些細な[取るに足らない]問題）

派 □ trivia 名 雑学；取るに足らないこと
類 □ trifling 形 取るに足らない、つまらない
　 □ insignificant 形 取るに足らない、重要でない

Chapter 3 ● 形容詞・副詞

185 eligible
[élidʒəbl]

形 **資格のある、適格な、適任な**

でる You are **eligible** for a pension. (あなたは年金を受け取る資格がある)
[= eligible to receive a pension]

派 □ eligibility
名 資格、適格 [適任] 性

> be eligible for ~ (~に対して資格がある) と be eligible to do (~する資格がある) の形がよく出ます。

186 vulgar
[vʌ́lgər]

形 **下品な、卑猥な；低俗な；大衆の**

でる use **vulgar** language (下品な言葉を使う)

でる **vulgar** people (低俗な連中)

でる **vulgar** entertainment (大衆娯楽)

派 □ vulgarity 名

187 skeptical
[sképtikəl]

形 **(~に) 懐疑的な** (about/of)；疑い深い

でる He is **skeptical** about everything. (彼は何事にも懐疑的だ)

派 □ skeptic 名 疑い深い人；懐疑論者
□ skepticism 名 疑念；懐疑主義

188 cynical
[sínikəl]

形 **冷笑的な、ひねくれた；皮肉な**

でる take a **cynical** view of ~ (~に対して冷笑的な [ひねくれた] 見方をする)

でる a **cynical** joke (皮肉なジョーク)

派 □ cynicism 名 冷笑的な考え方；皮肉 (な言葉)
□ cynic 名 冷笑家、皮肉屋

類 □ sarcastic 形 皮肉な、嫌みな

> clinical (臨床の；医療用の) と混同しないように注意しましょう。

189 shabby
[ʃǽbi]

形 **ぼろぼろの；みすぼらしい**；卑劣な

でる **shabby** clothes (ぼろぼろの [よれよれの] 服)

でる a **shabby** old man (みすぼらしい身なりの老人)

190 eccentric
[ikséntrik]

形 **一風変わった、突飛な** 名 変わり者

でる He is quite an **eccentric** person. (彼はかなり風変わりな人だ)

派 □ eccentricity 名 風変わり；奇行；偏向

191 coherent
[kouhíərənt]

形 **首尾一貫した、筋の通った**；まとまった、団結した

でる a **coherent** argument（首尾一貫した議論[主張]）

派 □ coherence 名 首尾一貫性、統一性
　□ cohere 動 首尾一貫する；まとまる；密着する
類 □ consistent 形 首尾一貫した、筋の通った
　□ cohesive 形 まとまった、団結した；密着した
反 □ incoherent 形 つじつまの合わない；支離滅裂な

192 feeble
[fíːbl]

形 **弱々しい；かすかな**

でる a **feeble** elderly man（体の弱った高齢男性）
でる a **feeble** light（かすかな光）

類 □ fragile 形 虚弱な、弱い
　□ frail 形 虚弱な、弱い

193 stout
[stáut] 発

形 **恰幅のよい、太った；丈夫な**；勇敢な

でる a **stout** middle-aged man（恰幅のよい[太った]中年男性）
でる a **stout** rope（丈夫なロープ）

> stout が「恰幅のよい、太った」の意味で使われる場合は、fat の婉曲語と言えます。

194 overdue
[òuvərdjúː]

形 **支払い期限の過ぎた；返却期限を過ぎた**；到着の遅れた

でる Your payment is two weeks **overdue**.（お支払いが2週間遅れています）
でる an **overdue** library book（返却期限を過ぎた図書館の本）

> overdo [òuvərdú] と混同しないように注意しましょう。

195 edible
[édəbl]

形 **食用の、食べられる**

でる These mushrooms are **edible**.（これらのキノコは食べることができます）

類 □ inedible
　形 食用に適さない、食べられない

> edible は「毒などが入っておらず食用に適している」、eatable は「味や状態は悪いが何とか食べられる状態である」というニュアンスの違いがあります。

196 avid
[ǽvid]

形 **熱心な、熱烈な**；どん欲な

でる an **avid** reader（熱心な読者）

派 □ avidly 副 熱心に、夢中で
□ avidity 名 熱心さ；どん欲さ；親和性

> arid（乾燥した、不毛の；無味乾燥な）と混同しないように注意しましょう。

197 picturesque
[pìktʃərésk]

形 **絵のように美しい、風光明媚な**

でる the **picturesque** town of Lunenburg
（絵のように美しいルーネンバーグの町）

> picturesque は [picture（絵）＋ esque（～風の、～に似た）] から「絵のように美しい」の意味となります。

198 sophisticated
[səfístəkèitid]

形 **洗練された、教養のある；精巧な、高性能の；あか抜けた**

でる a **sophisticated** person（洗練された[教養のある]人／あか抜けた人）
でる **sophisticated** equipment（精巧な[高性能の]装置）

派 □ sophistication 名 洗練；精巧さ
類 □ refined 形 洗練された；精巧な
反 □ unsophisticated 形 野暮な；単純な

199 fabulous
[fǽbjuləs]

形 **素晴らしい；信じられないほどの**；架空の

でる a **fabulous** trip（素晴らしい旅行）
でる **fabulous** wealth（信じられないほどの[途方もない]富、莫大な財産）

類 □ fantastic 形 素晴らしい；途方もない；架空の
□ unbelievable 形 信じられない；素晴らしい

200 wholesale
[hóulsèil]

形 **卸（売り）の；大規模な** 名 卸売り

でる **wholesale** goods（卸売商品）
でる at **wholesale** prices（卸値で）
でる the **wholesale** destruction of the ecosystem（生態系の大規模な破壊）

派 □ wholesaler 名 卸売業者
反 □ retail 形 小売りの 名 小売り

サクッと復習テスト

❶ 同時通訳者　　　　　　　　　a _____ interpreter
❷ 首尾一貫した議論　　　　　　a _____ argument
❸ 洗練された人　　　　　　　　a _____ person

答え　❶ simultaneous　❷ coherent　❸ sophisticated

🎧 112

201 prehistoric
[priːhistɔ́ːrik]

形 **有史以前の、先史の**（= prehistorical）

でる **prehistoric** ruins（有史以前の遺跡）

派 □ prehistory　名 先史時代；先史学

202 adverse
[ædvə́ːrs | ǽdvəːrs]

形 **逆の**；（～に）反対して（to）；**不利な**

でる an **adverse** effect（逆効果、悪影響、副作用）

でる under **adverse** circumstances（不利な状況下で⇒逆境で）

派 □ adversely　副 逆に；不利に

> averse（(～を) ひどく嫌って (to)）と混同しないように注意しましょう。

203 feudal
[fjúːdl]

形 **封建制の；封建的な**；領土の、封土の

でる the **feudal** system（封建制度）
でる a **feudal** society（封建社会）

派 □ feudalism　名 封建主義；封建制度
　□ feud　名 確執、不和；領地、封土

> federal [fédərəl]（連邦政府の）と混同しないように注意しましょう。

204 terrestrial
[təréstriəl]

形 **地球の**；陸上の　名 地球に住む生物、人間

でる **terrestrial** gravity [gravitation]（地球の引力）

派 □ terrain　名 地形、土地
反 □ extraterrestrial　形 地球外の、宇宙からの
　　名 地球外生物、宇宙人

> 映画 E.T. の副題は「the Extra-Terrestrial」でした。

Chapter 3 ● 形容詞・副詞

205 ingenious
[indʒíːnjəs]

形 **独創的な、工夫に富んだ；巧妙な、精巧な**

- でる an **ingenious** invention（独創的な発明）
- でる the **ingenious** design of ~（~の巧妙な設計）

派 □ ingenuity
　名 創意工夫、発明の才；巧みさ

> ingenuous [indʒénjuəs]（純真な；率直な）や indigenous [indídʒənəs]（土地固有の、土着の）と混同しないように注意しましょう。

206 obsolete
[àbsəlíːt]

形 **時代遅れの、旧式の；廃れた**

- でる use **obsolete** technology（時代遅れの技術を用いる）
- でる **obsolete** customs（廃れた習慣）

類 □ outdated　形 時代遅れの、旧式の；廃れた

> absolute（絶対の；完全な）と混同しないように注意しましょう。

207 amiable
[éimiəbl]

形 **愛想の良い**；親しみやすい；好意的な

- でる an **amiable** gentleman（愛想の良い紳士）

類 □ affable [ǽfəbl]　形 愛想の良い；優しい

> amicable [ǽmikəbl]（友好的な；平和的な）と混同しないように注意しましょう。

208 overt
[ouvə́ːrt | óuvəːrt]

形 **あからさまな、公然の**

- でる **overt** criticism（あからさまな［公然の］非難）

派 □ overtly　副 あからさまに、公然と
反 □ covert [kóuvərt | kʌ́vərt]　形 ひそかな、秘密（裏）の

209 radiant
[réidiənt]

形 **喜びに満ちた**；晴れやかな；光り輝く；**放射の**

- でる She was **radiant** with happiness.（彼女は幸せな喜びに満ちていた）
- でる a **radiant** smile（晴れやかな笑顔）
- でる the sun's **radiant** energy（太陽の放射エネルギー）

派 □ radiate [réidièit]　動 ~を放射する；~を発散する；広がる
　□ radiator　名（車の）ラジエーター

210 municipal
[mjuːnísəpəl]
形 地方自治体の、市［町］の

でる **municipal** elections（地方議会選挙、市会議員選挙）
でる the **municipal** government（市政）

派 □ municipality 名 地方自治体、市町村；市［町］当局

🎧 113

211 discreet
[diskríːt]
形 **慎重な、思慮深い**；控えめな

でる make a **discreet** choice（慎重な選択をする）

派 □ discretion 名 思慮分別；自由裁量
反 □ indiscreet 形 無分別な、軽率な

> 同音語の discrete（個別の）と混同しないように注意しましょう。

212 astronomical
[æstrənámikəl]
形 **天文学的な、桁外れに大きな**；天文学の

でる an **astronomical** amount of money（天文学的な額の金、桁外れの大金）

派 □ astronomically 副 天文学的に、ものすごく；天文学上は
□ astronomy 名 天文学
□ astronomer 名 天文学者

213 law-abiding
[lɔ́ːəbàidiŋ]
形 **法律に従う、法律を守る**

でる a **law-abiding** citizen（法律に従う国民）

反 □ law-breaking 形 法律に従わない；不法な
□ lawless 形 法律に従わない；不法な

> abide は「遵守する；とどまる」の意味の動詞です。

214 fertile
[fə́ːrtl | fə́ːrtail]
形 肥沃な；繁殖力のある；**想像力に富む**

でる The land was **fertile**.（その土地は肥沃であった）
でる a person with a **fertile** imagination（想像力豊かな人）

派 □ fertility 名 生殖［受胎］能力；肥沃さ
□ fertilize 動 〜を肥沃にする；〜を受精させる
□ fertilizer 名 肥料
反 □ infertile 形 不毛の；不妊の

215 barren
[bǽrən]

形 **不毛の**；不妊の；**殺風景な**

でる a **barren** desert（不毛の砂漠）
でる a **barren** room（殺風景な部屋）

類 □ sterile　形 不毛の；不妊の；殺菌した
反 □ fertile　形 肥沃な；繁殖力のある

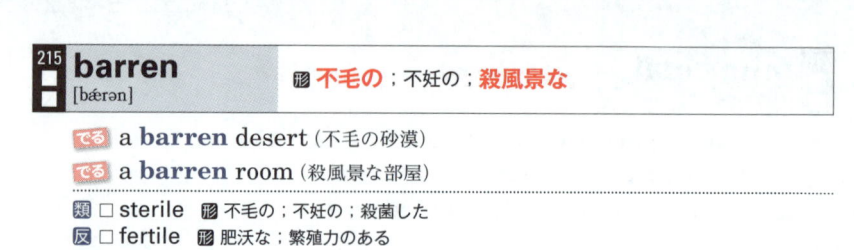

216 cozy
[kóuzi]

形 **居心地が良い**；和気あいあいとした；**結託した**

でる a **cozy** little cottage（居心地の良い小さな別荘⇒こぢんまりとした別荘）
でる develop a **cozy** relationship with ~
（~との馴れ合い関係［癒着関係］を築く）

217 legitimate
[lidʒítəmət] 発

形 **合法的な、適法の**；**正当な、もっともな**；**嫡出の**
動 [lidʒítəmèit] 発　~を合法化する；~を正当化する

でる **legitimate** business activities（合法的な事業活動）
でる a **legitimate** reason（正当な［もっともな］理由）
でる a **legitimate** child（嫡出子）

派 □ legitimately　副 合法的に；正当に
　□ legitimacy　名 合法性；正当性
反 □ illegitimate　形 違法の；非嫡出の

218 perceptible
[pərséptəbl]

形 **感知［知覚・認知］できる、はっきりした**；かなりの

でる The sound is barely **perceptible**.（その音はほとんど聞こえない）

反 □ imperceptible
　形 感知できない；ごくわずかな

> perceptive（洞察力のある、鋭い；知覚的な）と混同しないように注意しましょう。

219 compulsory
[kəmpʌ́lsəri]

形 **義務的な、強制的な**；必修の

でる complete **compulsory** education（義務教育を終える）

派 □ compulsion [kəmpʌ́lʃən]　名 強制；衝動
　□ compulsive　形 強迫的な、やめられない
類 □ mandatory　形 義務的な、強制的な；必修の
　□ obligatory　形 義務的な、強制的な；必修の
反 □ voluntary　形 自由意志の、自発的な；任意の

サクッと復習テスト

❶ 封建制度　　　　　　　the _____ system
❷ 法律に従う国民　　　　a _____ citizen
❸ 義務教育を終える　　　complete _____ education

答え　❶ feudal　❷ law-abiding　❸ compulsory

---

220 outrageous
[autréidʒəs]

形 **法外な、ひど過ぎる；常軌を逸した、言語道断の**

でる an **outrageous** demand（法外な[ひどい]要求）
でる his **outrageous** behavior（彼の常軌を逸した振る舞い、彼の言語道断の行為）

派 □ outrage 名 激怒；暴力　動 〜を激怒させる

🎧 114

221 bilateral
[bailǽtərəl]

形 **二国［両国］間の、双方の**

でる normalize **bilateral** relations（両国関係を正常化する）

> bilateral は [bi（2つの）＋ lateral（側面の）] から「二国［両国］間の、双方の」の意味となります。接頭辞 bi- の意味さえ分かれば、bicycle（自転車）や、binoculars（双眼鏡）、bilingual（二カ国語を話す；バイリンガル）にも納得。unilateral（一方的な）、trilateral（三国［三者］間の）、multilateral（多国間の）も覚えておきましょう。

222 renowned
[rináund]

形 **名高い、著名な**

でる a **renowned** author（名高い[有名な]著者）

派 □ renown 名 名声、有名

> world-renowned（世界的に有名な）の形もよく出ます。

223 vibrant
[váibrənt]

形 **活気に満ちた**；鮮やかな；振動する

でる a **vibrant** metropolis（活気に満ちた大都市）

派 □ vibrancy 名 活気；鮮やかさ；振動
　□ vibrate 動 振動する、揺れる
　□ vibration 名 振動、揺れ；動揺

224 sober
[sóubər] 発
形 **しらふの；冷静な**；真面目な　動 酔いがさめる

でる You have to be **sober** when you drive.
（車を運転する時は、しらふでいなければならない）

でる make a **sober** judgment（冷静な判断を下す）

派 □ sobriety　名 しらふ；禁酒；冷静

> somber [sámbər]（陰鬱な；地味な；薄暗い）と混同しないように注意しましょう。

225 preoccupied
[pri:ákjupàid]
形 **（～に）夢中になって、没頭して**（with）**；うわの空の、気を取られている**

でる He was **preoccupied** with his work.
（彼は仕事に夢中になっていた［没頭していた］）

でる She was listening to me with a **preoccupied** air.
（彼女はうわの空で私の話を聞いていた）

派 □ preoccupy　動 ～を（～に）夢中にさせる（with）
　□ preoccupation　名 夢中、没頭；最大の関心事；先入観

226 spontaneous
[spɑntéiniəs]
形 **自発的な、自然に起こる**；自然発生の、自然の

でる a **spontaneous** action（自発的な行動）

でる **spontaneous** laughter（自然に起こる笑い⇒思わず発する笑い）

派 □ spontaneously　副 自発的に；自然に
　□ spontaneity　名 自発性；自然さ

227 adolescent
[ædəlésnt]
形 **青年期の、思春期の**；若々しい
名 青春期［思春期］の若者

でる typical **adolescent** struggles（典型的な青年期の葛藤［苦闘］）

派 □ adolescence　名 青年期、思春期

> 日本語の「思春期」に対応する英語には puberty（前期思春期）と adolescence（後期思春期）の2つがあります。puberty は人および人以外の動物にも使う語ですが、adolescence は人にだけ使う語です。

228 corrupt
[kərʌ́pt]
形 **堕落した、腐敗した；汚職の、不正の**
動 ～を堕落させる；～を買収する

でる a **corrupt** society（堕落［腐敗］した社会）

でる **corrupt** politicians（汚職政治家）

派 □ corruption　名 汚職；堕落
　□ corruptible　形 堕落［腐敗］しやすい

> collapse（壊れる；倒れ込む）と混同しないように注意しましょう。

229 dismal
[dízməl] 発
形 **陰気な、うっとうしい**；惨めな、散々な

でる It's **dismal** weather.（陰気な［うっとうしい］天気だ）
でる end in a **dismal** failure（惨めな［惨憺たる］失敗に終わる）

> dismay [disméi]（～をうろたえさせる；失望）と混同しないように注意しましょう。

230 forbidding
[fərbídiŋ]
形 **（表情などが）怖い、厳しい；（場所などが）近寄りがたい**

でる a **forbidding** look（怖い顔つき［表情］）
でる a **forbidding** cliff（険しい絶壁）

派 □ forbid 動 ～を禁じる、禁止する
　□ forbidden 形 禁じられた

🎧 115

231 patriotic
[pèitriátik] 発
形 **愛国的な、愛国心の強い**

でる a **patriotic** song（愛国的な歌、愛国心あふれる歌）

派 □ patriot [péitriət | pǽtriət] 名 愛国者
　□ patriotism 名 愛国心

232 rigorous
[rígərəs]
形 **厳密な；厳しい**

でる conduct a **rigorous** analysis（厳密な分析を行う）
でる a **rigorous** climate（厳しい気候）

派 □ rigor 名 厳密さ；厳しさ

233 stark
[stá:rk]
形 **全くの、完全な**；殺風景な；厳しい　副 **全く**

でる in **stark** contrast to [with] ～（～と全く対照的に）
でる **stark** naked（真っ裸で）

234 savage
[sǽvidʒ]
形 **どう猛な；残酷な；野蛮な**；厳しい
名 未開人　動 ～を襲う；～を酷評する

でる a **savage** animal（どう猛な動物）
でる a **savage** act（残酷な［野蛮な］行為）

派 □ savagery
　名 残虐（性）；野蛮さ

> salvage [sǽlvidʒ]（～を引き上げる；～を救済する；海難救助）と混同しないように注意しましょう。

235 utmost
[ʌ́tmòust]

形 **最大限の**；**この上ない、最高の**　名 最大限

- でる make **utmost** efforts（最大限の努力をする）
- でる a matter of the **utmost** importance（この上なく重要な事柄⇒最重要事項）

236 sovereign
[sάvərən] 発

形 **主権を有する、独立した**；最高の　名 君主；主権者

- でる **sovereign** power（主権）
- でる a **sovereign** state（主権国家、独立国）

派 □ sovereignty　名 主権、統治権

237 underlying
[ʌ́ndərlàiiŋ]

形 **根本的な、根底にある**；潜在的な

- でる the **underlying** cause of the problem
  （その問題の根本[根底にある]原因）

派 □ underlie　動 ～の根底にある、～の基礎となる

238 dire
[dáiər] 発

形 **悲惨な、深刻な**；**緊急の、差し迫った**

- でる fall into a **dire** situation（悲惨な状況に陥る）
- でる There is a **dire** need for food and medicine.
  （食糧と薬が緊急に必要である）

239 secular
[sékjulər]

形 **世俗の、現世の**；非宗教的な

- でる **secular** values（世俗的な価値観）

類 □ worldly　形 世俗の、現世の
　□ earthly　形 世俗の、現世の
　□ mundane　形 世俗の、現世の

240 luminous
[lúːmənəs]

形 **光を発する**；**明快な**

- でる a **luminous** body（発光体）
- でる the author's **luminous** writing（その著者の明快な[分かりやすい]文体）

> luminous や illumination の語根 lum- は「明るい」という意味を表します。

サクッと復習テスト

❶ 両国関係を正常化する　　normalize _____ relations
❷ 自発的な行動　　　　　　a _____ action
❸ 愛国的な歌　　　　　　　a _____ song

答え　❶ bilateral　❷ spontaneous　❸ patriotic

🎧 116

241 pathetic
[pəθétik]

形 哀れな、痛ましい；情けない、ひどい

でる a **pathetic** attempt（哀れな [痛ましい] 試み）
でる a **pathetic** performance（情けない [ひどい] 演技）

派 □ pathos [péiθɑs] 名 悲哀、哀感
類 □ pitiful 形 哀れな；情けない

> sympathetic（同情的な）と混同しないように注意しましょう。

242 steadfast
[stédfæst]

形 確固たる、不動の；忠実な、誠実な

でる have a **steadfast** belief that ~（〜という確固たる信念を持っている）
でる a **steadfast** friend（忠実な [誠実] な友）

派 □ steadfastness 名 不動、一貫性；忠実さ

243 bleak
[blí:k]

形 暗い、希望のない；寒々とした；殺風景な

でる a **bleak** future（暗い [希望のない] 将来）
でる on a **bleak** winter afternoon（寒々とした冬の午後に）

244 foremost
[fɔ́ːrmòust]

形 最も重要な；第一線の　副 まず第一に

でる the **foremost** priority（最も重要な優先事項）
でる a **foremost** authority in the field（その分野の第一人者）

熟 □ first and foremost 何よりも、第一に

245 undeniable
[ʌ̀ndináiəbl]

形 **否定できない、確かな**

- It is **undeniable** (that) ~ (~ということは否定できない)
- **undeniable** evidence (紛れもない [明白な] 証拠)

派 □ undeniably 副 紛れもなく、間違いなく
　□ deny 動 ~を否定する；~を認めない
　□ denial 名 否定；拒絶
反 □ deniable 形 否定できる

246 latent
[léitnt]

形 **潜在的な；隠れている**

- a **latent** threat (潜在的脅威)
- develop her **latent** talents (彼女の隠れた才能を伸ばす)

類 □ potential 形 潜在的な；可能性がある 名 潜在能力；可能性
　□ dormant 形 隠れている、表面に表れていない；休火山の；休眠中の

247 penal
[pí:nl]

形 **刑法の、刑罰の；刑事上の**

- the Japanese **Penal** Code (日本の刑法)
- a **penal** offense (刑事事件、刑事犯罪)

派 □ penalty [pénəlti] 名 (~に対する) 罰 (for)
　□ penalize [pí:nəlaiz] 動 ~を罰する；~を不利にする

248 juvenile
[dʒú:vənl | dʒú:vənáil]

形 **少年少女の、未成年の** 名 **未成年者**

- the problem of **juvenile** delinquency
  (未成年者の非行問題、青少年犯罪の問題)
- the sound upbringing of **juveniles** (青少年の健全な育成)

249 perpetual
[pərpétʃuəl]

形 **絶え間ない、ひっきりなしの；永遠 [永久] の、恒久的な**

- **perpetual** quarreling (絶え間ない [のべつ幕なしの] 口論)
- long for **perpetual** peace (永遠の平和を願う)

派 □ perpetuate 動 ~を永続させる
　□ perpetuity 名 永久、永続 (性)
類 □ constant 形 絶え間ない、ひっきりなしの
　□ permanent 形 永遠 [永久] の、恒久的な

250 imminent
[ímənənt]

形 差し迫った、切迫した

でる an **imminent** danger [threat] (差し迫った危険 [脅威])

派 □ imminence 名 切迫、急迫
類 □ impending 形 差し迫った、切迫した
　□ pressing 形 差し迫った、切迫した

🎧 117

251 grim
[grím]

形 厳しい、暗い；険しい、厳格な

でる the **grim** reality of ~ (~の厳しい現実、~の厳然たる事実)
でる a **grim** facial expression (険しい [厳格な] 表情)

派 □ grimly 副 険しい顔をして；暗く

> グリム童話集の編者である「グリム兄弟」は、the Brothers Grimm と綴ります。

252 mortal
[mɔ́ːrtl]

形 死ぬ運命にある；致命的な；死の間際の

でる Man is **mortal**. (人は死すべきものである)
でる suffer **mortal** agony (断末魔の苦しみを味わう)

派 □ mortality 名 死すべき運命；死亡者数；死亡率
　□ immortality 名 不死；不滅；不朽の名作
反 □ immortal 形 不死の；不朽の

> mortality rate (死亡率) も覚えておきましょう。

253 immune
[imjúːn]

形 (~に) 免疫がある (to)；(~から) 免除された (from)

でる **immune** to the virus (そのウイルスに免疫がある)
でる **immune** from taxation (税を免除されている)

派 □ immunity 名 免疫 (力)；免除
　□ immunization 名 免疫処置、予防接種

254 chronic
[kránik]

形 慢性の；常習的な

でる a **chronic** disease (慢性疾患、持病)

派 □ chronically 副 慢性的に
反 □ acute 形 急性の；鋭い；深刻な；激しい

255 acute
[əkjúːt]

形 鋭い；深刻な；激しい；急性の

- an **acute** sense of hearing（鋭い聴覚）
- an **acute** shortage of food（深刻な食糧不足）
- feel an **acute** pain（激痛を覚える）
- **acute** appendicitis（急性虫垂炎［盲腸炎］）

派 □ acutely 副 ひどく、激しく
　□ acuteness 名 鋭さ；深刻さ；激しさ

256 indignant
[indígnənt]

形 憤慨した

- She got **indignant** about [at] what I said.
（彼女は私の言ったことに憤慨した）

派 □ indignation 名 憤慨

> indignant は angry よりも文語的な語です。

257 filthy
[fílθi]

形 とても汚い、不潔な；下品な、卑猥な

- a **filthy** room（とても汚い部屋）
- a **filthy** joke（下品［卑猥］なジョーク）

派 □ filth 名 汚物；下品な言葉

258 long-standing
[lɔ́ŋstændiŋ]

形 長期［長年］にわたる、長年の

- a **long-standing** civil war（長期［長年］にわたる内線）
- a **long-standing** relationship（長い付き合い）

類 □ long-term 形 長期にわたる

259 phenomenal
[finámənl]

形 驚異的な、驚くべき；現象の

- a **phenomenal** upward trend（驚異的な上昇傾向）

派 □ phenomenon 名 現象、事象

> phenomenon の複数形は phenomena [finámənə] です。

サクッと復習テスト

① 暗い将来　　　　　　　a _____ future
② 潜在的脅威　　　　　　a _____ threat
③ 慢性疾患　　　　　　　a _____ disease

答え　① bleak　② latent　③ chronic

260 masculine
[mǽskjulin]

形 **男らしい、頑健な**；男性の

でる He is **masculine** but tender.（彼は男らしいが優しい）

派 □ masculinity 名 男らしさ
類 □ manly 形 男らしい、頑健な；勇敢な

🎧 118

261 feminine
[fémənin]

形 **女らしい**；女性の

でる She is **feminine** and elegant.（彼女は女らしくて優雅だ）

派 □ feminity 名 女らしさ
　□ feminist 名 フェミニスト、男女同権主義者
　□ feminism 名 フェミニズム、男女同権主義
反 □ masculine 形 男らしい；女性の

262 circumstantial
[sə̀ːrkəmstǽnʃəl]

形 **状況による**；付随的な；詳細な

でる based on **circumstantial** evidence（状況証拠に基づいて）

派 □ circumstance 名《～s》状況、事情、環境

263 supreme
[səpríːm] 発

形 **最高位の**；**至高の、この上ない**；究極の

でる the **Supreme** Court（最高裁判所）
でる a feeling of **supreme** happiness（最高の［この上ない］幸福感）

派 □ supremely 副 この上なく、最高に
　□ supremacy [səpréməsi] 名 優位；最高；主権

264 innumerable
[injúːmərəbl]

形 **無数の、数えきれない**

でる **innumerable** stars in the Milky Way（天の川の無数の星）

類 □ numberless 形 無数の、数えきれない
反 □ numerable 形 数えられる

> innumerable は [in（打ち消し）＋ numerable（数えられる）] から「無数の、数えきれない」の意味となります。

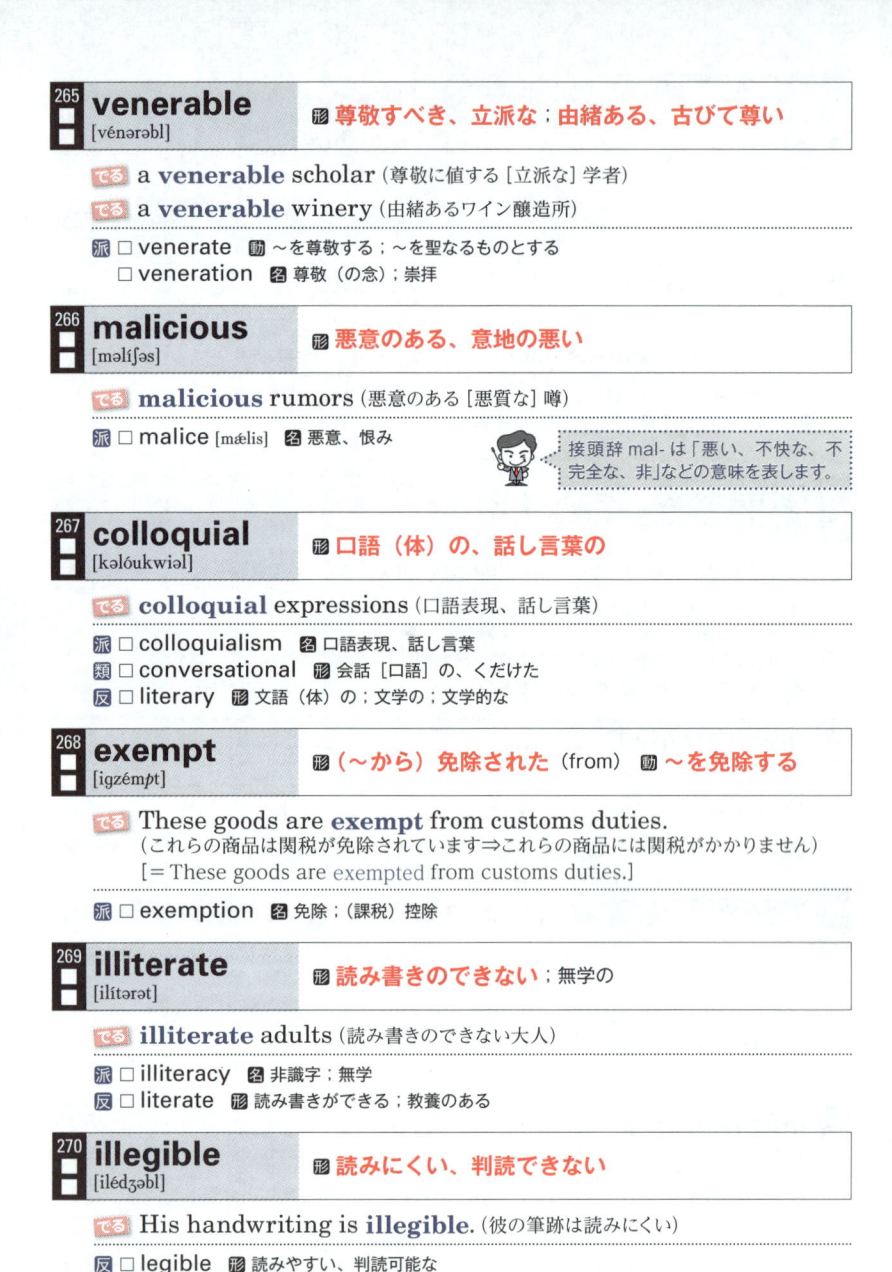

265 venerable [vénərəbl]
形 尊敬すべき、立派な；由緒ある、古びて尊い

- でる a **venerable** scholar（尊敬に値する[立派な]学者）
- でる a **venerable** winery（由緒あるワイン醸造所）

派 □ venerate 動 ～を尊敬する；～を聖なるものとする
　□ veneration 名 尊敬（の念）；崇拝

266 malicious [məlíʃəs]
形 悪意のある、意地の悪い

- でる **malicious** rumors（悪意のある[悪質な]噂）

派 □ malice [mǽlis] 名 悪意、恨み

> 接頭辞 mal- は「悪い、不快な、不完全な、非」などの意味を表します。

267 colloquial [kəlóukwiəl]
形 口語（体）の、話し言葉の

- でる **colloquial** expressions（口語表現、話し言葉）

派 □ colloquialism 名 口語表現、話し言葉
類 □ conversational 形 会話[口語]の、くだけた
反 □ literary 形 文語（体）の；文学の；文学的な

268 exempt [igzémpt]
形 （～から）免除された（from） 動 ～を免除する

- でる These goods are **exempt** from customs duties.
（これらの商品は関税が免除されています⇒これらの商品には関税がかかりません）
[= These goods are exempted from customs duties.]

派 □ exemption 名 免除；（課税）控除

269 illiterate [ilítərət]
形 読み書きのできない；無学の

- でる **illiterate** adults（読み書きのできない大人）

派 □ illiteracy 名 非識字；無学
反 □ literate 形 読み書きができる；教養のある

270 illegible [ilédʒəbl]
形 読みにくい、判読できない

- でる His handwriting is **illegible**.（彼の筆跡は読みにくい）

反 □ legible 形 読みやすい、判読可能な

271 eloquent
[éləkwənt]

形 雄弁な、説得力のある

でる make an **eloquent** speech（雄弁なスピーチをする、説得力のある演説をする）

派 □ eloquence 名 雄弁
反 □ ineloquent
　　形 口下手の、訥（とつ）弁な

> Silence is golden, eloquence is silver.（沈黙は金、雄弁は銀）[= Speech is silver, silence is gold(en).（雄弁は銀、沈黙は金）] は有名な諺です。

272 carefree
[kéərfrìː]

形 心配のない、気楽な

でる enjoy a **carefree** life（気楽な生活を楽しむ）

> carefree は [care（心配、悩み）+ free（〜のない）] から「心配のない、気楽な」の意味となります。接尾辞 -free の付いた sugar-free（無糖の）、fat-free（無脂肪の）、smoke-free（禁煙の）、sugar-free（砂糖を含まない）、caffeine-free（カフェイン抜きの）、tax-free（免税の）なども覚えておきましょう。

273 nominal
[námənl]

形 名目上の；ほんのわずかの

でる a **nominal** title（名目上の肩書き）
でる You can rent towels for a **nominal** fee.
　　（タオルはほんのわずかな料金で借りることができます）

派 □ nominally 副 名目上は

274 epoch-making
[épəkmèikiŋ]

形 画期的な、新時代を画する

でる an **epoch-making** invention（画期的な発明）

派 □ epoch 名（画期的な）時代

275 devout
[diváut]

形 敬虔な、信心深い；熱心な

でる a **devout** Catholic（敬虔なカトリック教徒）

類 □ pious [páiəs]
　　形 敬虔な、信心深い

> devote [divóut]（〜を注ぐ、費やす；〜を専念させる）と混同しないように注意しましょう。

276 transient
[trǽnziənt | trǽnʃənt]

形 一時的な、つかの間の；はかない；短期の

でる **transient** hearing loss（一時的な [一過性の] 難聴）
でる **transient** workers（短期労働者）

派 □ transience [trǽnziəns | trǽnʃəns] 名 一時的であること、一過性；はかなさ
類 □ temporary 形 一時的な；はかない

277 formidable
[fɔ́ːrmidəbl | fɔ́ːrmídəbl]
形 手ごわい、恐るべき；手に負えない、大変な

- でる a **formidable** opponent（手ごわい敵 [相手]）
- でる a **formidable** task（手に負えない仕事、手に余る課題）

278 susceptible
[səséptəbl]
形 影響を受けやすい；感染しやすい；敏感な

- でる **susceptible** to ultraviolet rays（紫外線の影響を受けやすい）
- でる **susceptible** to an ear infection（耳の感染症にかかりやすい）

派 □ susceptibility 名 影響を受けやすいこと；感染しやすいこと；感受性

279 futile
[fjúːtl | fjúːtail] 発
形 無駄な、役に立たない

- でる make a **futile** attempt（無駄な試み [企て] をする）

派 □ futility 名 無駄、無益
類 □ useless 形 無駄な、役に立たない

> fertile [fɔ́ːrtl | fɔ́ːrtail]（肥沃な；繁殖力のある）と混同しないように注意しましょう。

280 sneaky
[sníːki]
形 卑劣な、卑怯な、こそこそした

- でる **sneaky** behavior（卑劣な行為 [行動]）
- でる He is very **sneaky**.（彼はとてもずるい）

派 □ sneak 動 （～に）こっそり入る（into）

🎧 120

281 egocentric
[ìːgouséntrik]
形 自己中心的な、自己本位の（= egoistic）

- でる **egocentric** thinking [thought]（自己中心的思考）

派 □ ego 名 自尊心；うぬぼれ；自我、エゴ
　□ egoism 名 利己主義；うぬぼれ（= egotism）
　□ egoist 名 自己中心的な人、利己的な人（= egotist）
類 □ self-centered 形 自己中心的な、自己本位の
反 □ altruistic 形 利他的な、利他主義の

サクッと復習テスト

❶ 状況証拠に基づいて　　　based on _____ evidence
❷ 最高裁判所　　　　　　 the _____ Court
❸ 読み書きのできない大人　_____ adults

答え　❶ circumstantial　❷ Supreme　❸ illiterate

---

282 definitive
[difínətiv]

形 最も信頼できる；最終的な、決定的な

でる the **definitive** analysis（最も信頼できる分析）
でる make a **definitive** decision（最終決定を下す）

派 □ definite 形 明確な；確実な；決定的な
　 □ definition 名 定義；鮮明さ；明確さ
　 □ define 動 ～を定義する；～を明確にする

283 conspicuous
[kənspíkjuəs]

形 目立つ、人目を引く；顕著な、際立った

でる Her absence was very **conspicuous**.（彼女の欠席はとても目立った）
でる a **conspicuous** increase in membership（会員数の顕著な増加）

派 □ conspicuously 副 目立って、著しく
類 □ noticeable 形 目立つ、顕著な
　 □ salient [séiliənt] 形 目立つ、顕著な；突出した
反 □ inconspicuous 形 目立たない

284 desolate
[désələt] 発

形 荒涼とした、わびしい；孤独な
動 [désəlèit] ～を荒廃させる；～を寂しくさせる

でる a **desolate** landscape（荒涼たる景色）
でる **desolate** children（孤独な子供たち）

派 □ desolation 名 荒廃；孤独感

285 linear
[líniər]

形 線の、線形の；直線の；長さの

でる a **linear** design（線形模様）
でる think in a **linear** way（直線的にものを考える）

派 □ line 名 線、直線；回線；列
　 □ linearity 名 直線性；線状性

286 vicious
[víʃəs]

形 **悪意のある；悪い、ひどい**

- でる a **vicious** rumor（悪意のある噂）
- でる a **vicious** circle [cycle]（悪循環）

派 □ vice 名 悪、悪徳；欠陥、欠点

287 traumatic
[trəmǽtik | trɔːmǽtik]

形 **心的外傷［トラウマ］となる；外傷性の**

- でる a **traumatic** experience（心的外傷となる経験、心に傷となって残る体験）

派 □ trauma 名 心的外傷、トラウマ；外傷
□ traumatize 動 ～に心的外傷［トラウマ］を与える；～に外傷を負わせる

288 incessant
[insésnt]

形 **絶え間ない、ひっきりなしの**

- でる the **incessant** traffic noise（絶え間ない交通騒音）

派 □ incessantly 副 絶え間なく、ひっきりなしに
類 □ constant 形 絶え間ない、ひっきりなしの

289 judicious
[dʒuːdíʃəs]

形 **賢明な；思慮深い**

- でる a **judicious** choice（賢明な選択）
- でる a **judicious** decision（思慮深い決定）

類 □ sensible 形 賢明な；思慮深い

> judicial（司法の、裁判の）と混同しないように注意しましょう。

290 studious
[stjúːdiəs]

形 **勉強熱心な、学問に励む；慎重な**

- でる a **studious** child（勉強熱心な子供）
- でる with **studious** attention（念入りに注意して）

派 □ studiously 副 わざと、故意に；慎重に、注意して

291 imposing
[impóuziŋ]

形 **人目を引く、印象的な、壮大な；堂々とした**

- でる a large **imposing** structure（大きくて人目を引く建物）
- でる an **imposing** figure [person]（堂々たる人）

派 □ impose 動 ～を（～に）課す（on）；～を（～に）押し付ける（on）
□ imposition 名 強制；賦課；負担

292 endangered
[indéindʒəd]
形 絶命の危機に瀕した

でる **endangered** species (絶滅危惧種)

派 □ endanger
動 ~を危険にさらす

> endanger は [en (~の状態にする) + danger (危険な)] から「~を危険にさらす」の意味となります。その endanger に -ed が付いて、形容詞 endangered となるわけです。

293 radioactive
[rèidiouǽktiv]
形 放射性 [放射能] の

でる **radioactive** materials [substances] (放射性物質)
でる the disposal of **radioactive** waste (放射性廃棄物の処理)

派 □ radioactivity 名 放射能；放射線 (= radiation)

294 pending
[péndiŋ]
形 未解決の、懸案の；差し迫った

でる The case is still **pending**. (その訴訟はまだ係争中 [未解決] だ)
でる resolve all **pending** issues (すべての懸案事項を解決する)

295 greasy
[grí:si | grí:zi]
形 油っこい、脂肪分の多い；べたべたした

でる **greasy** food (油っこい食べ物)

派 □ grease [grí:s] 名 潤滑油；油脂
動 ~に油 [グリース] を塗る

> grease と Greece (ギリシャ) は同音語です。

類 □ oily 形 油っこい；油性の

296 aesthetic
[esθétik]
形 美的な、審美的な；美学の

でる **aesthetic** values (美的価値 (観))
でる Kant's **aesthetic** theory (カントの美学理論)

派 □ aesthetics 名 美学
□ aesthetician 名 エステティシャン、全身美容師

> アメリカでは esthetic や esthetician とも綴ります。日本語の「エステ」は、aesthetic [esthetic] から来ています。

297 vigilant
[vídʒələnt]
形 警戒を怠らない；油断のない、用心深い

でる The guards are constantly **vigilant**. (警備員たちは絶えず警戒している)
でる **vigilant** about sanitation (公衆衛生に気を配る)

派 □ vigil 名 寝ずの番；通夜
□ vigilance 名 警戒、用心

298 superfluous
[súpə:rfluəs] 🅰
形 余分な、余計な；不必要な

- でる **superfluous** workers（余分な労働者⇒余剰[過剰]労働者）
- でる delete **superfluous** words（不必要な語を削除する）
- 派 □ superfluity [sù:pərflú:əti] 名 過剰；不必要なもの

> superficial（表面的な；浅薄な）と混同しないように注意しましょう。

299 enigmatic
[ènigmǽtik]
形 謎めいた、不可解な

- でる the **enigmatic** smile of *Mona Lisa*（モナリザの謎めいた微笑）
- 派 □ enigma 名 謎、不可解なもの

300 imperative
[impérətiv]
形 必須の、絶対に必要な；命令的な　名 義務；命令

- でる It is **imperative** that ~（~ということは必須である[絶対に必要である]）
- でる speak in an **imperative** tone（命令的な口調で話す）

🎧 122

301 hypothetical
[hàipəθétikəl]
形 仮定の；仮説の

- でる ask a **hypothetical** question（仮定の[仮説上の]質問をする）
- 派 □ hypothetically 副 仮に、仮定で
  □ hypothesis 名 仮説；仮定
  □ hypothesize 動 ~と仮定する；仮説を立てる

> hypothesis の複数形は hypotheses [haipáθəsi:z]です。

302 fugitive
[fjú:dʒətiv]
形 逃亡中の；つかの間の　名 逃亡者、脱走者

- でる a **fugitive** soldier（脱走兵）
- でる a wanted **fugitive**（指名手配中の逃亡者）

303 communal
[kəmjú:nəl]
形 共同の、共有の；地域社会の；コミューンの

- でる **communal** living（共同生活）
- でる **communal** land（共有地）
- 派 □ commune 名 生活共同体、コミューン

サクッと復習テスト

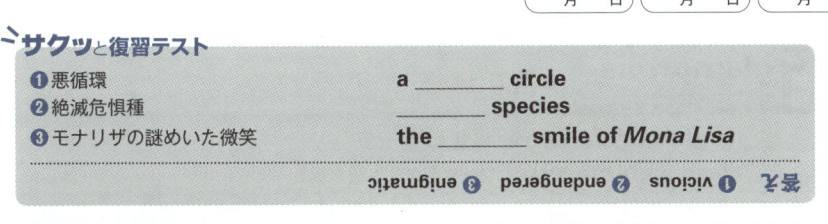

1. 悪循環 — a _____ circle
2. 絶滅危惧種 — _____ species
3. モナリザの謎めいた微笑 — the _____ smile of *Mona Lisa*

答え：❶ vicious ❷ endangered ❸ enigmatic

---

304 nomadic
[noumǽdik] 🎤

形 遊牧の

でる **nomadic** tribes（遊牧民族）

派 □ nomad [nóumæd] 名 遊牧人；放浪者

305 hereditary
[hərédətèri]

形 **遺伝性の、遺伝的な**；世襲の

でる **hereditary** diseases（遺伝病、遺伝性疾患）

派 □ heredity 名 遺伝

> genetic（遺伝子の；遺伝学の）も覚えておきましょう。

306 innate
[inéit] 🎤

形 **生まれつきの、先天的な**；固有の

でる an **innate** talent for music（天賦の[先天的な]音楽の才能）

類 □ inborn 形 生まれつきの、先天的な
反 □ acquired 形 後天的な；獲得した

307 inherent
[inhíərənt] 🎤

形 **本来備わっている**；固有の

でる the ability **inherent** in all human beings
（すべての人間に本来備わっている能力）

でる the **inherent** right of ~（~の固有の権利）

308 compatible
[kəmpǽtəbl]

形 **両立できる；互換性のある**；気が合う

でる make work and family **compatible**（仕事と家庭を両立させる）

でる These computers are **compatible** with each other.
（これらのコンピュータは相互に互換性がある）

派 □ compatibility 名 両立性；互換性；相性
反 □ incompatible 形 両立しえない；互換性のない；気が合わない

309 glamorous
[glǽmərəs]
形 魅力 [魅惑] 的な；華やかな

- でる a **glamorous** actress（魅力的な女優）
- でる lead a **glamorous** life（華やかな生活を送る）

派 □ glamour [glǽmər] 名 魅力；華やかさ
  □ glamorize 動 ～を魅力的にする；～を美化する

> glamour と grammar（文法）を混同しないように注意しましょう。

310 fiscal
[fískəl]
形 会計の；国庫の；財政上の

- でる the present **fiscal** year（今 [現] 会計年度）
- でる **fiscal** policy（財政政策）

🎧 123

311 ardent
[ɑ́ːrdnt]
形 熱烈な、熱狂的な、熱心な

- でる an **ardent** fan of the Yankees（ヤンキースの熱烈なファン）

派 □ ardently 副 熱烈に、熱心に
類 □ enthusiastic 形 熱烈な、熱狂的な、熱心な
  □ fervent 形 熱烈な、熱狂的な、熱心な
  □ passionate 形 熱烈な、熱狂的な、熱心な

312 subordinate
[səbɔ́ːrdənət]
形 (～より) 下位 [級] の (to)；付随する、副次的な
動 ～を (～より) 下に置く (to) 名 部下

- でる hold a **subordinate** position to ～（～より下位 [低い地位] に立つ）
- でる a **subordinate** task（付随する仕事、副次的な任務）
- でる the relationship between supervisors and their **subordinates**（上司と部下の関係）

派 □ subordination 名 従属、服従

313 inexhaustible
[ìnigzɔ́ːstəbl]
形 無尽蔵の、尽きることのない；疲れを知らない

- でる an **inexhaustible** supply of energy（無尽蔵のエネルギー供給）

派 □ exhaust 動 ～を使い果たす；～を疲れ果てさせる
         名 排気 (ガス)
  □ exhaustion 名 疲労困憊；枯渇
類 □ unlimited 形 無制限の、無限の、；無尽蔵の
反 □ exhaustible 形 無尽蔵でない、尽きることのある

> inexhaustive（全てを網羅していない、徹底的でない）と混同しないように注意しましょう。

314 compelling
[kəmpélɪŋ]
形 人の心をつかんで離さない、感動的な；説得力のある；抗しがたい

でる a **compelling** story（人の心をつかんで離さない物語、感動的な話）
でる **compelling** evidence（説得力のある証拠⇒有力な証拠）

派 □ compel 動 ～に強制する

315 bereaved
[birí:vd]
形 先立たれた、残された　名《the ～》遺族

でる the **bereaved** family（後に残された家族⇒遺族）

派 □ bereave 動 ～から（～を）奪う（of）
　□ bereavement 名（近親者・親友との）死別

316 long-awaited
[lɔ́:ŋəwéitid]
形 待望の、待ちに待った

でる a long-**awaited** new album（待望のニューアルバム）

long-awaited は [long（長く）＋ awaited（待ち望まれた）] から「待望の、待ちに待った」の意味となります。

317 credulous
[krédʒuləs]
形 だまされやすい、信じやすい

でる a **credulous** follower（だまされやすい追随者［信奉者］）
でる He is **credulous** of rumors.（彼はすぐにうわさを信じてしまう）

反 □ incredulous
　　形 だまされにくい、疑い深い

credible（信じられる、確かな）や incredible（信じられない、驚くべき）と混同しないように注意しましょう。

318 tentative
[téntətiv]
形 仮の、一時的な、暫定的な；ためらいがちな

でる make a **tentative** plan（試案を作る、暫定的な計画を立てる）

派 □ tentatively 副 とりあえず、一応；ためらいながら
反 □ definite 形 明確な、はっきりした

319 redundant
[ridʌ́ndənt]
形 冗長な、余剰の

でる Saying "repeat again" is **redundant**.
（「再び繰り返す」という言い方は冗長である）
でる **redundant** workers（余剰労働者）

派 □ redundancy 名 冗長（性）；余剰（人員）

320 **preliminary** [prilímənèri]
形 予備の、準備の;予選の　名《~ies》予選;準備

- でる a **preliminary** investigation of ~ (~の予備調査)
- でる a **preliminary** match (予選試合)

321 **tranquil** [trǽŋkwil]
形 静かな、のどかな;落ち着いた

- でる in a **tranquil** residential neighborhood (静閑な住宅地に)

派 □ tranquilize 動 ~を鎮静させる、落ち着かせる

> 精神安定剤のことを「トランキライザー」と言いますが、それは人を精神的に落ち着かせる薬という意味です。

322 **exquisite** [ikskwízit | ékskwizit]
形 この上なく素晴らしい、最高の;優美な;精巧な

- でる the **exquisite** performance of the orchestra (オーケストラの見事な [絶妙の] 演奏)

323 **feasible** [fíːzəbl] 発
形 実行 [実現] 可能な、見込みのある

- でる the only **feasible** solution (実行可能な唯一の解決策)

派 □ feasibly 副 実行 [実現] できるように、可能なように
□ feasibility 名 現実 [実行] 可能性

324 **mediocre** [mìːdióukər] 発
形 平凡な、並の、可もなく不可もない;二流の

- でる live a **mediocre** life (平凡な [可もなく不可もない] 人生を送る)
- でる a **mediocre** violinist (二流のバイオリン奏者)

派 □ mediocrity 名 平凡、月並み;凡人

325 **stale** [stéil]
形 古くなった、腐りかけた;陳腐な;生気のない

- でる **stale** bread (古く [硬く] なったパン)
- でる a **stale** joke (陳腐な [古くさい] ジョーク)

サクツと復習テスト

❶ 遺伝病　　　　　　　　　　　　_____ diseases
❷ 遺族　　　　　　　　　　　　　the _____ family
❸ 平凡な人生を送る　　　　　　　live a _____ life

答え　❶ hereditary　❷ bereaved　❸ mediocre

326 autonomous
[ɔːtánəməs]

形 自治の；自主的な、自立した；自律性の

でる the **autonomous** area（自治区）
でる **autonomous** activities（自主的な活動）

派 □ autonomy 名 自治（権）；自主性；自律性
類 □ independent 形 自治の；自主的な、自立した

327 intriguing
[intríːgiŋ] 発

形 興味［好奇心］をそそる、面白い

でる an **intriguing** story（興味をそそる話）

派 □ intrigue 動 〜の興味［好奇心］をそそる

328 ominous
[ámənəs] 発

形 不吉な、不気味な

でる There was an **ominous** silence.（不吉な静けさ［不気味な沈黙］があった）

派 □ omen [óumən] 発 名 前兆、予兆

> omnibus [ámnibəs]（作品集、選集；一括の、包括の）と混同しないように注意しましょう。

329 turbulent
[tə́ːrbjulənt]

形 荒れ狂う；激動の、動乱の

でる **turbulent** waves（荒れ狂う波）
でる in the midst of **turbulent** times（激動の時代の真っ只中で）

派 □ turbulence 名 乱気流；混乱、動揺

330 serene
[səríːn] 発

形 穏やかな、安らかな；のどかな

でる He showed a **serene** expression on his face.
（彼は穏やかな表情を見せた）
でる a **serene** view of the ocean（海ののどかな景色）

派 □ serenity 名 穏やかさ、安らかさ；のどかさ
類 □ peaceful 形 穏やかな、安らかな；のどかな

331 deficient
[difíʃənt]

形 **不足した、不十分な**；欠陥のある

でる a diet **deficient** in vitamins（ビタミン不足の食事［食生活］）

派 □ deficiency 名 不足；欠陥

AIDS（エイズ＝後天性免疫不全症候群）は、Acquired Immune Deficiency Syndrome または Acquired Immunodeficiency Syndrome の略語です。

332 potent
[póutnt] 発

形 **（薬などが）よく効く**；影響力の強い

でる **potent** medicines（よく効く［効き目の強い］薬）
でる play a **potent** role（影響力の強い役割を担う）

派 □ potency 名 効果、効能；影響力
　□ potential 名 可能性；潜在能力
　　　　　　 形 可能性がある；潜在的な

portend [pɔːrténd]（〜の前兆となる）や portent [pɔ́ːrtent]（前兆、前触れ）と混同しないように注意しましょう。

333 treacherous
[trétʃərəs]

形 **当てにならない；危険な**；裏切りの

でる **treacherous** weather on the mountain（山のあてにならない天気）
でる a **treacherous** place（危険な場所）
でる his **treacherous** behavior（彼の裏切り行為）

派 □ treachery 名 裏切り、背信

334 elusive
[ilúːsiv]

形 **捉えどころのない、分かりにくい**；見つけにくい、捕まえにくい

でる The idea was pretty **elusive**.（そのアイデアはかなり分かりにくかった）
でる an **elusive** criminal（なかなか捕まらない犯人）

派 □ elude 動 〜を逃れる、避ける；〜に思い出せない、理解できない
　□ elusiveness 名 理解しにくいこと；うまく逃げること

335 relentless
[riléntlis]

形 **容赦のない、無慈悲な**；絶え間なく続く

でる receive **relentless** criticism（容赦ない非難を浴びる）
でる a **relentless** heat wave（激しく続く熱波）

派 □ relentlessly 副 容赦なく、執拗に
　□ relent 動 和らぐ；治まる

reckless（向こう見ずな）と混同しないように注意しましょう。

336 waterproof
[wɔ́ːtərprùːf]
形 **防水の**；耐水性の

でる a **waterproof** jacket（防水ジャケット）

> 接尾辞 -proof には「防［耐］の；〜を通さない；〜に安全な」などの意味があります。fireproof（耐火性の、防火の）、soundproof（防音の）、bulletproof（防弾の）、childproof（子供に安全な、子供には開けられない）も覚えておきましょう。

337 breathtaking
[bréθtèikiŋ]
形 **息をのむような、驚くほどの**

でる a **breaktaking** view of the Grand Canyon
（息をのむほどに見事なグランド・キャニオンの眺め）

派 □ breathtakingly 副 息をのむほど

338 painstaking
[péinztèikiŋ]
形 **骨の折れる；念入りな**

でる a **painstaking** task（骨の折れる仕事［作業］）
でる after years of **painstaking** preparations
（何年もの入念な準備の後で［末に］）

派 □ painstakingly 副 苦労して；入念に

339 vulnerable
[vʌ́lnərəbl]
形 **(〜に) 傷つきやすい** (to)；**脆弱な、弱い**；攻撃されやすい、もろい

でる **vulnerable** to criticism from others
（他人からの批判に傷つきやすい、他人からの批判を受けやすい）
でる the most **vulnerable** people（最も弱い立場にある人々）

派 □ vulnerability 名 脆弱性、もろさ
反 □ invulnerable 形 難攻不落の、びくともしない

340 secluded
[siklúːdid]
形 **人里離れた、辺びな**；閑静な；隠遁した

でる a **secluded** village（人里離れた村）

派 □ seclude 動 〜を引きこもらせる、隠遁させる；〜を隔絶させる、遮断する
□ seclusion 名 隔絶、隔離；隠遁

341 reminiscent
[rèmənísnt]

形 (〜を) 思い出させる (of)；(〜を) 連想させる (of)

でる The scent was **reminiscent** of my childhood.
(その匂いで子供時代を思い出した)

派 □ reminiscence 名 回想、思い出；《〜s》回顧録
□ reminisce 動 (〜の) 思い出 [追想] にふける (about)

342 explicit
[iksplísit]

形 **明確な、はっきりした**；率直な；**露骨な**

でる give **explicit** directions (明確な指示を出す)
でる a novel with sexually **explicit** content (露骨な性描写のある小説)

343 implicit
[implísit]

形 **暗黙の**；潜在的な；絶対的な

でる give **implicit** approval to 〜 (〜に暗黙の承認を与える⇒〜を黙認する)

反 □ explicit 形 明確な、はっきりした

344 vintage
[víntidʒ]

形 当たり年の、極上の；**年代物の**
名 (ワインの) 醸造年；ぶどうの収穫量

でる a bottle of **vintage** champagne (当たり年の [上質の] シャンパン1本)
でる a **vintage** violin (年代物のバイオリン)

> vantage (有利な立場、優位) や vestige (痕跡、名残) と混同しないように注意しましょう。vineyard [vínjərd] (ぶどう畑) も覚えておきましょう。

345 ecstatic
[ekstǽtik]

形 **有頂天になった、恍惚とした**；熱狂的な、興奮した

でる She was **ecstatic** with the news.
(彼女はそのニュースを聞いて有頂天になっていた [大喜びしていた])
でる the **ecstatic** fans (熱狂したファン)

派 □ ecstasy 名 有頂天、恍惚；歓喜

346 strenuous
[strénjuəs]

形 **精力的な、熱心な**；激しい、骨の折れる

でる a **strenuous** worker (精力的な働き手、非常な勤勉家)
でる do **strenuous** exercise (激しい運動をする)
でる make **strenuous** efforts (大いに骨折る、奮闘努力する)

サクッと復習テスト

1. 興味をそそる話 — an _____ story
2. 防水ジャケット — a _____ jacket
3. 〜を黙認する — give _____ approval to 〜

答え： ① intriguing ② waterproof ③ implicit

---

347 transparent [trænspéərənt]
形 透明な；透明性のある；見え透いた；明快な

- use **transparent** tape（透明テープを使う）
- make **transparent** decisions（透明性のある決定を行う）
- tell a **transparent** lie（見え透いた［見え見えの］嘘をつく）

派 □ transparency 名 透明；透明性

> opaque（不透明な）と translucent（半透明の）も覚えておきましょう。

348 extravagant [ikstrǽvəgənt]
形 贅沢な、浪費する；非常に高価な；法外な、過度の

- an **extravagant** lifestyle（贅沢な生活様式）
- an **extravagant** gift（非常に高価な贈り物）

派 □ extravagance 名 贅沢、浪費；行き過ぎ
□ extravaganza [ikstrævəgǽnzə] 名 豪華な催し、派手なショー

349 stagnant [stǽgnənt]
形 停滞した；よどんだ

- in spite of the **stagnant** economy（停滞経済にもかかわらず）
- **stagnant** water（よどんだ水）

派 □ stagnate 動 停滞する；よどむ
□ stagnation 名 停滞、低迷；よどみ

350 conducive [kəndjúːsiv]
形 （〜の）助けになる、（〜に）役立つ（to）

- Exercise is **conducive** to deep sleep.（運動は熟睡の助けになる⇒運動すると熟睡できる）

127

351 double-edged [dʌ́blédʒd]
形 もろ刃の；両義［両意］にとれる；二通りの

- a **double-edged** sword（もろ刃の剣）
- a **double-edged** statement（両義に取れる［良い意味にも悪い意味にも取れる曖昧な］発言）

352 venomous
[vénəməs]
形 **有毒な**；悪意に満ちた

でる a **venomous** snake(毒ヘビ)

派 □ venom 名 毒液、毒(= poison)；悪意
類 □ poisonous 形 有毒な；悪意に満ちた

353 gregarious
[grigέəriəs]
形 **社交的な、社交好きな**；(動物が)群居生の

でる She is a **gregarious** type.(彼女は社交的な性格だ)

類 □ sociable 形 社交的な；和やかな
反 □ solitary 形 孤独を好む；(動物が)独居生の

354 despicable
[dispíkəbl | déspikəbl]
形 **卑劣な、卑しむべき、軽蔑すべき**

でる a **despicable** act(卑劣な行為)

派 □ despise 動 ～を軽蔑する、見下す

355 bankrupt
[bǽŋkrʌpt]
形 **破産した、破綻した、支払い不能の**
動 ～を破産させる 名 破産者

でる go **bankrupt**(破産する、倒産する)[= go into bankruptcy]
でる a **bankrupt** bank(破綻銀行)

派 □ bankruptcy 名 破産、破綻、倒産

356 momentous
[mouméntəs]
形 **重大な、重要な**

でる a **momentous** decision(重大決定)
でる a **momentous** opportunity(重要な機会)

> momentary(瞬間の、つかの間の)と混同しないように注意しましょう。

357 unanimous
[ju:nǽnəməs] 発
形 **満場一致での、全員[全会]一致での**

でる reach a **unanimous** decision(満場[全員]一致の決定に至る)

派 □ unanimously 副 満場[全員、全会]一致で

358 seismic
[sáizmik]

形 地震の、地震による

でる signs of **seismic** activity（地震活動の兆候）

派 □ seismology　名 地震学
　□ seismologist　名 地震学者

epicenter（震央、震源地）も覚えておきましょう。

359 prudent
[prú:dnt]

形 慎重な、用心深い；賢明な、分別のある；倹約な

でる a **prudent** approach（慎重な取り組み）
でる It's **prudent** for you to save money now.（今君が金を貯めるのは賢明だ）

派 □ prudence　名 慎重さ；賢明さ；如才なさ；倹約
反 □ imprudent　形 軽率な；無分別な

360 austere
[ɔ:stíər]

形 簡素な；質素な；厳しい

でる an **austere** bedroom（簡素な[飾り気のない]寝室）
でる an **austere** budget（厳しい予算）

派 □ austerity　名 緊縮；簡素さ；質素さ；厳格さ

🎧 128

361 overbearing
[òuvərbɛ́əriŋ]

形 高圧的な、威圧的な、高飛車な；横柄な

でる act in an **overbearing** manner（高圧的な態度に出る）

派 □ overbear　動 ～を威圧する、圧倒する
類 □ domineering　形 横暴な、傲慢な；支配的な

362 lenient
[lí:niənt]

形 寛大な、情け深い

でる **lenient** treatment（寛大な処遇、甘い処置）

派 □ leniency　名 寛大さ、寛容さ

363 fallacious
[fəléiʃəs]

形 誤った；誤解を招く

でる a **fallacious** argument（誤った論拠[議論]）

派 □ fallacy　名 誤った考え；誤謬

364 insatiable
[inséiʃəbl] 発　形 飽くことを知らない、強欲な

でる an **insatiable** desire for knowledge（飽くなき知識欲）
でる an **insatiable** appetite（ものすごい[底なしの]食欲）

派 □ satiate [séiʃièit]　動 ～を十分に満足させる
反 □ satiable　形 十分に満足できる

365 homogeneous
[hòumədʒí:niəs]　形 同種の、同質の；均質の

でる a **homogeneous** nation（単一民族国家）
でる an increasingly **homogeneous** world（次第に均質[均一]化していく世界）

派 □ homogeneity　名 同質(性)；均質(性)
　 □ homogenize　動 を同質にする；～を均質[均一]化する
反 □ heterogeneous　形 異種の、異質の

> home- は「同一の」、hetero- は「異なった」の意味を表す接頭辞です。

366 intrinsic
[intrínzik]　形 本質的な、本来備わっている；固有の

でる have no **intrinsic** value（本質的な[内在的な]価値がない）

派 □ intrinsically　副 本質的に、本来
類 □ inherent　形 本来備わっている；固有の
反 □ extrinsic　形 外的な、外因性の；非本質的な

367 gallant
[gǽlənt]　形 勇敢な；（女性に対して）いんぎんな

でる a **gallant** soldier（勇敢な兵士）
でる He is very **gallant** to ladies.（彼は女性に対していんぎんだ[礼儀正しい]）

> gallant は brave よりも形式張った語です。

368 tacit
[tǽsit]　形 暗黙の、無言の；潜在的な

でる by (a) **tacit** understanding（暗黙の了解により）

類 □ implicit　形 暗黙の；潜在的な
　 □ unspoken　形 暗黙の；口には出さない

サクッと復習テスト

1. 見え透いた嘘をつく　　　　tell a _____ lie
2. 満場一致の決定に至る　　　reach a _____ decision
3. 単一民族国家　　　　　　　a _____ nation

答え ① transparent ② unanimous ③ homogeneous

---

369 impudent
[ímpjudnt]

形 **図々しい、厚かましい；生意気な**

- でる his **impudent** behavior（彼の図々しい [厚かましい] 態度）
- でる make an **impudent** reply（生意気な返事をする）

派 □ impudence 名 図々しさ；生意気

> imprudent [imprúːdnt]（軽率な、無分別な）と混同しないように注意しましょう。

370 irksome
[ə́ːrksəm]

形 **うんざりさせる**：いらいらさせる

- でる **irksome** employment regulations（うんざりする [煩わしい] 雇用規則）

派 □ irk 動 ～をうんざりさせる；～をいらいらさせる

🎧 129

371 adamant
[ǽdəmənt]

形 **譲らない、断固とした**

- でる He was **adamant** (that) ～（彼は～だと言って譲らなかった）
- でる show an **adamant** attitude to [toward] ～（～に対して断固とした態度を示す）

派 □ adamantly 副 断固として、頑として

372 intermittent
[ìntərmítnt]

形 **断続的な、間欠的な**

- でる **intermittent** rain（断続的に降る雨、降ったりやんだりの雨）

派 □ intermittently 副 断続的に、間欠的に
類 □ sporadic 形 散発的な、時折起こる

373 tenacious
[tənéiʃəs]

形 **粘り強い**；頑強な；**執拗な**

- でる make **tenacious** efforts（粘り強く努力をする）
- でる show **tenacious** resistance to ～（～に対して執拗な抵抗を示す）

派 □ tenacity 名 粘り強さ；頑強；執拗さ

Chapter 3 ● 形容詞・副詞

374 miscellaneous
[mìsəléiniəs]
形 **種々雑多な、寄せ集めの**；多方面の

- でる **miscellaneous** items（雑多な項目、雑品目）
- でる other **miscellaneous** expenses（その他の諸費用）

派 □ miscellany [mísəlèini | misélənil] 名 寄せ集め；文集

375 pristine
[prísti:n | pristí:n]
形 **自然のままの、手つかずの**；新品同様の；汚されていない

- でる the **pristine** wilderness（自然のままの [手つかずの] 原野）

類 □ intact [intǽkt] 形 手つかずの；無傷の
□ untouched 形 手つかずの；無傷の

376 benevolent
[bənévələnt]
形 **親切な、善意ある**；情け深い；**慈善を行う**

- でる a **benevolent** passer-by（通りがかりの親切な [善意ある] 人）
- でる a **benevolent** organization（慈善団体）

派 □ benevolence 名 博愛；慈善
反 □ malevolent 形 悪意のある、邪悪な

> benevolent は [bene（良い）+ volent（望んでいる）から「親切な；慈善を行う」の意味となります。

377 unparalleled
[ʌnpǽrəlèld]
形 **比類なき、並ぶものがない、空前の**

- でる **unparalleled** success（比類なき成功）

派 □ parallel 動 ～に匹敵する 形 平行な；同等の 名 平行線；類似点

378 nocturnal
[nɑktə́:rnl]
形 **夜行性の**；夜間の

- でる **nocturnal** animals（夜行性動物）

派 □ nocturne 名 夜想曲、ノクターン
反 □ diurnal [daiə́:rnl] 形 昼行性の；昼間の

> フレデリック・ショパンの「夜想曲（ノクターン）」で覚えておくといいですね。

379 lucrative
[lú:krətiv]
形 **儲かる、金になる、利益の上がる**

- でる a **lucrative** business（儲けの多い仕事 [商売]）

類 □ profitable 形 儲かる、金になる、利益の上がる

380 exuberant
[iɡzúːbərənt] 発
形 あふれんばかりの、豊富な；生い茂った

- でる his **exuberant** energy（彼のあふれんばかりの活力）
- でる **exuberant** foliage（生い茂った枝葉）

派 □ exuberance 名 活気；豊富さ

> exorbitant [iɡzɔ́ːrbətənt]（法外な、途方もないと混同しないように注意しましょう。

🎧 130

381 malignant
[məlíɡnənt]
形 悪性の；悪意［敵意］のある

- でる A tumor can be benign or **malignant**.
（腫瘍は良性の場合もあれば悪性の場合もある）

派 □ malicious 形 悪意のある
　□ malevolent 形 悪意のある、邪悪な
反 □ benign [bináin] 発 形 良性の；優しい

382 appalling
[əpɔ́ːliŋ] 発
形 恐ろしい、ぞっとする；ひどい、最悪の

- でる an **appalling** natural disaster（凄惨な［恐ろしい］自然災害）
- でる an **appalling** situation（悲惨な状況）

派 □ appall 動 ～をぞっとさせる、愕然とさせる

> appealing（魅力的な）と混同しないように注意しましょう。

383 chronological
[krànəládʒikəl]
形 年代順の

- でる put [arrange] events in **chronological** order
（出来事を年代順に並べる）

派 □ chronologically 副 年代順に
　□ chronology 名 年代順の配列；年表；年代学

> chronicle（年代記；～を年代順に記録する）も覚えておきましょう。

384 detrimental
[dètrəméntl]
形 有害な；（～に）不利益な (to)

- でる a **detrimental** effect on ~（～への有害な影響）
- でる **detrimental** to the economic development
（経済発展にとって不利益な）

派 □ detriment [détrəmənt] アク 名 損害、損失；有害物
類 □ harmful 形 有害な、害を及ぼす
　□ injurious 形 有害な、害を及ぼす

385 plausible
[plɔ́:zəbl] 発

形 (話・説明が) もっともらしい、まことしやかな

でる a **plausible** explanation [excuse] (もっともらしい説明 [言い訳])

類 □ plausibly 副 もっともらしく、まことしやかに
反 □ implausible 形 信じ難い、怪しい

386 hilarious
[hiléəriəs]

形 とても愉快な、大笑いの、爆笑ものの

でる a **hilarious** joke (とても面白い冗談)

派 □ hilarity 名 爆笑、大はしゃぎ

387 anonymous
[ənánəməs]

形 匿名の；作者不明の

でる an **anonymous** letter [phone call] (匿名の手紙 [電話])

派 □ anonymously 副 匿名で

autonomous [ɔ:tánəməs] (自治の；自主的な)と混同しないように注意しましょう。

388 symmetrical
[simétrikəl] 発

形 対称的な；釣り合いの取れた (= symmetric)

でる a **symmetrical** shape (対称形状、シンメトリーの形)

派 □ symmetry [símətri] 発 名 対称；釣り合い
反 □ asymmetrical 形 非対称の；不釣り合いの (= asymmetric)

389 bashful
[bǽʃfəl]

形 恥ずかしがり屋の、内気な：はにかんだ

でる The child is **bashful** about meeting others.
(その子は他人に会うのを恥ずかしがる)

派 □ bashfully 副 恥ずかしそうに、はにかんで
　□ bashfulness 名 はにかみ、内気
類 □ shy 形 恥ずかしがり屋の、内気な；はにかんだ

390 exhilarating
[igzílərèitiŋ] 発

形 わくわく [うきうき] させる、陽気にさせる；爽快な

でる some **exhilarating** news (わくわくさせるニュース、元気を与えるニュース)
でる the **exhilarating** experience of ~ (~の爽快な経験)

派 □ exhilarate 動 ~をわくわく [うきうき] させる；~を活気づける

サクッと復習テスト

1. 夜行性動物 　　　　　　　 animals
2. 出来事を年代順に並べる put events in 　　　　　 order
3. 匿名の手紙 an 　　　　　 letter

答え ① nocturnal ② chronological ③ anonymous

🎧 131

391 monstrous
[mánstrəs]

形 **極めてひどい；巨大な**；恐ろしい

- でる a **monstrous** act（醜悪な［あるまじき］行為）
- でる a **monstrous** earthquake（巨大地震）

派 □ monster 名 怪物 形 巨大な

392 listless
[lístlis]

形 **だるい、無気力の**；無関心の

- でる I feel **listless** these days.（最近体がだるい）

> restless（落ち着かない、そわそわした）と混同しないように注意しましょう。

393 precarious
[prikéəriəs]

形 **不安定な；危険な**

- でる **precarious** living（不安定な生活）
- でる a **precarious** position（危険な［不安定な］状況）

派 □ precariousness 名 不安定さ；危険性

394 incongruous
[inkáŋgruəs]

形 **（〜と）調和しない、釣り合わない**（with）**；（〜と）つじつまの合わない、不一致である**（with）

- でる **incongruous** colors（調和しない色、ちぐはぐな色）
- でる What he does is **incongruous** with what he says.
  （彼の行動は彼の言うことと矛盾している⇒彼は言行不一致だ）

派 □ incongruity 名 不釣り合い、不調和；不一致
反 □ congruous 形 （〜と）調和する（with）；（〜と）一致する（with）

395 hygienic
[hàidʒiénik] 発

形 **衛生的な、清潔な**

- でる poor **hygienic** conditions（劣悪な衛生状況）

派 □ hygiene [háidʒi:n] 名 衛生；衛生学
類 □ sanitary 形 衛生的な；公衆衛生の

> 「歯科衛生士」は dental hygienist と言います。

Chapter 3 ● 形容詞・副詞

396 lukewarm
[lúːkwɔ́ːrm]
形 生ぬるい、微温の；いい加減な、中途半端な

- でる **lukewarm** water（ぬるま湯）
- でる a **lukewarm** attitude（いい加減な [中途半端な] 態度）

類 □ tepid　形 生ぬるい

397 unprecedented
[ʌ̀nprésədèntid]
形 前代未聞の、未曾有の、先例 [前例] のない

- でる reach an **unprecedented** level（かつてない [前代未聞の] 水準に達する）

類 □ unheard-of　形 前代未聞の、未曾有の
反 □ precedented　形 先例 [前例] のある

398 versatile
[vɔ́ːrsətl | vɔ́ːrsətàil]
形 多目的の、万能な、汎用的な；多才な

- でる a **versatile** tool（多目的に使える [万能な] 道具）
- でる a **versatile** artist（多才な芸術家）

派 □ versatility　名 多用途性、汎用性；多才

399 tangible
[tǽndʒəbl]
形 明白な、確固たる；有形の

- でる **tangible** proof（明確な証拠）
- でる **tangible** and intangible cultural heritage（有形・無形の文化財）

派 □ tangibly　副 明白に
反 □ intangible　形 ぼんやりした；無形の

400 rampant
[rǽmpənt]
形 はびこる、横行する；過激な、すさまじい

- でる **rampant** corruption（はびこる [横行する] 汚職）

派 □ prevalent　形 流行 [まん延] している

> rampart [rǽmpɑːrt]（城壁、塁壁）と混同しないように注意しましょう。

🎧 132

401 sublime
[səbláim]
形 崇高な、荘厳な；卓越した
名 《the ～》崇高 [荘厳・高尚] なもの

- でる the **sublime** beauty of the Himalayas
（ヒマラヤ山脈の崇高な [荘厳な] 美しさ）

> subliminal（意識下の、潜在意識の）と混同しないように注意しましょう。

402 cognitive
[kágnətiv]

形 認知の；認識の

でる **cognitive** development（認知発達）
でる **cognitive** skills（認識能力）

派 □ cognition 名 認知；認識（力）

403 ubiquitous
[ju:bíkwətəs] 発

形 どこにでもある、偏在する

でる Cell phones are **ubiquitous** these days.
（今では携帯電話はくまなく普及している）

派 □ ubiquity 名 どこにでもあること、遍在

404 vehement
[víːəmənt] 発

形 激しい、熱烈［猛烈］な

でる a **vehement** protest（激しい［猛烈な］抗議）

派 □ vehemently 副 激しく、熱烈［猛烈］に

405 meteorological
[mìːtiərəládʒikəl]

形 気象の、気象学上の

でる according to the **Meteorological** Agency（気象庁によると）

派 □ meteorology 名 気象学
　□ meteorologist 名 気象学者

406 metaphysical
[mètəfízikəl]

形 形而上学的な；高度に抽象的な

でる **metaphysical** questions（形而上学的な問い）

派 □ metaphysics 名 形而上学；抽象論

> この場合の接頭辞 meta- は「〜を超越した」の意味を表します。

407 scrupulous
[skrúːpjuləs]

形 清廉な、実直な；細心の、入念な

でる a **scrupulous** lawyer（清廉な［実直な］弁護士）
でる pay **scrupulous** attention to ~（〜に細心の注意を払う）

派 □ scruple [skrúːpl] 名 良心のとがめ［呵責］
反 □ unscrupulous 形 良心的でない、無節操な

408 reciprocal
[risíprəkəl]
形 相互の、交互の；お返しの、返礼の

- でる a **reciprocal** relationship（相互関係）
- でる a **reciprocal** gift（お返しの贈り物）

- 派 □ reciprocate 動 ～に報いる、返礼する
- 類 □ mutual 形 相互の；共通の

409 impoverished
[impávəriʃt]
形 貧しい、貧窮化した；（土壌が）やせた

- でる an **impoverished** village（貧しい村）
- でる **impoverished** soil（やせた土地、地力の衰えた土壌）

- 派 □ impoverish 動 ～を貧しくする；～を駄目にする；～を不毛にする

410 destitute
[déstətjùːt]
形 極貧の、無一文の；（～が）なくて、欠いて（of）

- でる a **destitute** family（極貧の家族）
- でる He is **destitute** of common sense.（彼は常識がない）

🎧 133

411 state-of-the-art
[stéit-əv-ði-ɑ́ːrt]
形 最先端の、最新鋭の、最新式の

- でる use **state-of-the-art** technology（最先端技術を利用する）

- 類 □ cutting-edge 形 最先端の、最新鋭の

412 incumbent
[inkʌ́mbənt]
形 現職の、在職の 名 現職者、在職者

- でる the **incumbent** mayor（現職市長）

> recumbent（横[仰向け]になった）と混同しないように注意しましょう。

413 noncommittal
[nɑ̀nkəmítl]
形 当たり障りのない、曖昧な

- でる a **noncommittal** reply（当たり障りのない返答）

- 派 □ noncommittally 副 曖昧に
- 類 □ neutral 形 当たり障りのない；中立の；淡々とした
- □ bland 形 当たり障りのない；味気ない；平凡な

> concomitant [kɑnkɑ́mətənt]（付随する、同時に起こる）と混同しないように注意しましょう。

サクッと復習テスト

① ぬるま湯　　　　　_____ water
② 認知発達　　　　　_____ development
③ 気象庁によると　　according to the _____ Agency

答え　① lukewarm　② cognitive　③ Meteorological

---

414 monolithic
[mànoulíθik]

形 **一枚岩的な；巨大な**

- a **monolithic** society（一枚岩的な社会）
- a **monolithic** monument（巨大な記念碑）

派 □ monolith 名 一枚岩；巨大組織；大きな建物

415 flamboyant
[flæmbɔ́iənt]

形 **派手な、きらびやかな；華麗な、華やかな**

- **flamboyant** costumes（派手な［きらびやかな］衣装）
- a **flamboyant** movie star（華麗な映画スター）

> buoyant [bɔ́iənt]（浮力のある；快活な；上昇傾向の）と混同しないように注意しましょう。

416 unruly
[ʌnrúːli]

形 **手に負えない；乱暴な**

- an **unruly** child（手に負えない［聞き分けのない］子供）

417 lackluster
[lǽklʌ̀stər]

形 **精彩を欠いた、活気のない；つや［輝き］のない**

- a **lackluster** performance（精彩を欠く演技）

> lackluster は [lack（〜がない、〜を欠く）+ luster（光沢、輝き）] から「精彩を欠いた；つやのない」の意味となります。

418 long-winded
[lɔ́ːŋwíndid] 発

形 **長ったらしい、くどい**

- a **long-winded** speaker（話がだらだら長い人、くどい話し手）

> winding [wáindiŋ]（曲がりくねった）と混同しないようにしましょう。a long winding road は「長く曲がりくねった道」の意味となります。

419 **methodical** [məθádikəl]
形 秩序[順序]立った、組織的な；几帳面な

でる in a **methodical** way [manner/fashion]（秩序立った方法で）
でる a **methodical** person（几帳面な人）

派 □ methodically 副 系統的に、整然と

420 **unwavering** [ʌ̀nwéivəriŋ]
形 揺るぎない、確固たる

でる with **unwavering** conviction（揺るぎない[確固たる]信念を持って）

派 □ waver 動 揺れ動く；変動する
反 □ wavering 形 揺れ動く、ためらう

🎧 134

421 **adjacent** [ədʒéisnt]
形 隣接した、隣の；（〜に）近い（to）

でる two **adjacent** rooms（隣り合った2部屋）
でる The hotel is **adjacent** to the station.（そのホテルは駅に近い）

類 □ adjoining
　　形 隣接した、隣の

> adjacent は必ずしも接触を表さない場合もありますが、adjoining は常に接触を意味する語です。

422 **inquisitive** [inkwízətiv]
形 好奇心旺盛な；詮索好きな

でる **inquisitive** about everything
（何に対しても好奇心がある⇒何でもかんでも知りたがる）

派 □ inquisitively 副 興味ありげに；詮索するように

423 **antagonistic** [æntǽgənístik]
形 敵対する、敵意を持った、対立する

でる become **antagonistic** to [toward] 〜
（〜に敵意を持つ[対立する]ようになる）

派 □ antagonism 名 敵対心、敵意、反目
　　□ antagonist 名 敵対者
類 □ hostile 形 敵対する、敵意を持った

424 cumbersome
[kʌ́mbərsəm]
形 面倒な、厄介な、煩わしい

でる avoid **cumbersome** procedures（煩雑な手続きを避ける）

類 □ burdensome 形 面倒な、厄介な、煩わしい
　□ bothersome 形 面倒な、厄介な、煩わしい
　□ troublesome 形 面倒な、厄介な、煩わしい

425 meticulous
[mətíkjuləs]
形 細心の、綿密な、念入りな

でる pay **meticulous** attention to ~（~に細心の注意を払う）
でる She is **meticulous** about her work.
（彼女は仕事に細心の注意を払う⇒彼女は仕事が非常に正確だ）

派 □ meticulously 副 綿密に、慎重に

426 arbitrary
[áːrbətrèri]
形 任意の、恣意的な；専制的な；独断的な

でる make an **arbitrary** decision（任意の決定を下す⇒任意に決定する）
でる the **arbitrary** rule of the dictator（独裁者の専制的な［恣意的な］支配）

派 □ arbitrarily
　副 任意に、恣意的に、独断的に

> arbitrate（仲裁する、調停する）や arbitration（仲裁、調停）と混同しないように注意しましょう。

427 peripheral
[pərífərəl]
形 周辺の；あまり重要でない　名 周辺機器

でる the **peripheral** areas of Europe（ヨーロッパの周辺地域）
でる a **peripheral** aspect of the problem（その問題のあまり重要でない側面）

派 □ periphery 名 周辺(部)

428 negligible
[néglidʒəbl] アク
形 取るに足らない、無視してよい、些細な

でる to a **negligible** degree（取るに足らない程度で、極わずかな範囲で）
でる a **negligible** error（ほんの些細な誤り）

> negligent（怠慢な；過失の）と混同しないように注意しましょう。

429 unfathomable
[ʌnfǽðəməbl] 発

形 計り知れない；不可解な

でる the **unfathomable** depth of God's love（神の愛の計り知れない深さ）
でる an **unfathomable** mystery（不可思議［不可解］な神秘）

- 派 □ fathom [fǽðəm] 動 ～を理解する；～の水深を測る
- 類 □ fathomless 形 計り知れない；不可解な
  □ inexplicable 形 不可解な、説明のつかない
- 反 □ fathomable 形 測定できる；理解できる

430 unequivocal
[ʌ̀nikwívəkəl]

形 明白な、疑う余地のない

でる **unequivocal** evidence（明白な証拠）

- 派 □ unequivocally 副 明白に、はっきりと
- 反 □ equivocal 形 曖昧な、はっきりしない

🎧 135

431 ambivalent
[æmbívələnt]

形 相反する感情を持つ、どっちつかずの

でる have **ambivalent** feelings about ~
（～に対して相反する［どっちつかずの複雑な］感情を持つ）

- 派 □ ambivalence 名 相反する感情、ためらい

432 tenable
[ténəbl]

形 支持［弁護］できる、論証できる；継続［維持］できる

でる a **tenable** theory（支持できる理論、批判に耐えうる理論）
でる a scholarship **tenable** for three years
（3年間（継続して）受けられる奨学金）

- 反 □ untenable 形 支持できない；継続［維持］できない

433 surreal
[səríːəl]

形 超現実的な、奇想天外の（= surrealistic）

でる a **surreal** world（超現実的な世界、超現実の世界）

- 派 □ surrealism 名 超現実主義
  □ surrealist 名 超現実主義者

サクッと復習テスト

❶ 一枚岩的な社会　　　　　　　a _____ society
❷ 手に負えない子供　　　　　　an _____ child
❸ 何でもかんでも知りたがる　　_____ about everything

答え：❶ monolithic　❷ unruly　❸ inquisitive

---

434 archaic
[ɑːrkéiik]

形 **古めかしい、時代遅れの；古語の**；古代の

でる **archaic** work rules（古めかしい[時代遅れの]就業規則）
でる **archaic** terms [words]（古語）

反 □ modern　形 現代の；近代の；現代的な

> arcane [ɑːrkéin]（難解な；不可解な）と混同しないように注意しましょう。

---

435 demographic
[dèməgrǽfik]

形 **人口統計上の、人口統計学の**

でる **demographic** data（人口統計データ）

派 □ demographics　名 人口動態；購買層
　□ demography　名 人口統計（学）

> democratic（民主主義の；民主的な）と混同しないように注意しましょう。

---

436 carnivorous
[kɑːrnívərəs]

形 **肉食（性）の**

でる **carnivorous** mammals（肉食性哺乳類）

派 □ carnivore　名 肉食動物
　□ carnival　名 謝肉祭、カーニバル
反 □ herbivorous　形 草食（性）の

> carn は「肉」、herb は「草」の意味を表します。さらに omni は「全、総」の意味を表すので、omnivorous は「雑食(性)の」の意味となります。

---

437 tenuous
[ténjuəs]

形 **希薄な**；細い；**内容の乏しい**

でる a **tenuous** connection with ～（～との希薄なつながり[関係]）
でる a **tenuous** argument（内容の乏しい議論）

---

438 far-fetched
[fáːrfétʃt]

形 **あり得ない、無理な、こじつけの**

でる This story is too **far-fetched** to believe.
（この話はありそうもないことで信じられない⇒この話はこじつけすぎで信じられない）
でる a **far-fetched** excuse（取ってつけたような言い訳）

> far-reaching（広範囲にわたる；遠大な）と混同しないように注意しましょう。

439 inexorable
[inéksərəbl]
形 止められない、避けられない；容赦ない

- でる an **inexorable** trend（止められない [動かしがたい] 傾向）
- でる under **inexorable** pressure（容赦ない圧力を受けて）

- 派 □ inexorably **副** いや応なく；容赦なく
- 類 □ inevitable **形** 避けられない、防げない；必然的な

440 concave
[kɑnkéiv | kǽnkeiv]
形 凹面の、凹状の　**名** 凹面

- でる a **concave** lens [mirror]（凹レンズ [凹面鏡]）

- 類 □ convex [kɑnvéks | kɔnvéks] **形** 凸面の、凸状の　**名** 凸面

> concave は [con（共に）＋ cave（洞穴）] から「凹面の、凹状の」の意味となります。

441 unfettered
[ʌ̀nfétərd]
形 自由な、拘束されない

- でる promote **unfettered** competition（自由な競争を促す）

- 派 □ fetter **動** 〜を拘束 [制限] する；〜に足かせをはめる
- 類 □ unrestricted **形** 自由な、制限のない

442 perpendicular
[pə̀ːrpəndíkjulər]
形 垂直の；(崖などが) 切り立った　**名** 垂直線

- でる draw a **perpendicular** line（垂直線を引く）
- でる a **perpendicular** cliff（切り立った崖、垂直の絶壁）

- 類 □ vertical **形** 垂直の　**名** 垂直線
- 反 □ horizontal **形** 水平の　**名** 水平線

443 excruciating
[ikskrúːʃièitiŋ]
形 耐え難い、激しい；極めて不快な

- でる an **excruciating** back pain（耐え難い [ひどい] 腰痛）

- 派 □ excruciatingly **副** 耐え難いほどに；ものすごく

444 dilapidated
[dilǽpədèitid]
形 荒廃した、壊れかけた；ぼろぼろの

- でる a **dilapidated** structure（荒廃した [老朽化した] 建造物）

- 派 □ dilapidation **名** 荒廃、崩壊

445 uncouth [ʌnkúːθ]
形 **粗野な、がさつな**；品のない

でる an **uncouth** fellow（粗野な男、無骨者）

類 □ coarse 形 粗野な、がさつな；品のない
□ vulgar 形 粗野な、がさつな；品のない

446 inward [ínwərd]
副 **内側へ、中心へ** 形 **心の中の**；内側の

でる The door opened **inward**.（ドアは内側に開いた）
でる feel an **inward** satisfaction（内心の満足感を感じる）

反 □ outward
　副 外側へ
　形 表面上の；外側の

> forward（前方へ／前方の）と backward（後方へ／後方の）、upward（上方へ／上向きの）と downward（下方へ／下向きの）も覚えておきましょう。

447 overtime [óuvərtàim]
副 **時間外で［に］**
形 **時間外の、超過勤務の** 名 超過勤務、残業

でる work **overtime**（残業［時間外労働］をする）
でる force **overtime** work on employees（従業員に残業を強いる）

> work full-time（フルタイム［常勤］で働く）や work part-time（パート［非常勤］で働く、アルバイトをする）の言い方にも慣れておきましょう。

448 undoubtedly [ʌndáutidli]
副 **間違いなく、明らかに**

でる That is **undoubtedly** true.（それは間違いなく真実だ）

派 □ doubt 動 ～を疑う 名 疑い、疑問
□ doubtful 形 疑わしい
類 □ doubtlessly 副 間違いなく（＝ doubtless）
□ without doubt 間違いなく

449 abruptly [əbrʌ́ptli]
副 **突然に**；ぶっきらぼうに

でる He **resigned** abruptly.（彼は突然辞任した）

派 □ abrupt 形 突然の；ぶっきらぼうな
類 □ suddenly 副 突然に、いきなり

450 utterly
[ˈʌtərli]

副 **全く、完全に**

でる an **utterly** groundless rumor（全く根も葉もない噂）

派 □ utter 形 全くの 動 〜を口に出す
　□ utterance 名 発言、発話

🎧 137

451 decidedly
[dɪˈsaɪdɪdli]

副 **明らかに；きっぱりと**

でる **decidedly** different from ～（〜と明らかに異なる）
でる answer **decidedly**（きっぱりと答える）

派 □ decided 形 明らかな；きっぱりした
類 □ distinctly 副 明らかに；はっきりと
　□ categorically 副 きっぱりと

452 approximately
[əˈprɑksəmətli]

副 **およそ、約、ほぼ**

でる **approximately** five billion dollars（約50億ドル）

派 □ approximate 形 おおよその、大体の

approximately は、about や around などよりも形式張った語です。

453 likewise
[ˈlaɪkwaɪz]

副 **同じように、同様に；さらに、その上に**

でる She greeted me, and I did **likewise**.
（彼女は私に挨拶をした、そして私も同じように（挨拶を）した）

likely（たぶん、恐らく）と混同しないように注意しましょう。

454 regardless
[rɪˈɡɑrdlɪs]

副 **（〜に）かかわらず**（of）**；それにも関わらず**

でる **regardless** of age, gender and nationality
（年齢・性別・国籍にかかわらず [年齢・性別・国籍を問わず]）

でる It was raining hard, but he went out **regardless**.
（雨は激しく降っていたが、それでもなお彼は外出した）

regardless of 〜と同じ意味を表す irrespective of 〜
（〜にかかわらず）も覚えておきましょう。

サクッと復習テスト

① 人口統計データ ＿＿＿＿＿ data
② 肉食性哺乳類 ＿＿＿＿＿ mammals
③ 残業をする work ＿＿＿＿＿

答え ① demographic ② carnivorous ③ overtime

---

455 literally
[lítərəli] 副 文字通り

でる take everything **literally**（すべてを文字通りに受け取る[解釈する]）

派 □ literal 形 文字通りの
反 □ figuratively 副 比喩的に

literary（文学の；文学的な；文語の）と混同しないように注意しましょう。

---

456 exclusively
[iksklú:sivli] 副 もっぱら、（～）だけ、独占的に

でる This area is **exclusively** for staff.（このエリアはスタッフ専用です）

派 □ exclusive 形 独占的な；高級な
□ exclude 動 ～を除外する、排除する；～を締め出す
□ exclusion 名 除外；締め出し
類 □ only 副 （～）だけ、（～）のみ

---

457 respectively
[rispéktivli] 副 それぞれ、めいめい

でる Tom and Ted won first place and second place **respectively** in the contest.（トムとテッドはコンテストでそれぞれ優勝、準優勝を獲得した）

派 □ respective 形 それぞれの
□ respectfully 副 敬意を表して、礼儀正しく
□ respectably 副 きちんと、まともに；まずまずで

---

458 consequently
[kánsəkwèntli] 副 その結果（として）；したがって

でる He drank too much alcohol and **consequently** he became sick.
（彼は酒を飲み過ぎ、その結果として、病気になった）

派 □ consequent 形 結果として起こる、必然的な
□ consequence [kánsəkwèns] 名 結果、結末；重要性
類 □ as a result その結果（として）
□ therefore 副 したがって

Chapter 3 ● 形容詞・副詞

459 figuratively
[fíɡjúrətivli]
副 比喩的に

でる **figuratively** speaking（比喩的に言えば、例えて言うと）

派 □ figurative 形 比喩的な、比喩の
類 □ metaphorically 副 比喩的に；隠喩的に
反 □ literally 副 文字通り

460 clockwise
[klákwaiz]
副 時計回りに、右回りに　形 時計回りの、右回りの

でる Turn the lever **clockwise**.（レバーを時計回りに回しなさい）
[= Turn the lever in a clockwise direction.]

反 □ counterclockwise 副 反時計回りに、左回りに　形 反時計回りの、左回りの

🎧 138

461 predominantly
[pridámənəntli]
副 主として、大部分は、圧倒的に

でる live in a **predominantly** white neighborhood
（圧倒的に白人の多い地区に住む）

派 □ predominant 形 優位な、支配的な；主な、顕著な
　 □ predominate 動 優位を占める；顕著である

462 unduly
[ʌndjúːli]
副 過度に；不当に

でる She is **unduly** worried.（彼女は過度に［必要以上に］心配している）
でる **unduly** interfere with ~（~を不当に妨げる）

派 □ undue 形 過度の、不当な

463 allegedly
[əlédʒidli]
副 伝えられるところでは、申し立てによると

でる He was arrested for **allegedly** accepting bribes.
（彼は収賄したとして逮捕された⇒彼は収賄容疑で逮捕された）

派 □ allege 動 ~と主張する、断言する
　 □ alleged 形 主張された、申し立てられた；そう見なされている、疑わしい
　 □ allegation 名 申し立て、主張

464 hitherto
[hìðərtúː | híðərtùː] 発
副 今まで、これまで

でる His life **hitherto** has been so hard.（彼の人生は今までとても苦しかった）

類 □ so far 今まで、これまで（= thus far）
　 □ up to now 今まで、これまで（= up until now）

サクッと復習テスト

① すべて文字通りに受け取る　　take everything _____
② 比喩的に言えば　　_____ speaking
③ レバーを時計回りに回しなさい。　Turn the lever _____.

答え ① literally ② figuratively ③ clockwise

単語はネットワークで覚える！

　文系・理系を問わず、どの科目にも共通して言えることですが、効率よく学習するためには個々の事項・概念を頭の中でうまく整理しながら、体系的に覚えることが重要です。それは英単語の暗記にもしかりで、単語は他の語との関連性を考えずにバラバラに覚えては駄目なのです。
　そこで、皆さんにお勧めしたいのが「ネットワークで覚える」方法です。ここでは、3つのやり方を簡単にご紹介します。
(A) 派生語はまとめて覚える！
(B) 語源を基にまとめて覚える！
(C) テーマ別・ジャンル別にまとめて覚える！

Aタイプ
例えば、動詞の imagine（～を想像する）を覚える時には…
　名詞の image（イメージ）、imagination（想像力）、形容詞の imaginative（想像力に富む）、imaginary（想像上の）、imaginable（想像できる）なども一緒に、ちょっと欲張ってまとめて覚えます。

Bタイプ
例えば、-logy や -ology が「～学、～論、～研究」を意味する接尾辞だと言うことが分かれば…
　anthropology [anthropo（人）＋ logy ＝人類学]、archaeology [archaeo（古代の、原始的）＋ logy ＝考古学]、biology [bio（生命）＋ logy ＝生物学]、geology [geo（地球、土地）＋ logy ＝地学]、psycology [psycho（心理、精神）＋ logy ＝心理学]、zoology [zoo（動物）＋ logy ＝動物学]のように、語根も意識しながら、できるだけたくさんまとめて覚えます。

Cタイプ
例えば、accountant（会計士）という語を覚える時には…
　銀行員(bank clerk)、弁護士(lawyer)、医師(doctor)、歯科医(dentist)、薬剤師(pharmacist)、警察官(police officer)、消防士(firefighter)、通訳者(interpreter)、翻訳家(translator)、電気技師(electrician)、配管工(plumber)のように、思いつく職業名をまとめて覚えます。

　これらの覚え方は一見どれも大変な作業に見えますが、実際には単語を個々に覚えていくよりもずっと早く習得することができます。さらに、関連する語を頭の中でネットワークのようにつなげてくれるため、長期記憶に定着しやすいのです。本書もこれら3つの覚え方を意識した工夫が随所に施されています。皆さんも本書の利用に加えて、自分ならではの「英単語ネットワークノート」を作成してみるといいですよ！

Chapter 4

注意すべき多義語

129 語

Chapter 4 に載っている多義語は、英語がまずまず得意な受験生でも、ついうっかりミスをするものばかりです。よって、少々簡単なものも総復習の意味を込めて盛り込みました。

🎧 140 ～ 🎧 152

Chapter 4 注意すべき多義語

🎧 140

1 run
[rʌ́n]
- 動 走る；動く；**～を経営する**
- 名 走ること；(野球の) 得点

でる run a bed and breakfast (民宿を経営する)

> bed and breakfast とは「宿泊と朝食を低価格で提供する民宿」のことで、略して B&B と言います。

2 book
[búk]
- 名 本　動 **～を予約する**

でる book a hotel room (ホテルの部屋を予約する)

3 fire
[fáiər]
- 名 火；火事；たき火；情熱　動 ～に火をつける；～を発射［発砲］する；**～を解雇する**；～をかき立てる

でる You are fired! (お前は首だ！)

4 walk
[wɔ́ːk]
- 動 歩く；(人) を送って行く；**(犬) を散歩させる**
- 名 散歩；散策ツアー；遊歩道

でる I walk my dog every morning. (毎朝私は犬を散歩させる)

5 kill
[kíl]
- 動 ～を殺す；～を駄目にする；**(時間) をつぶす、無駄に過ごす**

でる play video games to kill time (暇つぶしにビデオゲームをする)
でる We have a couple of hours to kill before departure.
(我々は出発まで数時間暇をつぶす必要がある)

6 become
[bikʌ́m]
- 動 (～に) なる；**(衣服などが) ～に似合う**；(言動などが) ～にふさわしい

でる That hat becomes you. (その帽子はあなたに似合っている)

7 water
[wɔ́ːtər]
- 名 水；水道；《～s》水域、領海；水面　動 **(植物など) に水をやる［まく］**；涙を流す；よだれを出す

でる water the plants in the garden (庭の草木に水をやる)

8 season
[síːzn]
名 季節；(スポーツの) シーズン；期間、時期
動 **〜に味付けする**

でる Sushi rice is **seasoned** with vinegar, sugar, and salt.
(しゃりは酢と砂糖、塩で味付けされている)

> seasoning (調味料、薬味) と seasoned (経験豊富な；味付けされた) も覚えておきましょう。

9 enjoy
[indʒɔ́i]
動 〜を楽しむ；〜を味わう；**〜を享受する**；〜を持つ

でる **enjoy** the benefits of 〜 (〜の恩恵を享受する)

10 pay
[péi]
動 〜を支払う；**割に合う**　名 給料

でる It won't **pay** to argue with him.
(彼と言い争っても割に合わない、彼と議論したところで何の得にもならない)

🎧 141

11 count
[káunt]
動 〜を数える；**重要である**；〜を (〜と) 見なす (as)
名 計算；総数

でる That's what **counts**. (それが重要なのだ)

12 fine
[fáin]
形 素晴らしい；元気な；**細かい**　動 **〜に罰金を科す**
名 **罰金**

でる I was **fined** $150 for speeding.
(スピード違反で150ドルの罰金を科された) [= I got a $150 fine for speeding.]

でる A **fine** snow was falling outside. (外では粉雪が降っていた)

13 expect
[ikspékt]
動 〜を予期する、期待する；〜を楽しみに待つ；〜を要求する；
《be 〜ing》**妊娠している、〜を出産予定である**

でる She is **expecting**. (彼女は妊娠している)
でる I'm **expecting** a baby in April. (4月に出産の予定です)

14 sandwich
[sǽndwitʃ]
名 サンドイッチ　動 **〜をはさむ**

でる The café is **sandwiched** between two office buildings.
(そのカフェは2つのオフィスビルにはさまれている⇒そのカフェは2つのオフィスビルの間にある)

Chapter 4 ● 注意すべき多義語

15 forward
[fɔ́ːrwərd]
副 前方へ；先に　形 前方の；将来の
動 **～を転送する**；～を進める

でる Please **forward** my mail to the following address.
（下記の住所に私宛の郵便物を転送してください）

16 bear
[béər]
動 ～に耐える；～を産む；～を有する；**～を負う**　名 熊

でる **bear** responsibility for ～（～に対して責任を負う）

17 station
[stéiʃən]
名 駅；本部、拠点；放送局；(軍隊の) 駐屯地
動 **～を配置［配属］する**；～を駐在させる

でる I'm not sure where I'll be **stationed**.（どこに配属されるかは分からない）

18 fast
[fǽst]
形 速い；(時計が) 進んで　副 速く；(眠りが) ぐっすりと；しっかりと　動 **断食する、絶食する**

でる He is **fasting** today.（彼は今日断食している）

> 夜寝ている時間は食事をしていないので、いわば「断食時間」です。その断食時間を破る (break the fast) のが、翌日の朝食ということから、breakfast は「朝食」を意味するようになりました。

19 cover
[kʌ́vər]
動 ～を覆う；(損失・費用など) をまかなう；(法律が) ～に適用される；**～を報道する、取材する**　名 カバー、覆い；表紙；(保険の) 補償範囲

でる Many reporters **covered** the story.
（多くの記者がそのニュースを報道［取材］した）

> 名詞の coverage (報道、取材；対象；補償範囲) も覚えておきましょう。

20 house
[háus]
名 家；家族；議会；会社
動 [háuz] **～を収容する**；～を所蔵する

でる The camp **houses** nearly 5,000 refugees.
（その収容所は5千人近くの難民を収容している）

でる The library **houses** around two million books.
（その図書館は約100万冊の書籍を所蔵している）

21 man
[mǽn]
名 男；人類、人間；部下　間 うわ、やれやれ
動 **～に人員を配置する**

でる Police **manned** checkpoints.（警察は検問所に人員を配置した）

サクッと復習テスト

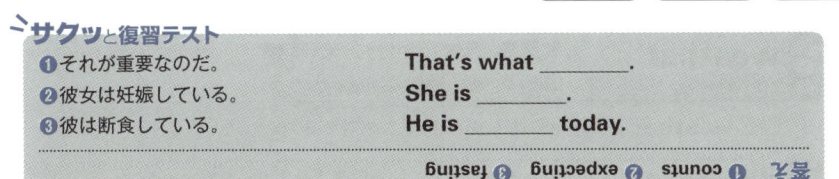

❶ それが重要なのだ。　　　That's what _____.
❷ 彼女は妊娠している。　　She is _____.
❸ 彼は断食している。　　　He is _____ today.

答え ❶ counts　❷ expecting　❸ fasting

---

22 trip [tríp]
名 旅行；移動　動 **つまずく、転ぶ**

でる She **tripped** over [on] a rock and fell down.
(彼女は石につまずいて転倒した)

23 betray [bitréi]
動 〜を裏切る；(秘密など)を漏らす；**〜を表す、示す**

でる Her voice **betrayed** her fear. (彼女の声には恐怖心が表れていた)

24 till [tíl]
接 〜するまで　前 〜まで　動 **〜を耕す**

でる **till** the ground (土地を耕す)
類 □ cultivate 動 〜を耕す；〜を養う

25 pace [péis]
名 速度；歩調；一歩
動 **ゆっくり歩く、行きつ戻りつする**

でる He **paced** back and forth across the room.
(彼は(そわそわした様子で)部屋を行ったり来たりした)

26 observe [əbzə́ːrv]
動 〜を観察［観測］する；〜に気づく；〜を守る；〜を祝う；**〜と言う、〜を述べる**

でる He **observed** (that) 〜 (彼は〜だと言った［述べた］)

27 address [ədrés]
名 住所；演説　**〜に取り組む、対処する**；〜を(〜と)呼ぶ (as)；**〜に話しかける**

でる **address** various problems (さまざまな問題に取り組む)
でる She **addresses** people very politely. (彼女は人にとても丁寧に話しかける)

28 coin [kɔ́in]
名 硬貨、コイン　動 **〜を作り出す**；〜を鋳造する

でる **coin** a new term (新語を作り出す)

29	**weather** [wéðər]	名 天気、天候；《the ~》天気予報
		動 ～を切り抜ける、乗り切る

でる **weather** a difficult time（困難な時期を切り抜ける [しのぐ]）

30	**discharge** [distʃάərdʒ]	動 ～を解雇する；～を除隊させる；～を放出する；**～を退院させる**

でる He was **discharged** from the hospital yesterday.
（彼は昨日退院した）

🎧 143

31	**wage** [wéidʒ]	名 賃金；報い
		動 **（戦争・運動など）を行う、遂行する**

でる **wage** (a) war against ~（～と戦争をする）
でる **wage** a campaign against ~（～への反対運動を行う）

32	**taxi** [tǽksi]	名 タクシー　動 **（飛行機が）地上走行する**

でる The plane was **taxiing** along the runway.
（飛行機が滑走路を滑走 [走行] していた）

33	**freeze** [frí:z]	動 凍る；～を冷凍する；～を凍結する；**急に動きを止める**

でる The man shouted, "**Freeze** or I'll shoot you."
（男は「動くな、さもないと撃つぞ」と叫んだ）

34	**appropriate** [əpróupriət] ❀	形 適切な、ふさわしい　動 [əpróuprièit] ❀ **（資金など）を充当する**；（金など）を着服 [横領] する

でる **appropriate** $10 billion for defense（国防費に100億ドルを充てる）

35	**compromise** [kάmprəmàiz]	動 妥協する；**～を危うくする；～を傷つける、損なう**
		名 妥協（案）、譲歩

でる **compromise** the safely of ~（～の安全性を危うくする）
でる He **compromised** his integrity.（彼は自分の品位を汚した）

36	**doctor** [dάktər]	名 医師；博士
		動 **～を改ざんする、不正に変更する**；～を修理する

でる **doctor** the figures [report]（数字を改ざんする [報告書を不正に変更する]）

| 月 日 | 月 日 | 月 日 |

37 champion
[tʃǽmpiən]

名 優勝者、勝者；擁護者、支持者
動 **〜を擁護する、支持する**

でる **champion** freedom of expression（表現の自由を擁護する）

38 bank
[bǽŋk]

名 銀行；**土手**

でる run along the **bank** of the river（川の土手に沿って走る⇒川沿いを走る）

39 rest
[rést]

名 休息；《the 〜》**残り（の物・人）** 動 休む

でる He will spend the **rest** of his life here.
（彼はここで残りの人生［余生］を過ごすつもりだ）

40 study
[stʌ́di]

動 勉強する；〜を研究する
名 学習、勉強；研究、調査；**書斎、勉強部屋**

でる He is reading in his **study**.（彼は書斎で読書をしている）

🎧 144

41 well
[wél]

副 上手に；十分に 形 健康で；結構で
間 まあ、ええと；さて 名 **井戸**；源泉

でる dig a **well**（井戸を掘る）

42 safe
[séif]

形 安全な；無事な 名 **金庫**

でる keep valuables in a **safe**（貴重品を金庫に保管する）

43 work
[wɚ́ːk]

動 働く；作動する；うまくいく；効く
名 仕事；職場；作業；研究；**作品**；工事

でる Some of his **works** are on display at the gallery.
（彼の作品のいくつかがその画廊に展示されている）

44 story
[stɔ́ːri]

名 物語；話；記事；説明；**階**

でる The hotel is twenty **stories** high.（そのホテルは20階建てだ）

45 change
[tʃéindʒ]

動 〜を変える；〜を変更する；変化する
名 変化；変更；交換；**つり銭；小銭**

でる Keep the **change**.（お釣りは取っておいてください⇒お釣りは要りません）
［支払いの際によく使う決まり文句］

でる Do you need **change** for the bus?（バスに乗るのに小銭は必要ですか）

Chapter 4 ● 注意すべき多義語

46 spring
[spríŋ]

名 春；ばね、スプリング；**泉、湧水**　動 跳びはねる

でる hot **springs** in Japan（日本の温泉）

47 lead
[líːd] 発

動 ～を（～へ）導く；～を仕向ける　名 [léd] 発 **鉛**

でる contain fairly high levels of **lead**（鉛の含有率がかなり高い）

48 mine
[máin]

代 私のもの　名 **鉱山、鉱坑**；地雷、機雷；宝庫

でる work in a coal [gold] **mine**（炭坑 [金坑] で働く）

49 fruit
[frúːt]

名 果物；果実；**成果、結果**

でる the **fruits** of her labor（彼女の努力 [労力] の成果）
でる Your effort bore [produced] **fruit**.（あなたの努力が実を結んだ）

50 word
[wə́ːrd]

名 単語；一言；知らせ；**約束**；命令

でる I give you my **word** (that) it won't happen again.
（二度とこんなことにはならないと約束するよ）
でる Make sure you keep your **word**.（必ず約束を守るようにしてください）
[= Make sure you keep your promise.]

🎧 145

51 company
[kʌ́mpəni]

名 会社；**同席（の人）；交際（仲間）；来客**

でる I really enjoyed your **company**.（ご一緒できて本当に楽しかったです）
でる A man is known by the **company** he keeps.
（人はつき合う友でわかる：諺）
でる We are expecting **company** tonight.（今夜我が家は来客があります）

「同席；連れ；来客」の意味で使われる場合の company は、不可算名詞です。

52 respect
[rispékt]

動 ～を尊敬する；～を尊重する　名 尊敬；**点**

でる in that [this] **respect**（その [この] 点では）

サクッと復習テスト

❶ 新語を作り出す　　　　　　　　＿＿＿＿＿＿ a new term
❷ 数字を改ざんする　　　　　　　＿＿＿＿＿＿ the figures
❸ 貴重品を金庫に保管する　　　　keep valuables in a ＿＿＿＿＿＿

答え：❶ coin　❷ doctor　❸ safe

---

53 school
[skúːl]

名 学校；**流派、学派**；**群れ**

でる a **school** of tea ceremony（茶道の流派［一派］）

でる a **school** of fish（魚の群れ）

54 drill
[dríl]

動 ～にドリルで穴を開ける；～に反復練習させて教え込む；～を訓練［教練］する　名 ドリル；反復練習；**(実地) 訓練、演習**

でる conduct a fire [disaster] **drill**（火災［防災］訓練を実施する）

55 folk
[fóuk]

形 民族の；民衆の　名《～s》人々；《～s》**家族（特に、両親）**

でる How are your **folks**?（ご両親はいかがですか）

56 quiz
[kwíz]

名 クイズ；**小テスト**
動 ～に質問をする；～に小テストをする

でる The teacher gave us a pop **quiz**.（先生は我々に抜き打ちの小テストをした）

57 party
[páːrti]

名 パーティー；政党；**一行、団体**

でる We are a **party** of five.（5人のグループです⇒5人連れです）
　[= There are five of us.]

> レストランで「何名さまですか」と尋ねられた時の返答です。

58 end
[énd]

動 終わる；～を終わらせる　名 終わり；端；**目的、目標**

でる a means to an **end**（目的を達成するための手段）

> The end justifies the means.（目的な手段を正当化する、結果良ければすべて良し⇒嘘も方便）は有名な諺です。

59 remain
[riméin]

- 動 ～のままでいる；残っている
- 名 《～s》残り物；《～s》**遺跡**

でる the **remains** of an ancient city（古代都市の遺跡）

60 hand
[hǽnd]

- 名 手；手助け；**(時計の) 針**；筆跡；**拍手**　動 ～を手渡す

でる the long [minute] **hand** and the short [hour] hand of a clock
（時計の長針 [分針] と短針 [時針]）

でる Let's give her a big **hand**.（彼女に盛大な拍手を送りましょう）

🎧 146

61 farm
[fá:rm]

- 名 農場、農園；**飼育場、養殖場**；(野球の) 2軍、ファーム
- 動 ～を耕作する；～を栽培する；**～を飼育 [養殖] する**

でる an oyster **farm**（カキ養殖場）

でる **farm** eels（うなぎを養殖する）

62 culture
[kʌ́ltʃər]

- 名 文化；風土、気風；**教養**；培養；栽培
- 動 ～を栽培する；**～を培養する**

でる a person of **culture**（教養のある人、教養人）

でる **culture** bacteria（バクテリアを培養する）

63 lesson
[lésn]

- 名 授業、レッスン；(教科書の) 課；**教訓、戒め；懲らしめ、叱責**

でる learn a valuable **lesson** from ～（～から貴重な教訓を得る [学ぶ]）

でる Teach him a **lesson**.（奴に思い知らせてやれ、奴を痛い目に遭わせてやれ）

64 take
[téik]

- 動 ～を取る；～を捕らえる；～を獲得する；～を要する
- 名 1シーン分の撮影、テイク；**意見、見解**；売上高

でる What's your **take** on this issue?
（この問題にあなたはどういう見解を持っていますか⇒この問題をどう見ますか）

65 picture
[píktʃər]

- 名 絵；写真；画面；映画；**状況、事態；生き写し、そっくり**　動 ～を想像する；～を絵に描く；～を描写する

でる He started to get the **picture**.（彼はだんだんと事情が分かってきた）

でる She is the very **picture** of her mother.
（彼女は母親に生き写し [そっくり] だ）

66 game
[géim]

- 名 遊び、ゲーム；試合；**(猟の) 獲物**

でる hunt **game**（獲物を狩る）

67 touch [tʌ́tʃ]
動 ～に触れる、さわる；～を感動させる
名 接触；**ほんの少し**

でる Add a **touch** of lemon juice.（ほんの少しレモン果汁を加えます）

> a pinch of ～（ひとつまみの）も覚えておきましょう。add a pinch of salt（塩をひとつまみ入れる［加える］）のように使います。

68 lot [lάt]
名 たくさん；土地；**くじ（引き）；運命**
副《a ～ / ～s》大いに、とても

でる He was chosen by **lot**.（彼はくじ引きで選ばれた）
でる have a happy [hard] **lot**（幸福な［つらい］運命を持っている）

69 cell [sél]
名 細胞；携帯電話；小部屋；**電池**

でる a solar **cell**（太陽電池）

70 state [stéit]
名 **州；国家、政府；状態、状況**　動 ～を述べる

でる the Secretary of **State**（〈米国〉国務長官／州務長官）
でる the **state** of the world（世界情勢）

147

71 room [rú:m]
名 部屋；スペース、空間；**余地、機会**

でる There is still **room** for improvement.（まだ改善の余地がある）

72 treat [trí:t]
動 ～を扱う；～におごる；～を治療する
名 おごり；**喜び、楽しみ**

でる It was a real **treat** to visit Disneyland.
（ディズニーランドに行けてとても嬉しかった）

73 want [wάnt]
動 ～したいと思う；～を欲する　名 **不足、欠乏**；必要（物）

でる for **want** of funds（資金不足により、資金欠乏のため）

74 cause [kɔ́:z]
動 ～を引き起こす、もたらす
名 原因；理由；**目標、理念、大義**

でる for the **cause** of world peace（世界平和のために、世界平和を大義として）

Chapter 4 ● 注意すべき多義語

75 life
[láif]

名 一生；命；生物；生活；**実物、本物**

でる The statue is as large as **life**. (その像は実物大 [等身大] である)
でる The portrait is painted true to **life**.
(その肖像画は本物 [実物] そっくりに描かれている)

76 reason
[ríːzn]

名 理由；根拠；道理；**理性**　動 〜と推論する；〜と判断する

でる act on instinct rather than **reason** (理性よりも本能で行動する)

77 discipline
[dísəplin]

名 しつけ；規律；鍛錬；**（学問の）分野、領域**
動 〜をしつける；〜を懲戒する

でる in every academic **discipline** (どの学問分野においても)

78 tongue
[tʌ́ŋ]

名 舌；**言語**

でる Her mother [native] **tongue** is French. (彼女の母語はフランス語だ)

79 fashion
[fǽʃən]

名 流行；ファッション；**方法、やり方**

でる in a friendly **fashion** (友好的な方法で⇒親しげに、愛想良く)
[= in a friendly way = in a friendly manner]

80 sentence
[séntəns]

名 文；**判決、刑**　動 **〜に判決を下す**

でる He got a five-year prison **sentence**. (彼は5年の実刑判決を受けた)
[= He was sentenced to five years in prison.]

🎧 148

81 will
[wəl, (強めると) wíl]

助 〜だろう；〜するつもりである
名 [wíl] 意志；望み；**遺言状**　動 〜を願う

でる make a **will** (遺言状を作成する [書く])

82 might
[máit]

助 〜かもしれない　名 **力**；勢力

でる **Might** is right. (力は正義なり⇒勝てば官軍：諺)

> 形容詞の mighty (強力な；巨大な) も覚えておきましょう。

294

サクッと復習テスト

❶ ご両親はいかがですか。　　How are your _____ ?
❷ 獲物を狩る　　　　　　　　hunt _____
❸ まだ改善の余地がある。　　There is still _____ for improvement.

答え ❶ folks ❷ game ❸ room

---

83 must
[məst, (強めると) mÁst]

助 ～しなければならない；～にちがいない　名 [mÁst] **絶対必要なもの、必需品**　形 [mÁst] **絶対必要な、必須の**

でる This book is a **must** for learners of English.
(この本は英語学習者にとって必読書だ)
[= This is a must book for learners of English. = This book is a must-read for learners of English.]

84 train
[tréin]

名 列車；**流れ、つながり**；列
動 ～を訓練する；トレーニングする

でる I couldn't understand his **train** of thought.
(彼の思考の流れ [脈絡] を理解することは出来なかった)

85 find
[fáind]

動 ～を見つける；～を理解する；～だと感じる
名 発見；**掘り出し物**

でる This table was a real **find**. (このテーブルは全くの掘り出し物だった)

86 effect
[ifékt]

名 影響；効果；結果；発効；**趣旨、意味**　動 ～をもたらす

でる I received a letter to the **effect** that ～ (～という趣旨の手紙を受け取った)

> to the effect that ～ (～という趣旨の) の形で覚えておきましょう。

87 line
[láin]

名 線、直線；ひも；回線；列；(文字の) 行；台詞；路線；**方針；職業**

でる follow the party **line** (党の方針に従う)
でる What **line** of work [business] are you in?
(どんな仕事をされているのですか)

88 temple
[témpl]

名 寺院、寺；神殿；礼拝堂；**こめかみ**

でる my left **temple** (私の左こめかみ)

89 pupil
[pjúːpl]

名（学校の）児童、生徒；弟子；**瞳孔、瞳**

でる the **pupil** of the eye（目の瞳孔）

🎧 149

90 somebody
[sʌ́mbàdi]

代 誰か　名 **ひとかどの人物、大物**

でる He thinks he is really **somebody**.
（彼は自分をひとかどの人物だと思っている）

反 □ nobody　名 取るに足らない人、大したことのない人　代 誰も～ない

91 air
[éər]

名 空気；空；**雰囲気、様子**；《～s》**気取った態度**
動 ～を換気する；～を干す；～を公表する；放送される

でる have an **air** of mystery（神秘的な［謎めいた］雰囲気がある）
でる Stop putting on **airs**.（気取るのはやめろ）

92 arms
[áːrmz]

名《複数扱い》**武器、兵器**

でる carry small **arms**（小型武器［ピストル］を携行する）
でる build nuclear **arms**（核兵器を製造する）

> arm には名詞「腕」に加え、動詞「～を武装させる」の意味もあります。

93 trunk
[trʌ́ŋk]

名（車の）トランク；（木の）幹；**象の鼻**；（人間の）胴体

でる an elephant's long **trunk**（象の長い鼻）

94 soul
[sóul]

名 魂；心；**人**

でる There was not a **soul** on the street.（通りには誰一人いなかった）

95 capital
[kǽpətl]

名 首都、州都；（アルファベットの）大文字；**資本（金）**

でる **capital** of only $5,000（わずか5千ドルの資本金）

96 ground [gráund]
名 地面；土壌；土地；運動場；《~s》**理由、根拠**

- でる on the **grounds** that ~（~という理由で）
- でる I have good **grounds** for suing them.
  （私には彼らを告訴する十分な根拠がある）[= I have good grounds to sue them.]

97 hide [háid]
動 ~を隠す；隠れる　名 **皮、皮革**

- でる The bag is made of crocodile **hide**.（その鞄はワニ皮で作られている）

98 chemistry [kéməstri]
名 化学；化学的性質；**相性**

- でる There is good **chemistry** between them.
  （彼らの間には相性の良さがある⇒彼らは相性が良い）

99 royalty [rɔ́iəlti]
名 王位；王権；王族；《~ies》**印税、著作権使用料**

- でる receive the **royalties** from the book（本の印税を受け取る）

loyalty（忠誠、忠義）と混同しないように注意しましょう。

100 faculty [fǽkəlti]
名 能力、才能；機能；**（大学の）学部**；教授陣

- でる a professor in the **faculty** of economics（経済学部の教授）

🎧 150

101 leave [líːv]
動 ~を去る；~を残す；~をそのままにしておく
名 **休暇；許可**

- でる take (a) **leave** from work（仕事の休暇を取る）
- でる without **leave**（許可を得ずに、無断で）

102 element [éləmənt]
名 要素、要因；元素；《the ~s》**自然の力（悪天候、暴風雨）**

- でる We were exposed to the **elements**.（我々は悪天候[暴風雨]にさらされた）

103 labor [léibər]
名 労働；労働者；**分娩、陣痛**

- でる have **labor** pains（分娩陣痛が来る[起きる]）
- でる She was in **labor** for ten hours.
  （彼女は陣痛が10時間続いた⇒彼女はお産に10時間かかった）

104 period
[píəriəd]

名 期間；時代；(授業の) 時限；終止符、ピリオド；**生理**

でる I'm having my [a] **period**. (生理中です) [= I'm on my [a] period.]

105 small
[smɔ́:l]

形 小さい；少ない；些細な；幼い　名 **腰のくびれた部分**

でる He has a pain in the **small** of his back. (彼は腰のくびれのあたりが痛い)

106 score
[skɔ́:r]

名 (試合の) 得点；(試験の) 点数；楽譜；**20**
動 (点) を取る

でる Four **score** and seven years ago, our forefathers 〜
(今から87年前に、我々の (建国の) 父たちは〜)
[リンカーン大統領のゲティスバーグ演説より]

> four scoreで80を表します。score は dozen (12) と同じく単複同形の名詞なので、four scores にはなりません。

107 bar
[bá:r]

名 バー、酒場；棒；かんぬき；**法曹界、弁護士業**；妨害、障害　動 〜を禁止する、妨げる；〜を除外する

でる pass the **bar** exam (司法試験に合格する)

108 spell
[spél]

動 〜をつづる；〜を意味する
名 **ひと続き**；一定の期間；呪文、魔法；魅力

でる We've been having a long **spell** of rainy weather recently.
(最近は雨の天気がずっと続いている)

109 handful
[hǽndfùl]

名 **一握り、一つかみ**；小数、少量；手に余る人 [物]

でる Those kids are a **handful**. (あの子たちは手に負えない)

> a handful of 〜 (一握り [一つかみ] の〜；小数 [わずか] の〜) の使い方も覚えておきましょう。

110 poor
[púər]

形 貧しい；劣悪な；**下手な、苦手な**

でる She is a **poor** cook. (彼女は料理が下手 [苦手] だ)

🎧 151

111 late
[léit]

形 遅れた；後半の；遅い；**故、今は亡き**

でる the **late** Princess Diana (故ダイアナ妃)

サクツと復習テスト

❶ 私の左こめかみ　　my left _____
❷ 象の長い鼻　　an elephant's long _____
❸ 彼らは相性が良い。　　There is good _____ between them.

答え　❶ temple　❷ trunk　❸ chemistry

---

112 hot [hát]

形 熱い；暑い；**辛い**；人気のある；セクシーな

でる This curry is too **hot**. (このカレーは辛過ぎる)

類 □ spicy 形 香辛料の効いた、ピリ辛の

113 still [stíl]

副 まだ、今でも；それでも；さらに
形 **じっとした、静止した；静かな、しんとした**

でる Be **still**! (じっとして！動かないで！)
でる The streets were **still** at night. (通りは夜静まり返っていた)

114 broke [bróuk]

動 break の過去形　形 **一文無しの、無一文の**

でる I'm **broke**. (一文無しだ、すっからかんだ)

115 fishy [fíʃi]

形 魚臭い；**うさんくさい、いかがわしい**

でる There is something **fishy** about it.
(それには何か怪しい[うさんくさい]ところがある)
[= Something is fishy about it.]

116 novel [nάvəl]

名 小説　形 **斬新な、目新しい**

でる a **novel** idea (斬新な考え、奇抜なアイデア)

117 acting [ǽktiŋ]

名 演技；俳優業；行動　形 **代理の、臨時の**

でる the **acting** President (大統領代理[代行])

118 fresh [fréʃ]

形 新鮮な；新しい；斬新な；さわやかな；**なれなれしい**

でる Don't get [be] **fresh** with me! (なれなれしくしないで！)

119 handsome
[hǽnsəm]
形 (男性が) ハンサムな；(女性が) きりっとした；(建物などが) 見事な；**(金額などが) かなりの、相当な；気前のよい**

でる a **handsome** profit (かなりの利益)

でる a **handsome** gift (気前のよい贈り物)

120 arresting
[əréstiŋ]
形 **人目を引く、印象的な**；逮捕する

でる the **arresting** scenery of ~ (~の人目を引く [印象的な] 景色)

> arresting (逮捕する) は限定用法の形容詞として、an arresting officer ((容疑者を)逮捕する警察官)のように用いられます。

🎧 152

121 outstanding
[àutstǽndiŋ]
形 目立った；傑出した；**未払いの、未納の**

でる **outstanding** debts (未払い [未返済] の借金)

122 strong
[strɔ́ːŋ]
形 強い；丈夫な；強固な；(市場・経済が) 好調な；(味が) 濃い；**総勢~人の**

でる The crowd was over 5,000 **strong**. (観客 [群衆] は総勢5千人以上もいた)

123 blanket
[blǽŋkit]
名 毛布；一面に覆うもの　動 ~を覆う
形 **包括的な、全面的な**

でる issue a **blanket** warning (包括的警告を発する)

124 dead
[déd]
形 死んだ；枯れた；廃れた；(電池が) 切れた
副 **まったく、完全に**

でる I'm **dead** tired. (完全に疲れ切っている⇒疲れてくたくただ)

125 practically
[prǽktikəli]
副 実際的に；事実上；**ほとんど**

でる It rained **practically** all day. (ほとんど一日中雨が降った)

類 □ almost 副 ほとんど

126 possibly
[pásəbli]
副 たぶん、もしかすると；**(否定文で) どうしても~できない、到底~ない**

でる I can't **possibly** say such a thing to her.
(彼女にとてもそんなことは言えない)

サクッと復習テスト

❶ 一文無しだ。　　　　　　　　　　　　I'm _____ .
❷ かなりの利益　　　　　　　　　　　　a _____ profit
❸ 彼女にとてもそんなことは言えない。　I can't _____ say such a thing to her.

答え　❶ broke　❷ handsome　❸ possibly

---

127 sharp
[ʃάːrp]

形 鋭い；急な；痛烈な　　副 **きっかりに、ちょうど**

でる I arrived at the hotel at five o'clock **sharp**.
（ホテルに5時きっかりに到着した）

類 □ on the dot　きっかりに、ちょうど
　 □ on the nose　きっかりに、ちょうど

128 given
[gívən]

形 特定の；与えられた　　前 **～を考えれば**；～を仮定すると
名 **既知の事実、当然のこと**

でる **given** her long experience（彼女の長い経験を考えれば［考慮すれば］）
でる That's a **given**.（それは既知［既定］の事実だ）

> given that ～（～を考えれば［考慮に入れると］；もし～ならば）のように that 節が続く形もよく出ます。

129 save
[séiv]

動 ～を救う；～を貯金する；～を節約する
前 **～を除いて、～の他は**

でる He answered all the questions **save** one.
（彼は1つを除いてすべての問題に答えた）

類 □ except　～を除いて、～の他は
　　　（= except for ～）

> save の後に for を付けて、save for ～としても同じ意味を表します。

Chapter 4 ● 注意すべき多義語

将来につながる英語を学ぶ！

　皆さんは、将来の日本を背負って立つ人材として羽ばたいて行かれることでしょう。医師であれ、弁護士であれ、ビジネスパーソンであれ、将来、いかなる分野で活躍するにも、国際的に通用する「必要最低限の英語力」を養っておくことは極めて重要です。

　COFFEE BREAK①と②では、最も基本的で重要な語彙学習法について説明しましたが、ここでは少し視点を変えて、毎日楽しみながらより実践的な英語力を身につける方法についてお話ししたいと思います。

(A) 楽しいリスニング学習を行う！

　大学受験用の英語リスニング問題集をやるのは、受験対策には必要なことですが、陳腐で面白みに欠けますよね。時には、受験の枠を超えて、楽しくてためになるリスニング学習を行うのもいいものです。

　国内外のさまざまなニュースを英語で放送する「英語ニュース」は、テレビ・ラジオ・インターネットなどでいくらでも聞くことができます。時には、英語のドキュメンタリー番組（例：ディスカバリーチャンネル）を見るのもよいでしょう。さらに、息抜きとして海外の映画・テレビ番組を英語で視聴し楽しむというのも、おつなリスニング学習です。最初は英語字幕を見ながら、英語を聞くというやり方でも構いません。ただし、英語学習という観点からは、日本語音声や日本語字幕に頼ることは避けましょう。

(B) 楽しいリーディング学習を行う！

　大学受験用の英語長文問題集も面白みに欠けるというか、1ページ2ページの長さの長文なので、どうしても深みに物足りなさを感じますよね。そこで、ここでも生きた教材の登場です。

　まずは、英字新聞や英文雑誌の中で、自分が最も興味のあるものを選んで読むことから始めてはどうでしょうか。インターネット上には無料で読める英文記事もたくさんあります。すでに日本語で背景知識を得ている分野の記事は、とりわけ読みやすく、語彙力強化にもうってつけです。自分の興味のある分野の英文記事を中心に読めばよいでしょう。

　さらに、英語小説、特に推理小説や探偵小説はテンポよく読む進めることができるので、それが多読につながり、総合的な英語力が自然と身についていきます。皆さんは受験勉強のために、いつもは否応無しに興味の持てない英文にも取り組まなければなりませんが、少しモチベーションが下がってきたかなと感じた時には、ぜひ興味のある分野の英文にも触れてみてください。とてもよいリフレッシュになりますよ。

Chapter 5

熟　語

難関 193

Chapter 5 では大学入試で毎年差がつく熟語をマスターしましょう。ここで紹介する 193 の熟語はハイレベルのものも混じっていますが、難関大・最難関大を狙う人にとっては必須のものばかりです。

154 〜 173

Chapter 5 熟語

1. one of these days
近いうちに、そのうちに

でる I hope we can get together again **one of these days**.
（近いうちにまたお会いできればと思っています）

類 □ in the near future 近いうちに、そのうちに
□ sometime soon 近いうちに、そのうちに

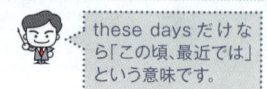

> these days だけなら「この頃、最近では」という意味です。

2. of late
最近、近ごろ

でる The weather has been strange **of late**. （最近天気がおかしい）
[= The weather has been strange lately.]

> of late は形式張った表現で、通常は lately や recently を使います。

3. at the thought of ～
～のことを考えると、～を思うと

でる He couldn't stop laughing **at the thought of** it.
（彼はそのことを考えると、笑いが止まらなかった）

> at the sight of ～（～を見て、～を見ると）も覚えておきましょう。

4. as it is
そのままに；(ところが) 実際は

でる Leave everything **as it is**. （すべてそのままにしておいて）
でる I need to finish this job today, but **as it is**, I haven't even started it.
（この仕事は今日終える必要があるのに、実際のところ、まだ始めてもいない）

5. as it were
いわば、言ってみれば

でる He is, **as it were**, a grown-up baby. （彼はいわば、成人した赤ん坊だ）

類 □ so to speak いわば、言ってみれば

6. let go of ~
~を手放す；~を捨てる

でる **Let go of** my hand!（私の手を放して！）
でる Don't **let go of** your dream.（夢を捨てるな）

類 □release 動 ~を放す；~を解き放つ

> Let me go!（放して！）も覚えておきましょう。

7. watch out for ~
~に気をつける、用心する

でる **Watch out for** purse snatchers.
（ハンドバッグのひったくりに気をつけなさい）[= Look out for purse snatchers.]

類 □look out for ~　~に気をつける、用心する

8. get back to ~
~に電話をかけ直す、折り返し連絡する；~に戻る

でる If you leave a message, I'll **get back to** you.
（メッセージを残して頂ければ、こちらからお電話致します）
［留守番電話の応答メッセージ］

> get back at ~（~に仕返しをする、恨みを晴らす）と混同しないように注意しましょう。

9. go about ~
~に取りかかる；せっせと~する

でる How are you going to **go about** it?
（どうやってそれに取りかかる［取り組む］つもりですか）
でる He **went about** his daily business.
（彼は日常的な仕事をせっせとこなした）

10. end up ~
結局~になる、最後には~になる

でる The plan **ended up** in failure.（その計画は結局失敗に終わった）
でる They **ended up** getting married.（結局彼らは結婚することになった）

> up の後には in, with, *doing* などが続きます。

11. rest on [upon] ~ — ～に左右される、かかっている

Our success **rests on** various factors.
(我々の成功はさまざまな要因に左右される)

類 □ hinge on [upon] ~　～に左右される、～にかかっている

12. fall on [upon] ~ — （日付が）～に当たる；～にのしかかる

Christmas Eve always **falls on** December 24.
(クリスマスイブは常に12月24日に当たる)

A lot of responsibilities have **fallen on** his shoulders.
(多くの責任が彼の肩にのしかかっている)

13. hand down ~ — ～を後世に伝える、残す

This tradition has been **handed down** from generation to generation. (この伝統は代々[世代から世代へと]受け継がれている)

14. let down ~ — ～を失望させる

Don't **let** me **down**. (私をがっかりさせないで)

> let ~ down の語順で使うことが非常に多いです。

15. catch a glimpse of ~ — ～をちらりと見る、一目見る；～を垣間見る

I **caught a glimpse of** Mt. Fuji from a distance.
(遠くから富士山がちらっと見えた)

> catch の代わりに get を使って、get a glimpse of ~ と言うことも可能です。

16. hold out — 持ちこたえる、耐える

This fine weather won't **hold out** until tomorrow.
(この晴天は明朝まで持たない[続かない]だろう)

サクツと復習テスト

❶ 最近天気がおかしい。　　　　The weather has been strange ____ ____.
❷ 私の手を放して！　　　　　　Let ____ ____ my hand!
❸ その計画は結局失敗に終わった。The plan ____ ____ in failure.

答え ❶ of late　❷ go of　❸ ended up

---

17 take to 〜
〜を好きになる；〜が習慣［癖］になる

でる They **took to** each other right away.（彼らはすぐにお互いを好きになった）
でる He has **taken to** getting up early.（彼は早起きする習慣がついた）

類 □ take a liking to 〜　〜を好きになる

18 tell 〜 apart
〜の見分けがつく

でる Can you **tell** the twins **apart**?（その双子たちを見分けることができますか）

> tell *A* from *B*（A と B を区別する［見分ける］）も覚えておきましょう。

19 tell on 〜
〜にこたえる、悪影響を及ぼす

でる The strain has begun to **tell on** his health.
（過労が彼の健康にこたえ始めた）

20 make good
成功する；（約束・義務など）を果たす；（損害など）を償う

でる He **made good** in business.（彼はビジネスで成功した）

類 □ succeed 動 成功する

21 speak well [highly] of 〜
〜のことをよく言う、〜を賞賛する

でる Everybody **speaks well of** the manager.
（みんなが部長のことをよく言う）

反 □ speak ill of 〜　〜の悪口を言う、〜をけなす

22. think much [highly] of ~
～のことを尊敬する、～を高く評価する

でる Many people don't **think much of** the statesman.
(多くの人はその政治家をあまりよく思っていない)

反 □think little of ~　～を軽んじる、低く見る
　□think nothing of ~　～を軽視する、何とも思わない

23. work *one's* way through college
働きながら大学を卒業する、苦学の末に大学を出る

でる My father **worked his way through college**.
(父は働きながら大学を卒業した)

> work *one's* way は「苦労して自分の道を進む」という意味です。through college の部分は、through university や through school などと言うことも可能です。

24. on board
（乗り物に）乗って

でる They got **on board** the plane. (彼らは飛行機に乗り込んだ)
でる Welcome **on board**. (ご乗車[乗船・搭乗]ありがとうございます)
[= Welcome aboard.]

類 □aboard　副 (乗り物に) 乗って

25. across the board
全面的に、一律に

でる There will be pay cuts **across the board**.
(全面的に減給が行われるだろう) [= There will be across-the-board pay cuts.]

> 形容詞の across-the-board (全面的な、一律の) も覚えておきましょう。

26. behind the times
時代 [流行・時勢] に遅れて

でる Your idea is **behind the times**. (あなたの考えは時代遅れだ)

> behind time (定刻より遅れて、時間に遅れて) と混同しないように注意しましょう。その反対は、ahead of time (定刻より早く、前もって) です。

27 in return for ~
~のお返しとして；~の見返りに

- I sent her some flowers **in return for** her kindness.
  (彼女の親切へのお返しに花を送った)
- The politician accepted a bribe **in return for** favors.
  (その政治家は便宜を図る見返りに賄賂を受け取った)

類 □ in exchange for ~　~と交換［引き換え］に、~の見返りに

28 by birth
生まれは；生まれながらの

- She is (an) American **by birth**. (彼女は生まれは米国人だ)
- She is a musician **by birth**. (彼女は生まれながらの音楽家だ)

29 by nature
生まれつき、生来

- She is shy **by nature**. (彼女は生まれつき恥ずかしがり屋だ)

30 in itself
それ自体は、本質的に

- Making money is not an end **in itself**.
  (金を稼ぐことそれ自体が目的ではない)

> by itself（単独で；自力で）と混同しないように注意しましょう。

31 all told
全部で、総計で；（文頭で）全体的に見て

- at a cost of $5,000 **all told** (総計5千ドルの費用で)
- **All told**, everything seems to be working fine.
  (全体的に見て、すべてうまくいっているようだ)

類 □ in all　全部で、総計で
　　□ in total　全部で、総計で

32 to go
あと（残りが）～；持ち帰り用の

- We have only three more weeks **to go** before the semester is over.（学期が終了するまで、あと3週間しかない）
- For here or **to go**?（こちらでお召し上がりですか、それともお持ち帰りですか）[ファーストフード店で店員が客に尋ねる質問]

33 fall behind (～)
～に遅れを取る；遅れる

- **fall** far **behind** other nations in educational standards（教育水準において諸外国に大きな遅れを取る）
- He has **fallen behind** in class.（彼は授業で遅れている［落ちこぼれている］）

類 □ lag behind (～)　～に遅れを取る；遅れる

34 keep an eye on ～
～から目を離さない；～を見守る

- Will you **keep an eye on** my bag while I go to the restroom?（トイレに行っている間、私のかばんを見ていてもらえる？）

35 make do with ～
～で間に合わせる、済ます

- Let's **make do with** what we have.（持っているもので間に合わそう、手持ちの物で何とか済ませよう）

類 □ do with ～　～で間に合わせる、済ます
反 □ make do without ～　～なしで済ませる
　 □ do without ～　～なしで済ませる
　 □ dispense with ～　～なしで済ませる

> make away with ～（～を持ち去る；～を取り除く）と混同しないように注意しましょう。

36 drop in on ～
（人）の所に立ち寄る

- Please **drop in on** us when you have the time.（時間がある時は、お立ち寄りください）
  [= Please stop by when you have the time.]

類 □ stop by　立ち寄る

> on の後に「人」が来ます。drop in at ～の場合は、at の後に「場所」が来ます。

サクッと復習テスト

❶ その双子たちを見分けることができますか。 Can you _____ the twins _____?
❷ あなたの考えは時代遅れだ。 Your idea is _____ _____ _____.
❸ 金を稼ぐことそれ自体が目的ではない。 Making money is not an end _____ _____.

答え ❶ tell / apart ❷ behind the time ❸ in itself

37 pass out
意識を失う、気絶する；酔いつぶれる；〜を配布する

でる He **passed out** from heat exhaustion.（彼は熱中症で気を失った）

でる **pass out** brochures（パンフレットを配布する）

pass away（亡くなる）と混同しないように注意しましょう。

38 sign up for 〜
〜に申し込む；〜に参加する

でる **sign up for** the English course
（英語講座に申し込む、英語鋼材の履修登録をする）

類 □ register for 〜 〜の履修登録をする

39 talk 〜 into *doing*
〜を説得して…させる

でる We **talked** him **into going** home.（我々は彼を説得して帰宅させた）

類 □ persuade 〜 to *do* 〜を説得して…させる
反 □ talk 〜 out of *doing* 〜を説得して…するのをやめさせる

40 prevail on [upon] 〜
〜を説得する、説き伏せる

でる His parents **prevailed on** him to see a doctor.
（彼の両親は彼に医師に診てもらうよう説得した）

41 live up to 〜
（期待など）に沿う；（義務など）を果たす

でる I'll try to **live up to** your expectations.
（あなたの期待に沿えるように頑張ります）[= I'll try to meet your expectations.]

でる He always tries to **live up to** his responsibilities.
（彼は常に責任［義務］を果たそうとしている）

類 □ come up to 〜 （期待など）に沿う

42. get [a] hold of ~
～に連絡する；～を手に入れる；～を理解する

- I couldn't **get a hold of** her yesterday.（昨日彼女に連絡が取れなかった）
- **get hold of** confidential information（極秘情報を手に入れる）
- **get hold of** the concept（その概念を理解する）

> a hold を1語にして、get ahold of ~ と言うこともあります。

43. have a high opinion of ~
～を高く評価する

- I **have a high opinion of** that company.
（私はあの会社を高く評価している）

反 □ have a low opinion of ~　～を低く評価する

44. on top of ~
～に加えて；～の上（部）に

- **on top of** that（それに加えて、さらにその上）[= in addition to that]
- **on top of** the refrigerator（冷蔵庫の上に）

> on top of ~ は「よくない状況に加えて～、さらに悪いことに～」という否定的なニュアンスを含みます。

45. something of a ~
ちょっとした～

- She is **something of an** artist.（彼女はちょっとした芸術家だ）

46. not much of a ~
大した～でない

- He is **not much of a** golfer.
（彼は大したゴルファーではない、彼のゴルフは大したことない）

47. without fail
必ず、確実に

- Please call me tomorrow **without fail**.（明日必ず電話してください）

48. never fail to *do* — 必ず~する、決まって~する

でる She **never fails to visit** her parents once a month.
(彼女は月に一度は必ず両親のもとを訪れる)

> never fail to *do* は「~しないことは決してない⇒必ず~する」と覚えておきましょう。

49. *be* acquainted with ~ — ~と知り合いである；~に精通している

でる I'm **acquainted with** Mr. Brown.（私はブラウン氏と面識がある）
でる She **is acquainted with** jazz.（彼女はジャズに精通している）

類 □ *be* familiar with ~　~に精通している

50. *be* hard of hearing — 耳が遠い、難聴である

でる My grandfather **is hard of hearing**.（うちの祖父は耳が遠い）

51. *be* all ears — 一心に耳を傾ける、注意深く聞く

でる Please **be all ears** to what I have to say.
(私の言うことを注意してよく聞いてください)

> all ears ですから「全身が耳」というイメージです。

52. *be* beside *oneself* with ~ — ~で我を忘れている

でる She **was beside herself with** joy when she heard the news.
(彼女はその知らせを聞いた時、嬉しさのあまり我を忘れた)

> with の後には感情を表す名詞 (joy, excitement, worry, anger など) が続きます。

53. pull up (~) — ~を引き抜く；~を引き寄せる；車を止める

でる **pull up** weeds（雑草を引き抜く）
でる **Pull up** a chair.（椅子を前に引き寄せてください⇒椅子にお座りください）
でる He **pulled up** in front of my house.（彼は私の家の前に車を止めた）

54 part with ~ 〜を手放す

The ring is too valuable to **part with**.
(その指輪はあまりにも貴重で、手放すことはできない)

> part from ~ (〜と別れる) と混同しないように注意しましょう。

55 draw on [upon] ~ 〜を活用[利用]する、〜に頼る

You should **draw on** your previous experience.
(これまでの経験を生かすべきだ)

> draw up ~ (〜を作成する) と混同しないように注意しましょう。

56 come to the conclusion that ~ 〜という結論に達する

We have **come to the conclusion that** ~
(我々は〜という結論に達した)

57 come of age 成人に達する；成熟する

She will **come of age** this April. (彼女は今年の4月に成人する)

> 日本の「成人の日」の英訳は、the Coming-of-Age Day です。

58 come to light 明るみに出る

The truth has finally **come to light**.
(真実がついに明るみに出た) [= The truth has finally been brought to light.]

> 他動詞的に「〜を明るみに出す」は、bring ~ to light となります。

59 at all costs 何としても、是が非でも

Avoid further conflict with them **at all costs**.
(彼らとのさらなる対立[衝突]は何としてでも避けるように)

類 □ at any cost 何としても、是が非でも
　　□ at any expense 何としても、是が非でも

サクッと復習テスト

❶ 我々は彼を説得して帰宅させた。 We ___ him ___ ___ home.
❷ 彼女はちょっとした芸術家だ。 She is ___ ___ an artist.
❸ 彼女は今年の4月に成人する。 She will ___ ___ ___ this April.

答え ❶ talked / into going ❷ something of ❸ come of age

60 in any event
とにかく、いずれにせよ

でる **In any event**, let me think it over.
(とにかく、もう一度考えさせてください)

類 □ at any rate　とにかく、いずれにせよ
□ in any case　とにかく、いずれにせよ

🎧 160

61 on and off
断続的に（= off and on）

でる It's been raining **on and off** today.
(今日は雨が断続的に降っている⇒今日は雨が降ったり止んだりしている)

類 □ intermittently　副 断続的に

> on and on（長々と、延々と）と混同しないように注意しましょう。

62 on (the) air
放送中で、放送されて

でる This program has been **on the air** for ten years now.
(この番組はもう10年間放送され続けている)

反 □ off (the) air　放送中止で、放送されてなくて

> up in the air（未定で、漠然として；有頂天になって）と混同しないように注意しましょう。

63 under way
進行中で

でる The construction is well **under way**.
(建設は順調に進行している)

類 □ in progress　進行中で

> underway（進行中で）と1語でつづることもできます。

64 in pursuit of 〜
〜を求めて、追求して

でる live **in pursuit of** happiness（幸せを求めて生きる）

類 □ in search of 〜　〜を求めて、〜を探して

65 on [in] behalf of ~　　～を代表して；～のために

- Mr. Cox delivered a speech **on behalf of** his company.
（コックス氏が会社を代表してスピーチをした）
- They continued to raise funds **in behalf of** refugees.
（彼らは難民のために資金を集め続けた）

> 「～のために」の意味では、アメリカでは in behalf of ~ が、イギリスでは on behalf of ~ が主に使われます。

66 in (the) light of ~　　～に照らして、～を踏まえて［考慮して］

- **in light of** the historical facts
（歴史的事実に照らして、歴史的事実を踏まえて）

類 □ in view of ~　～を考慮して

67 watch *one's* step　　足元に気をつける

- Please **watch your step.**（足元にご注意ください）

> Watch your head.（頭に気をつけて、頭上に注意して）と Watch your mouth.（言葉に気をつけなさい、言葉遣いに注意しなさい）も覚えておきましょう。

68 have yet to *do*　　まだ～していない

- I **have yet to read** the novel.（まだその小説を読んでいない）
［= I still haven't read the novel.］

> have yet to *do* はフォーマルな表現です。have only to *do*（～しさえすればよい）と混同しないように注意しましょう。

69 catch on　　人気が出る、流行する

- The song **caught on** immediately.（その歌はすぐにヒットした）

> to を付けて、catch on to ~ とすると「～を理解する；～に気づく」の意味になるので、区別して覚えておきましょう。

70. do away with ~
~を廃止する；~を処分する

でる **do away with** outdated rules（古くさい規則を廃止する）

類 □ abolish 動 ~を廃止する
□ get rid of ~　~を処分する、取り除く

71. make a fool of ~
~をばか［笑い物］にする

でる He **made a fool of** his boss.（彼は上司をばか［笑い物］にした）

make a fool of *oneself* であれば、「人前で自分自身をばかにする⇒人前でばかなまねをする［物笑いの種になる］」の意味になります。

72. never ~ without *doing*
…すると必ず~する

でる I **never** see you **without thinking** of that day.
（あなたに会うと私はいつもあの日のことを思い出します）

never ~ without *doing* は「…することになしには決して~しない⇒…すると必ず~する」と覚えておきましょう。

73. none of *one's* business
余計な［大きな］お世話

でる That's [It's] **none of your business**.
（余計なお世話だ、お前には関係のないことだ）[= Mind your own business.]

74. scores of ~
多数の~、たくさんの~

でる **Scores of** people were killed or injured by the hurricane.
（そのハリケーンによって多数の死傷者が出た）

score だけであれば、「20」を表します。

75. a host of ~
多数の~

でる face **a host of** problems（多くの問題に直面する）

76 the other way around — あべこべに;逆に、反対に

- You are wearing your shoes **the other way around**.
  (靴を左右あべこべに履いているよ)
- They learn how to interpret from English into Japanese, and **the other way around**.
  (彼らは英語から日本語への通訳とその逆のやり方も学んでいる)

77 on the spot — 即座に、その場ですぐに

- She made a decision **on the spot**.
  (彼女は即座に決断をした⇒彼女は即決した)

類 □ immediately 副 即座に、直ちに
　 □ then and there 即座に、その場ですぐに（= there and then）

78 as such — そういうものとして;それ自体は

- She is sick and should be treated **as such**.
  (彼女は病気なので、そのように扱うべきだ)

such as（〜のような;〜と言った）と混同しないように注意しましょう。

79 as 〜 go — 〜としては、〜並みから言えば

- He was well-behaved, **as** young boys **go**.
  (年若い少年としては、彼は行儀が良かった)

80 as opposed to 〜 — 〜とは対照的に、〜とは違って

- think logically **as opposed to** emotionally
  (感情的にではなく論理的に考える)

81 at the mercy of 〜 — 〜のなすがままに;〜の言いなりで

- The boat was **at the mercy of** the waves.
  (ボートは波のなすがままであった⇒ボートは波にもてあそばれていた)
- He is **at the mercy of** his wife. (彼は奥さんの言うがままだ)

サクッと復習テスト

① 今日は雨が降ったり止んだりしている。　It's been raining _____ _____ _____ today.
② 建設は順調に進行している。　The construction is well _____ _____.
③ その歌はすぐにヒットした。　The song _____ _____ immediately.

答え：① on and off [off and on] ② under way ③ caught on

---

82 hardly [scarcely] ~ when [before] ...
〜するとすぐに…、〜するやいなや…

でる I **had hardly** gone to bed **when** the telephone rang.
（床に就くとすぐに電話が鳴った）
[= Hardly had I gone to bed when the telephone rang.]

類 □ no sooner ~ than ...　〜するとすぐに…、〜するやいなや…

83 if any
たとえあるとしても

でる There is little, **if any**, chance of his winning the election.
（彼が選挙で当選する見込みは、たとえあるとしても、ほとんどない）

> if any は数量について述べる時に使います。

84 if ever
たとえあるとしても

でる She seldom, **if ever**, comes here.
（彼女はここへは、たとえ来るとしても、めったに来ない）

> if ever は、回数・頻度について述べる時に使います。seldom [rarely] と一緒に用いて、「たとえあるとしても極めてまれに」という意味を表します。

85 if anything
どちらかと言えば、むしろ

でる Things are getting worse, **if anything**.
（事態はどちらかと言えば [むしろ] 悪化している）

86 by virtue of ~
〜のおかげで：〜の理由で

でる The lady was given priority over others **by virtue of** her age.
（その婦人は年齢のおかげで他の人よりも優先された）

87 for a change
気分転換に、息抜きに；たまには、いつもと違って

- She went to the movies **for a change**.
  (彼女は気分転換に映画に行った)
- How about going out for dinner **for a change**?
  (たまには外で夕食はどう？)

88 answer for ～
～の責任を取る；～を保証する

- If anything goes wrong, I'll **answer for** the consequences.
  (もし何かうまく行かなければ [万一の場合には]、私がその結果に責任を持ちます)

89 fall short of ～
（目標・期待など）に達さない、及ばない

- The result **fell short of** our expectations.
  (結果は、我々の期待に及ばなかった [我々の期待外れだった])

> run short of ～ (～が足りなくなる、不足する)と混同しないように注意しましょう。

90 give rise to ～
～を引き起こす、生じさせる

- The poor service **gave rise to** a number of complaints.
  (お粗末なサービスで多くの苦情が出た)

🎧 163

91 catch up on ～
（遅れ・不足など）を取り戻す、取り返す

- I'll **catch up on** my study [sleep] this weekend.
  (今週末は勉強の遅れを取り戻します [睡眠不足を取り戻します⇒寝だめをします])

> catch up with ～ (～に追いつく)と混同しないように注意しましょう。

92 stand up for ～
～を支持する；～を擁護する

- I will **stand up for** them. (私は彼らを支持 [擁護] します)

類 □ support 動 ～を支持する
　 □ defend 動 ～を擁護する
反 □ stand up against [to] ～　～に立ち向かう、抵抗する

93 wrap up ~
(会議・仕事など)を終える、仕上げる；~を包む

- Let's **wrap up** this meeting for today.
  (今日の会議はこれで終わりにしましょう)
- **wrap up** a gift in paper（贈り物を紙で包装する）

94 get nowhere
効果がない、何の成果もない、らちがあかない

- This discussion will **get us nowhere**.
  (こんな議論をしてもどうにもならない［らちがあかない］)
  [= This discussion won't get us anywhere.]
- Flattery will **get you nowhere**.
  (おだてても駄目ですよ、お世辞を言っても何も出ませんよ)

95 avail *oneself* of ~
~を利用する、活かす

- She **availed herself of** every opportunity.
  (彼女はあらゆる機会を利用した)

類 □ take advantage of ~　~利用する、活かす

96 do nothing but *do*
~してばかりいる、~するだけである

- She **does nothing but complain**.（彼女は文句ばかり言っている）

> do nothing but *do* は「~する以外は何もしない⇒~してばかり」の意味を表し、but の後は動詞の原形（限定不定詞）が来ます。

97 know better than to *do*
~するほど馬鹿［無知］ではない

- He should **know better than to do** such a thing.
  (彼はそんなことをするほど馬鹿ではないはずだ)

> know better than to *do* は「~するよりも良く分かっている⇒~するほど馬鹿ではない」と覚えておきましょう。

98 go so far as to *do*
~さえする、~までする

- He **went so far as to call** me a liar in public.
  (彼は人前で私を嘘つき呼ばわりさえした［嘘つきとまで言った］)

99 a piece of cake
とても簡単 [容易] なこと、朝飯前 (のこと)、お茶の子さいさい；ケーキ一切れ

でる The exam was **a piece of cake**.
(試験はすごく簡単だった、試験は楽勝 [朝飯前] だった)
[= The exam was as easy as pie.]

類 □ as easy as pie とても簡単な [容易] な、朝飯前の

100 a slip of the tongue
失言、言い間違い

でる She was so careless that she made **a slip of the tongue**.
(彼女は不注意にも口を滑らせてしまった)

🎧 164

101 on the tip of *A*'s tongue
(名前・言葉などが) のど [口先] まで出かかって

でる Her name is **on the tip of my tongue**.
(彼女の名前はのどまで出かかっているが思い出せない)

102 all but (〜)
〜の他はすべて；ほとんど

でる **All but** three members were present.
(3人のメンバー以外は全員出席した)

でる It's **all but** impossible to work out this problem.
(この問題を解くのはほとんど不可能だ)

類 □ almost 副 ほとんど
□ next to ほとんど

> almost や next to を使って、It's almost [next to] impossible 〜と言うこともできます。

103 only too
残念ながら、悲しいことに；とても、非常に

でる It is **only too** true that 〜 (悲しい [残念な] ことに〜は事実である)

でる I'll be **only too** happy to help you.
(お手伝いできればとても嬉しいです⇒喜んでお手伝い致します)

104 all too
あまりにも〜すぎる、ひどく〜

でる Unfortunately, car accidents occur **all too** often.
(残念ながら、自動車事故はあまりにも頻繁に起きている)

> all too often は、only too often とも言えます。

サクッと復習テスト

❶ 事態はどちらかと言えば悪化している。　Things are getting worse, ＿＿＿ ＿＿＿.
❷ 今日の会議はこれで終わりにしましょう。　Let's ＿＿＿ ＿＿＿ this meeting for today.
❸ 彼女の名前はのどまで出かかっているが思い出せない。　Her name is on the ＿＿＿ of my ＿＿＿.

答え： ❶ if anything　❷ wrap up　❸ tip / tongue

---

105 in no time
すぐさま、あっと言う間に

でる She will be back **in no time**. （彼女はすぐに戻ってきます）

> flat や at all を付けて、in no time flat や in no time at all と言うと、意味がより強調されます。

106 in due course
そのうち、やがて、いずれは

でる You will hear from them **in due course**.
（そのうち先方から連絡をもらえますよ）

類 □ in due time　そのうち、やがて、いずれは

107 in a bid to *do*
〜しようとして、〜することを目指して

でる **in a bid to save** the boy（その少年を助けようとして）
でる **in a bid to bolster** the economy（経済を強化することを目指して）

類 □ in an effort to *do*　〜しようとして、〜することを目指して

108 at large
逃走中で；全体として、一般の

でる The suspect is still **at large**. （容疑者は依然逃走中だ）
でる for the public **at large**（社会全般にとって、一般市民にとって）

109 at length
詳細に、長々と；ついに、やっと

でる discuss the problem **at length**（その問題について詳しく論じる）
でる **At length** we finished the project.
（ついに我々はそのプロジェクトをやり終えた）

> 「詳細に、長々と」の意味の at length は some や great を付けて、at some [great] length のように使われることもあります。

110 to the point
要を得た

でる His explanation was short and **to the point**.
(彼の説明は短くて要を得ていた)

> get to the point (はっきり言う；核心を突く) も覚えておきましょう

🎧 165

111 to *one's* heart's content
思う存分、心ゆくまで

でる She enjoyed skiing **to her heart's content**.
(彼女はスキーを思う存分楽しんだ)

類 □ to the full　思う存分、心ゆくまで；最大限に

112 second to none
誰［何物］にも引けをとらない

でる He is **second to none** in mathematics. (彼は数学では誰にも負けない)

でる The food at that restaurant is **second to none**.
(あのレストランの料理はどこにも引けをとらない)

113 not so much *A* as *B*
A というよりはむしろ B

でる She is **not so much** a singer **as** an actress.
(あの助は歌手というよりは女優である)
[= She is an actress rather than a singer.]

類 □ *B* rather than *A*
　　A というよりはむしろ B

> not so much as *do* (~すらしない) も覚えておきましょう。He did not so much as say goodbye to us. (彼は我々に別れの挨拶をすることすらしなかった) のように使います。

114 lest ~ should *do*
**~が…しないように、
~が…するといけないから**

でる I hid the letter **lest** she **should see** it.
(彼女が見ないように私はその手紙を隠した)
[= I hid the letter for fear (that) she should see it.]

類 □ for fear (that) ~ should *do*
　　~が…しないように、
　　~が…するといけないから

> lest ~ should *do* も for fear (that) ~ should *do* も非常に固い文語調です。通常は so that を用いて、I hid the letter so that she could not see it. と言います。

324

115. provided (that) ～
もし～ならば、～という条件で

I'll tell you a secret, **provided (that)** you keep it to yourself.
(誰にも言わないなら［言わないという条件なら］、秘密を教えてあげよう)

類 □ providing (that) ～
　もし～ならば、～という条件で

> provided [providing] (that) ～ は、if の形式張った代用表現です。

116. if need be
必要なら、必要とあらば

If need be, I'll come with you. (必要なら、一緒に行きますよ)

類 □ if necessary　必要ならば

117. as [so] far as ～ *be* concerned
～に関する限りでは、～に関しては

As far as I'm concerned, he is partly responsible for the accident. (私に言わせてもらえれば、その事故の責任の一端は彼にもある)

類 □ as far as ～ goes [go]
　～に関する限りでは

> as far as music is concerned（音楽に関しては）であれば、as far as music goes と言い換えることができます。

118. as is often the case (with ～)
（～には）よくあることだが

As is often the case (with him), he was late for school.
(よくあることだが、彼は学校に遅刻した)

> with ～の部分はよく省略されます。

119. what with *A* and (what with) *B*
AやらBやらで

What with this **and** that, I've been very busy these days.
(あれやこれやで、この頃すごく忙しいんだ)
[= What with one thing and another, I've been very busy these days.]

> Bの直前の what with は省略される方が多いです。この表現は通常良くない理由を列挙するのに使われます。

120 hold true — 当てはまる

でる This rule **holds true** of [in] every case.
(この規則はどの場合にも当てはまる)[= This rule applies to every case.]

類 □ apply to ~　~に当てはまる；~に申し込む

🎧 166

121 take ~ for granted — ~を当然［当たり前］と考える

でる He **took** his promotion **for granted**. (彼は昇格を当然だと思った)

> take it for granted that ~（that 以下のことを当然と考える）の形で使うこともあります。例えば、People take it for granted that ~や It is taken for granted that ~のようにです。

122 rule out ~ — ~を排除する、除外する；~を阻止する

でる **rule out** the possibility of ~ (~の可能性を排除［否定］する)

123 single out ~ — ~を選び出す；~を名指しする

でる They **singled** her **out** from 3,000 applicants.
(彼らは3千人もの応募者の中から彼女を選んだ)

124 sort out ~ — ~を整理する；~を解決する

でる **sort out** files (ファイルを整理する) [= sort files out]
でる **sort out** the problem (その問題を解決する)

125 wear out (~) — すり切れる、駄目になる；~を疲れ果てさせる

でる My boots have finally **worn out**.
(ブーツが遂にすり減った［駄目になった］)

でる The work completely **wore** me **out**.
(その仕事で疲れ果てた［へとへとになった］)

> wear の活用変化は wear-wore-worn です。

サクッと復習テスト

❶ 容疑者は依然逃亡中だ。　The suspect is still ___ ___.
❷ 彼女はスキーを思う存分楽しんだ。　She enjoyed skiing to her ___ ___.
❸ 彼は昇格を当然だと思った。　He ___ his promotion ___ ___.

答え： ❶ at large　❷ heart's content　❸ took / for granted

---

126 wipe out ~
~を一掃する、全滅［絶滅］させる；~を拭き取る；~をへとへとにさせる

- wipe out famine around the globe（世界中の飢餓を一掃［撲滅］する）
- He's wiped out.（彼はへとへとだ［疲れ切っている］）[= He's worn out.]

127 more often than not
たいてい、通常

- More often than not, he is late for school.
 （彼は大抵、学校に遅刻する）

類 □ as [so] often as not
　　たいてい、通常

> more often than not（50％以上）の方が as [so] often as not（約50％）よりも若干頻度が高いという感じです。

128 in the dark
何も知らずに；秘密に；暗闇の中で

- I'm completely in the dark about it.
 （それについて私は何も知らない［皆目見当がつかない］）
- Let's keep it in the dark.（それは秘密にしておこう）
- What are you doing in the dark?（暗闇の中［暗い所］で何してるの？）

129 to say the least (of it)
控えめに言っても

- It sounds too good to be true, to say the least.
 （控えめに言っても、そんなうまい話は本当だとは思えない⇒
 控えめに言っても、それは話がうま過ぎるなあ）

> of it は通常省略されます。

Chapter 5 ● 熟語

130 (just) around the corner
もうすぐで、間近に迫って；角を曲がった所に；すぐ近くに

- Spring is **just around the corner**. (春はすぐそこまで来ている)
  [= Spring is (near/close) at hand.]
- The library is **just around the corner**.
  (図書館はその角を曲がった所にあります／図書館はすぐ近くにあります)

類 □ (near/close) at hand　もうすぐで、間近に迫って

131 at the expense of ～
～を犠牲にして

- live comfortably **at the expense of** others
  (他人を犠牲にして快適に暮らす)

類 □ at the cost of ～　～を犠牲にして

132 to and fro
行ったり来たり；前後［左右］に、あちらこちらへ

- She has been traveling **to and fro** between Canada and China for years. (彼女は何年もカナダと中国を行ったり来たりしている)

133 under A's nose
Aのすぐ目の前に、目と鼻の先に

- It's right **under your nose**. (あなたのすぐ目の前にあるわよ)

Where is my car key? (僕の車の鍵はどこ？) のような質問に対する返答としてよく使われる表現です。

134 under [in] no circumstances
どんなことがあっても～ない、決して～ない

- **Under no circumstances** should you go there again.
  (どんなことがあっても、二度とそこに行ってはいけない)

under no circumstances が文頭に来ると、倒置が生じます。

135 from scratch
最初から、ゼロから、一から

- start all over **from scratch** (すべてを最初［ゼロ］からやり直す)
- make bread **from scratch** (一からパンを作る)

136. once (and) for all
これを最後に、きっぱりと

He decided to give up smoking **once and for all**.
(彼はきっぱりとたばこを止める決心をした)

137. within a stone's throw of ~
~のすぐ近くに、~の目と鼻の先に

The bus stop is **within a stone's throw of** my house.
(バス停は私の家の目と鼻の先にある)
[= The bus stop is a stone's throw from my house.]

> within a stone's throw of ~は「石を投げれば届くくらいの距離に」というイメージです

138. with all due respect
失礼ながら、お言葉を返すようですが

With all due respect, I think you are wrong.
(失礼ながら、お考え違いかと存じます)

> 相手の発言に対して丁寧に反論する時の前置きとしてよく使う表現です。

139. on second thought
考え直してみて、やっぱり

On second thought, it wasn't so bad.
(考えてみると、それはそんなに悪くなかったよ)

> have second thoughts about ~ (~について考え直す) や give ~ a second thought (~について再考する[見直す・再検討する])も覚えておきましょう。

140. think twice
よく考える、熟考する

You should **think twice** before taking the job.
(その仕事を引き受ける前によく考えた方がいいよ)

> think twice before ~ (~する前にもう一度じっくり考える)の形でよく出ます。

141 think better of ~ — ~を見直す；~を考え直してやめる

でる I **think better of** her now that I know exactly how she feels.
(彼女の気持ちがよく分かったので、彼女を見直している)

でる You'd better **think better of** it.
(考え直した方がいいぞ⇒そうしないほうが賢明だぞ)

142 get the better of ~ — ~を負かす、圧倒する；~に打ち勝つ；~を出し抜く

でる My curiosity **got the better of** me and I opened the box.
(好奇心に負けて[かられて]、私は箱を開けてしまった)

でる **get the better of** the enemy (敵に打ち勝つ)

> get の代わりに have を使って、have the better of ~ と言うことも可能です。

143 pull *A*'s leg — (冗談を言って) **A をからかう**

でる He's just **pulling your leg**. (彼は君をからかっているだけだよ)

類 □ tease 動 ~をからかう

> pull *A*'s leg は「A の足を引っ張る」ではないので、注意しましょう。

144 make (both) ends meet — 収支を合わせる、収入内でやりくりする

でる It's hard for him to **make (both) ends meet**.
(彼にとって生活の収支を合わせるのは難しい)

145 get around to ~ — ~するための時間を見つける、~に手が回る

でる I finally **got around to** reading the book.
(やっとその本を読む暇ができた)

でる I couldn't **get around to** it. (そこまで手が回らなかった)

> get round to は、通常動名詞を伴います。

サクッと復習テスト

1. それについて私は何も知らない。　　I'm completely ____ ____ ____ about it.
2. あなたのすぐ目の前にあるわよ。　　It's right ____ ____ ____.
3. 考えてみると、それはそんなに悪くなかったよ。On ____ ____, it wasn't so bad.

答え ① in the dark　② under your nose　③ second thought

---

146 go a long way　大いに役立つ

でる His advice will **go a long way** toward [to/in] solving the problem.（彼の助言はその問題の解決に大いに役立つだろう）

> go a long way は、直後に toward(s) や to、in が来ることが多いです。

147 go out of *one's* way to *do*　わざわざ~する

でる He **went out of his way to drive** me home.
（彼はわざわざ車で私を家まで送ってくれた）

148 come into being　生まれる、出現する；成立する

でる When did life **come into being**?（生命はいつ誕生したのか）
でる The law **came into being** ten years ago.
（その法律は10年前に成立した）

類 □ come into existence　生まれる、出現する；成立する

149 come down with ~　（病気に）かかる

でる She **came down with** the flu.（彼女はインフルエンザにかかった）

> come up with ~（~を思い付く、考え出す）と混同しないように注意しましょう。

150 hit home to ~　~の胸にぐっとくる、~にしみじみ感じられる

でる Her life story **hit home to** me.
（彼女の身の上話は私の胸にぐっときた⇒彼女の身の上話は身にしみた）

> hit の代わりに strike や come を使って、strike [come] home to ~ と言うことも可能です。さらに、bring A home to ~ [= bring home A to ~]（Aを~に痛感させる）も覚えておきましょう。

Chapter 5 ● 熟語

151 bring *oneself* to *do* — ～する気になる

I can't **bring myself to tell** her the truth.
（彼女に真実を語る気にはなりません）

通常、否定文・疑問文の中で使われます

152 fall back on [upon] ～ — ～に頼る、～を当てにする

He has no one to **fall back on** but you.
（彼にはあなた以外に頼る人がいない）

類 □ depend on ～　～に頼る、～を当てにする
　　□ rely on ～　～に頼る、～を当てにする
　　□ count on ～　～に頼る、～を当てにする

153 fill ～ in on ... — ～に…の詳細を伝える、～に…の情報を知らせる

Let me **fill** you **in on** the details.（事の詳細をお伝えしましょう）

Please **fill** me **in on** the latest news about the disaster.
（その災害に関する最新情報を教えてください）

154 get on *A*'s nerves — Aをいらいらさせる、Aの神経にさわる

The construction noise is really **getting on my nerves**.
（建築工事の騒音には本当にいらいらする）

155 get carried away — 調子に乗る、図に乗る；興奮する、夢中になる

He was praised and **got carried away**.
（彼は褒められて、調子に乗った）

You're **getting carried away**.（興奮し過ぎだよ⇒はしゃぎ過ぎだよ）

156 stand to reason — 当然である、理にかなっている

It **stands to reason** that he should apologize to you.
（彼があなたに謝罪するのは理の当然である）

157 resort to ~
（手段など）に訴える、頼る

でる resort to violence to solve problems（問題解決のために暴力に訴える）

> as a last resort（最後の手段として）も覚えておきましょう。

158 see to it that ~
~になるように取り計らう、~するよう気をつける

でる I'll **see to it that** everything is ready.（すべての準備が整うように取り計らいます⇒すべての準備が間に合うようにしておきます）

> to it の部分が省略されて、see that ~ となることもあります。さらに、see to ~（~に気を配る；~の世話をする；~を引き受ける）も覚えておきましょう。see to の場合は to の直後に目的語が来ます。

159 leave nothing [little] to be desired
まったく[ほとんど]申し分ない

でる His report **leaves nothing to be desired**.
（彼の報告書はまったく申し分ない[完璧だ]）

> leave much [a lot] to be desired であれば「遺憾な点が多い」の意味になります。

160 have no (other) choice but to *do*
~するより（他に）仕方がない、~せざるを得ない

でる They **had no choice but to wait and see**.
（彼らは成り行きを見守るしかなかった）
[= There is nothing for it but to wait and see.]

類 □ There is nothing for it but to *do*　~するよりほかはない
　　□ cannot help *doing*　~せざるを得ない

161 *A* is to *B* what *C* is to *D*
AとBの関係はCとDの関係に等しい

でる Reading **is to** the mind **what** food **is to** the body.
（読書と精神の関係は食物と身体の関係に等しい）

> what の代わりに as が用いられることもあります。

162 in store for ~
~を用意して；~を待ち構えて、~に降り掛かろうとして

- We have many things **in store for** you.
  (私たちは皆さんのためにたくさんのものを用意しています)
- Who knows what is **in store for** us in the future?
  (将来何が我々を待ち構えているか誰に分かるだろうか⇒将来何が起こるか誰にも分からない) [= Who knows what the future holds for us?]

163 in lieu of ~
~の代わりに

- send donations **in lieu of** flowers (花の代わりに寄付金を送る)

類 □ instead of ~　~の代わりに

164 in a nutshell
簡単に言えば；要するに

- Just put it **in a nutshell.** (手短に言って[説明して]ください)
- **In a nutshell**, it's way too expensive.
  (要するに、それはあまりにも高過ぎる)

165 nothing short of ~
まさしく~で、~にほかならない

- It was **nothing short of** a miracle.
  (それはまさに奇跡だった) [= It was nothing less than miraculous.]

類 □ nothing less than ~　まさしく~で、~にほかならない

166 at *one's* disposal
~の思う[意の]ままに、自由に

- He has a lot of money **at his disposal**.
  (彼には自由に[好きなように]使える大金がある)

類 □ at will　~の思う[意の]ままに、自由に

167 *be* on the go
大忙しで、絶えず活動して；働き詰めで

- He **is on the go** all the time. (彼はいつも忙しくしている／彼は働き詰めだ)

サクッと復習テスト

1. 彼女はインフルエンザにかかった。 She _____ _____ _____ the flu.
2. 問題解決のために暴力に訴える。 _____ _____ violence to solve problems
3. それはまさに奇跡だった。 It was _____ _____ _____ a miracle.

答え ❶ came down with　❷ resort to　❸ nothing short of

---

168. *be* all thumbs — 不器用である

でる He **is all thumbs**. (彼は不器用だ) [= His fingers are all thumbs.]

> すべての指が動きの鈍い親指では、確かに不器用になってしまうでしょうね。

169. *be* taken aback — びっくりさせられる、面食らう

でる I **was taken aback** by her sharp criticism.
(彼女の厳しい批判にびっくりした[面食らった])

170. *be* cut out for ~ — ~に向いている、適している

でる He **is not cut out for** being a teacher. (彼は先生に向いていない)
[= He is not cut out to be a teacher.]

> ⟨*be* cut out for +動名詞/名詞⟩と⟨*be* cut out +動詞 (to be/to *do*)⟩と覚えておきましょう。

🎧 171

171. come to think of it — 考えてみると、そういえば

でる **Come to think of it**, I haven't seen her for quite a while.
(そういえば、彼女とはずいぶん長い間会っていない)

172. come close to *doing* — 危うく~しそうになる

でる I **came close to being** hit by a car. (危うく車にひかれるところだった)
[= I came near to being hit by a car.]

類 □ come near to *doing*　危うく~しそうになる

Chapter 5 ● 熟語

335

173 come to terms with ~
〜を受け入れる、甘受する；〜と合意に達する、折り合いがつく

- でる **come to terms with** the reality（現実を受け入れる）
- でる **come to terms with** the team on a new contract
（新しい契約についてチームと合意に達する）

174 call it a day
（その日の仕事などを）終わりにする、切り上げる

- でる Let's **call it a day** and go home.（今日はこれで終わりにして、家に帰ろう）

175 call ~ names
〜の悪口を言う、〜をののしる

- でる Stop **calling** her **names**.（彼女の悪口を言うのはやめなさい）

> namesと複数形になっていますが、これは人の悪口を言う時は大抵、「馬鹿、とんま、あほ、クズ」などとひどい言い方をたくさんするからです。「悪口、中傷」のことを、name-calling とも言います。

176 dawn on ~
（人）に分かり始める、（人）が気づく

- でる It finally **dawned on** her that ~
（彼女はやっと〜ということが分かった［に気づいた］）
- でる The truth gradually **dawned on** him.（彼は徐々に真実が見えてきた）

> 名詞の dawn は「夜明け、日の出」の意味を表します。

177 follow suit
先例に従う、人の真似をする

- でる Soon after the United States adopted it, other countries **followed suit**.（アメリカがそれを採択してすぐに、他の国々が追随した）

178 see eye to eye with ~
〜と意見が一致する

- でる I don't **see eye to eye with** him on this.
（これに関して私は彼と意見が一致しない）

179 read between the lines
行間を読む、言外の意味を汲み取る；その場の空気を読む

- でる **Read between the lines** and you will know what that means.（言外の意味を汲み取れば、それがどういう意味か分かるよ）

180 break the ice
（会話・質問などの）口火を切る；緊張をほぐす；氷を砕く

でる He is always the one to **break the ice** at parties.
（パーティーの席で話の口火を切るのはいつも彼だ）

でる **break the ice** with the audience（観客の緊張を解きほぐす）

> icebreaker は「緊張をほぐすもの；砕氷船」の意味です。

🎧 172

181 beat around [about] the bush
遠回しな［回りくどい］言い方をする

でる Don't **beat around the bush**!
（遠回しな言い方をするな！⇒率直に［はっきり］言え！））

182 have a sweet tooth
甘い物が好きだ、甘党である

でる She **has a real sweet tooth**.
（彼女は甘い物が大好きだ⇒彼女は甘い物に目がない）
[= She has a weakness for sweets.]

183 keep *one's* fingers crossed
幸運［成功］を祈る

でる I'll **keep my fingers crossed** for you.（うまくいくように祈っていますよ）

> 「中指と人差し指を十字に交差させて、うまくいくことを祈る」というジェスチャーから生まれた表現です。

184 hit the nail on the head
（発言が）まさに的を射る、図星を指す［突く］

でる You've **hit the nail** (right) **on the head**.（まさにその通りですよ）

> You hit the nail on the head. の直訳は「あなたは釘（nail）の頭（head）を金槌で打った（hit）⇒」です。金槌で釘の頭の部分をまっすぐに打ち叩くイメージから、「的を射る、核心をつく」という意味になるわけです。

185 make head(s) or tail(s) of ~ 　〜を理解する、把握する

でる I couldn't **make heads or tails of** the manual.
（私はマニュアル［取扱説明書］を全く理解できなかった）

> この表現は通常、否定文で用いられます。head と tail は元来コインの表と裏を指します。

186 far and wide 　至る所に、あちこちに

でる She traveled **far and wide** in Europe.
（彼女はヨーロッパの至る所［あちこち］に旅行した）

187 fair and square 　正々堂々と、公明正大に

でる We beat them **fair and square**.（我々は彼らに正々堂々と勝った）

188 out of the blue 　突然、不意に、出し抜けに

でる The chance came **out of the blue**.（そのチャンスは突然やって来た）

でる **Out of the blue**, he asked her to marry him.
（彼は出し抜けに［突然］彼女にプロポーズした）

類 □ out of the [a] clear (blue) sky
突然、不意に、出し抜けに

> 「晴天の霹靂」は a bolt from the blue または a bolt out of the blue と言います。

189 once in a blue moon 　めったに〜ない、ごくまれに

でる I see him **once in a blue moon** now.
（今ではほんのたまにしか彼を見かけない）[= I see little of him now.]

190 by leaps and bounds 　飛躍的に、とんとん拍子に

でる grow **by leaps and bounds**（飛躍的に伸びる、急速に成長する）

でる increase **by leaps and bounds**
（とんとん拍子に増える、うなぎ上りに増加する）

サクッと復習テスト

❶ 彼は不器用だ。　　　　　　　　　　　He is ____ ____.
❷ 彼女の悪口を言うのはやめなさい。　　Stop ____ her ____.
❸ 遠回しな言い方をするな！　　　　　　Don't ____ ____ ____ ____!

答え　❶ all thumbs　❷ calling / names　❸ beat around [about] the bush

191 for the life of *one* — どうしても（〜ない）

でる I can't understand it **for the life of me**.
（どうしてもそれを理解できない）

192 on [at] short notice — いきなり、十分な予告なしに

でる I'm sorry to ask you this **on** such **short notice**.
（こんな急なお願いをしてすみません）

類 □ at [on] a moment's notice　すぐに、即座に

193 at *one's* wit's end — 困り果てて、途方に暮れて

でる She is **at her wit's end** with her son.（彼女は息子に困り果てている）

類 □ at a loss　困り果てて、途方に暮れて

wit's は wits' とつづることもあります。

索 引

単語

A

abate **98**
abatement 98
abbreviate 165
abbreviation **165**
abduct 62
abide **63**
aboard 308
abolish 317
abort 184
abortion **184**
abrupt 277
abruptly **277**
abstain **64**
abstention 64
abstinence 64
abstinent 64
absurd **226**
absurdity 226
accelerate **72**
acceleration 72
accelerator 72
acclaim **164**
acclamation 164
accolade 164
accommodate **57**
accommodating 57
accommodation 57
achievable 218
acid **207**
acidity 207
acquired 251
acquit **103**
acquittal 103
acting **299**
acute 241, **242**
acutely 242
acuteness 242
adamant **263**
adamantly 263
addict **142**
addicted 142
addiction 142
addictive 142
address **287**
adhere **90**
adherence 90
adherent 90
adhesion 90
adhesive 90
adjacent **272**
adjoining 272
adjourn **102**
adjournment 102
admirable **221**
admiration 221
admire 221
adolescence 236
adolescent **236**
adorable 43
adoration 43
adore **43**
advance 192
advanced **192**
advancement 192

advent **127**
adversarial 172
adversary 172
adverse 172, **231**
adversely 231
advocacy 42
advocate **42**
aesthetic **249**
aesthetician 249
aesthetics 249
affable **232**
affiliate **95**
affiliated 95
affiliation 95
affirm 213
affirmation 213
affirmative **213**
affluence 202
affluent **202**
aftermath **186**
aggravate **94**
aggravation 94
agile **210**
agility 210
agonize 175
agony **175**
agree 58
ail 170
ailing 170
ailment **170**
air **296**
aisle **118**
akin 214
alert **199**
alertness 199
alien **113**
alienate 113
alight **97**
align **101**
alignment 101
alkaline 207
allegation 280
allege 280
alleged 280
allegedly **280**
allegiance **172**
allegiant 172
alleviate **105**
alleviation 105
alliance 152
allied 152
allow 120
allowance **120**
allude **95**
allusion 95
ally **152**
almost 300, 322
altitude **144**
altruistic 246
amateur **196**
amateurish 196
ambiguity 216
ambiguous **216**
ambiguously 216
ambivalence 274
ambivalent **274**

ambulance **126**
ameliorate **104**
amelioration 104
amend **79**
amendment 79
amiable **232**
amplifier 196
amplify 196
ample **196**
analog 164
analogous 164
analogy **164**
anarchism 183
anarchist 183
anarchistic 183
anarchy **183**
anatomical 188
anatomist 188
anatomy **188**
ancestry 182
anecdotal 169
anecdote **169**
anguish 150
animosity **174**
annihilate **108**
annihilation 108
anonymous **266**
anonymously 266
antagonism 174, 272
antagonist 272
antagonistic **272**
antarctic 198
anthropological 135
anthropologist 135
anthropology **135**
antibiotic 189
anticipate **36**
anticipation 36
anticipatory 36
antipathetic 173
antipathy **173**
antiquated 194
antique **194**
antiquity 194
apathetic **222**
apathy 222
appall 265
appalling **265**
apparatus **150**
applaud 127
applause **127**
appliance 125
applicable **205**
application 205
apply 205
apprehend **84**
apprehension 84
apprehensive 84
appropriate **288**
approximate 278
approximately **278**
apt 146
aptitude **146**
aquarium **116**
arbitrarily 273
arbitrary **273**

archaeological 179
archaeologist 179
archaeology **179**
archaic 275
arctic 198
ardent **252**
ardently 252
aristocracy **154**
aristocrat 154
aristocratic 154
arms **296**
arousal 46
arouse **46**
array **148**
arresting **300**
arrival 127
arrogance 212
arrogant **212**
articulate **85**
articulation 85
ascend **42**, 42
ascent 42
ascribe 87
aspiration 58
aspire **58**
assassin 100
assassinate **100**
assassination 100
assault **93**
assemble **31**
assembly 31
assent **58**
assert **48**
assertion 48
assertive 48
asset **151**
assimilate **83**
assimilation 83
asteroid **158**
astound **99**
astounding 99
astray 208
astronomer 233
astronomical **233**
astronomically 233
astronomy 233
asylum **171**
asymmetrical 266
atheism 181
atheist **181**
atheistic 181
attach 75
attain 218
attainable **218**
attainment 218
attorney **162**
attribute 87
audible **221**
austere **261**
austerity 261
authentic **223**
authenticate 223
authenticity 223
autocracy 174
autocrat **174**
autocratic 174

automatic	200	bloom	31	cease	226	commence	161
autonomous	**255**	blossom	31	**ceaseless**	**226**	**commencement**	**161**
autonomy	255	**blunt**	**199**	ceaselessly	226	**commodity**	**147**
avenge	55	blur	47	cede	76	**commonplace**	**224**
avert	**91**	blurry	47	celestial	192	**communal**	**250**
avid	**230**	**blush**	**44**	**cell**	**293**	commune	250
avidity	230	blushingly	44	**censor**	**78**	**commute**	**28**
avidly	230	bold	200	censorship	78	commuter	28
await	**26**	**book**	**284**	**census**	**175**	commuting	28
aware	47	booklet	166	certificate	40	**company**	**290**
axis	**158**	border	116	certification	40	**comparable**	**220**
		boring	221	certified	40	compare	220
B		**botanical**	**198**	**certify**	**40**	**compartment**	**118**
backlash	**176**	botanist	198	**champion**	**289**	**compassion**	**120**
baffle	82	botany	198	**change**	**289**	compassionate	120
bail	**187**	bothersome	273	**chatter**	**41**	compatibility	251
banish	**77**	boundless	197	chatterbox	41	**compatible**	**251**
banishment	77	**breakdown**	**122**	**chemistry**	**297**	compel	253
bank	**289**	**breakthrough**	**136**	**cherish**	**32**	**compelling**	**253**
bankrupt	**260**	**breathtaking**	**257**	choke	36	compilation	64
bankruptcy	260	breathtakingly	257	**chore**	**128**	**compile**	**64**
bar	**298**	**bribe**	**148**	chromosome	184	complex	224
barbarian	**120**	bribery	148	**chronic**	**241**	**complexion**	**165**
barbaric	120	**brisk**	**203**	chronically	241	compliance	61
barbarous	120	briskly	203	**chronological**	**265**	**compliment**	**133**
barren	**234**	brittle	207	chronologically	265	complimentary	133
barter	**139**	broad-minded	219	chronology	265	**comply**	**61**
bashful	**266**	**brochure**	**166**	chuckle	44	**component**	**137**
bashfully	266	**broke**	**299**	circumstance	243	comprehensible	216
bashfulness	266	**brood**	**69**	**circumstantial**	**243**	**comprehensive**	**225**
beam	117	**browse**	**33**	citation	35	comprehensively	225
bear	**286**	browser	33	**cite**	**35**	**compromise**	**288**
become	**284**	**bruise**	**133**	**clap**	**34**	compulsion	234
beg	102	**brutal**	**204**	**clarify**	**32**	compulsive	234
beginner	152	brutality	204	clarity	32	**compulsory**	**234**
beginning	161	brute	204	**clear-cut**	**213**	**comrade**	**171**
benevolence	264	**bulk**	**122**	clench	51	comradeship	171
benevolent	**264**	bulky	122	**cling**	**67**	**concave**	**276**
benign	265	**bully**	**41**	**clockwise**	**280**	**concede**	**76**
bereave	253	bullying	41	clumsiness	214	**conceit**	**159**
bereaved	**253**	**bump**	**36**	**clumsy**	**214**	conceited	159
bereavement	253	bumper	36	cluster	124	concession	76
beset	**96**	bumpy	36	coarse	277	**concise**	**200**
besiege	**81**	**bunch**	**124**	**code**	**113**	conciseness	200
bestow	**98**	burdensome	273	**coerce**	**97**	**conducive**	**259**
betray	**287**	**bureau**	**149**	coercion	97	confide	215
beverage	**116**	**burst**	**39**	coercive	97	confidence	215
beware	**47**	**by-product**	**152**	coffin	124	**confidential**	**215**
bewilder	**82**	**bystander**	**168**	cognition	269	confidentiality	215
bewilderment	82			**cognitive**	**269**	confirm	52
bias	**119**	**C**		cohere	229	**confiscate**	**107**
biased	119	calamitous	170	coherence	229	confiscation	107
Bible	194	**calamity**	**170**	**coherent**	**229**	**confound**	**91**
biblical	**194**	**candid**	**207**	**cohesion**	**179**	Confucian	183
bilateral	**235**	**capital**	**296**	cohesive	179, 229	**Confucianism**	**183**
billion	**206**	**capsize**	**70**	**coin**	**287**	confuse	82
billionaire	206	**carefree**	**245**	collaborate	147	congruous	267
bioengineering	150	caricatural	184	**collaboration**	**147**	conjectural	181
biotechnology	**150**	**caricature**	**184**	collaborative	147	**conjecture**	**181**
bitterness	171	carnival	275	collaborator	147	**conjure**	**105**
bizarre	210	carnivore	275	collide	138	conjurer	105
bland	270	**carnivorous**	**275**	**collision**	**138**	**connotation**	**169**
blank	**193**	casket	124	**colloquial**	**244**	connote	169
blanket	**300**	**cast**	**29**	colloquialism	244	**consent**	**58**
blankly	193	catalysis	180	colossal	222	**consequence**	**279**
blast	**35**	**catalyst**	**180**	**comet**	**157**	**consequent**	**279**
bleak	**239**	catalyze	180	comfort	119	**consequently**	**279**
blessing	67	**catastrophe**	**172**	**commemorate**	**73**	**conservation**	**134**
bliss	**123**	catastrophic	172	commemoration	73	conservationist	134
blissful	123	categorically	278	commemorative	73	**conservative**	**207**
block	77	**cause**	**293**				

341

conserve	134	credit	**112**
consider	58	creditable	112
considerable	**206**	creditor	112
considerably	206	credo	170
consistent	229	**credulous**	**253**
consolation	72, 150	**creed**	**170**
consolatory	72	creep	**53**
console	**72**	crew	**118**
conspicuous	**247**	crisp	203
conspicuously	247	**criterion**	**148**
conspiracy	**190**	**cross-cultural**	**216**
conspire	190	crouch	69
constant	240, 248	**crucial**	**205**
constellation	**158**	**crude**	**192**
constituency	177	crudity	192
constituent	**177**	cube	204
constitute	136	**cubic**	**204**
constitution	**136**	**cuisine**	**177**
constitutional	136	culminate	189
constrain	**60**	**culmination**	**189**
constraint	60	cultivate	287
construe	**108**	**culture**	**292**
contaminate	**37**	**cumbersome**	**273**
contamination	37	**cupboard**	**129**
contemplate	**58**	**curse**	**67**
contemplation	58	cursed	67
contemplative	58	**curtail**	**103**
contempt	**135**	curtailment	103
contemptible	135	**cutting-edge**	**270**
contemptuous	135	**cynic**	**228**
contend	**48**	**cynical**	**228**
contender	48	cynicism	228
contention	48		
contentious	48	**D**	
contradiction	186	**damp**	**194**
contrivance	87	dampen	194
contrive	**87**	dampness	194
conversational	244	danger	132
converse	**211**	daze	74
conversely	211	**dazzle**	**74**
convex	276	dazzling	74
convict	**56**	**dead**	**300**
conviction	56	dead end	173
cordial	203, **204**	**deadline**	**137**
cordiality	204	**deadlock**	**173**
cordially	204	**deadly**	**192**
corps	**136**	**deaf**	**201**
correlate	**160**	deafen	201
correlation	**160**	deafening	201
corrosion	179	decay	28
corrupt	**236**	decease	214
corruptible	236	**deceased**	**214**
corruption	236	decelerate	72
cosmic	**211**	decided	278
cosmos	211	**decidedly**	**278**
count	**285**	decode	113
countenance	**176**	decrease	51
counterclockwise	280	**decree**	**152**
counterpart	**154**	**deduce**	**92**
county	**117**	deduction	92
cover	**286**	deductive	92
covert	232	**deed**	**132**
cozy	**234**	defect	227
cram	**60**	**defective**	**227**
crave	**69**	defend	320
craving	69	**defer**	**100**
credence	178	deferment	100
credential	**178**	defiance	96
credibility	**176**	defiant	96
credible	176	deficiency	165, 256
		deficient	**256**

deficit	**165**, 224	deterrence	99
define	247	deterrent	99
definite	247, 253	**detest**	**70**
definition	247	detestable	70
definitive	**247**	detestation	70
deforestation	**182**	**detour**	**174**
defrost	93, 210	detriment	265
defy	**96**	**detrimental**	**265**
degradable	89	**devastate**	**98**
degradation	89	devastating	98
degrade	**89**	devastation	98
degrading	89	devoid	226
dehydrate	**104**	**devour**	**71**
dehydration	104	**devout**	**245**
delete	**56**	**diameter**	**170**
deletion	56	**dictate**	**45**
delinquency	180	dictation	45
delinquent	**180**	dictator	45, 174
delude	**99**	**dilapidated**	**276**
delusion	99	dilapidation	276
delusive	99	**dilemma**	**122**
demand	205	**dilute**	**89**
demanding	**205**	diluted	89
demographic	**275**	dilution	89
demographics	275	**dim**	**193**
demography	275	**dimension**	**154**
demolish	**95**	dimensional	154
demolition	95	**diminish**	**51**
deniable	240	dimly	193
denial	240	**dip**	**28**
denotation	101, 169	**dire**	**238**
denote	**101**	**direct**	**140**
dense	126	**directory**	**140**
densely	126	disability	202
density	**126**	**disabled**	**202**
deny	240	disaster	170
depict	**84**	**discard**	**33**
depiction	84	**discern**	**85**
deplete	**93**	discernible	85
depletion	93	discernment	85
deplore	**101**	**discharge**	**288**
deploy	**83**	**discipline**	**294**
deployment	83	**discomfort**	**119**
deposit	**46**	discontinuation	64
derivation	181	**discontinue**	**64**
derive	181	discontinuous	64
descend	42	**discourse**	**168**
descendant	42, 175	**discredit**	**52**
descent	42	discreditable	52
describe	84	**discreet**	**233**
designate	**68**	discrepancy	186
designated	68	discrepant	186
designation	68	discretion	233
desolate	**247**	disdain	86
desolation	247	disembark	70
despicable	**260**	**disgrace**	**156**
despise	260	disgraceful	156
despot	**189**	**disguise**	**62**
despotic	189	dishonor	156
despotism	189	**dismal**	**237**
destitute	**270**	**dismantle**	**102**
detach	75	**dismay**	**72**
detached	75	disparate	186
detachment	75	**disparity**	**186**
detect	**62**	**disregard**	**47**
detection	62	**disrespect**	**121**
detective	62	disrespectful	121
deter	**99**	**disrupt**	**49**
deteriorate	**92**	disruption	49
deterioration	92	disruptive	49

342

dissent · 58
dissertation · 145
dissimilate · 83
dissolution · 52
dissolve · **52**
dissuade · **63**
dissuasion · 63
distinctly · 278
distinguished · 219
distort · **82**
distortion · 82
distract · 99
distress · **145**
distressful · 145
diurnal · 264
dive · 79
diverse · 85
diversification · 85
diversify · **85**
diversion · 99
diversity · 85
divert · **99**
divine · 194
dizzy · **202**
doctor · **288**
doctrinal · 149
doctrine · **149**
domain · **123**
domesticated · 203
domineering · 261
donate · **35**
donation · 35
donor · 35
doom · **128**
dormant · 240
dormitory · **130**
dose · **141**
double-edged · **259**
doubt · 277
doubtful · 277
doubtlessly · 277
drag · **27**
drain · **31**
drainage · 31
drastic · **203**
drastically · 203
drawback · **156**
dread · 209, 226
dreadful · **209, 226**
dreadfully · 209
dreary · **215**
drift · **30**
drill · **291**
drink · 116
drought · **131**
drown · **26**
drowning · 26
drowse · 209
drowsy · **209**
drudge · 162
drudgery · **162**
dual · **198**
dualism · 198
dubious · **217**
due date · 137
dull · 221
durability · **197**
durable · **197**
duration · 197
dwarf · **89**

dwell · **33**
dwelling · 33
dwindle · **90**

E

earthly · 238
eccentric · **228**
eccentricity · 228
eclipse · **157**
ecological · **215**
ecologist · 215
ecology · 215
ecstasy · 258
ecstatic · **258**
edible · **229**
edit · **30**
edition · 30
editor · 30
editorial · 30
effect · **295**
ego · 246
egocentric · **246**
egoism · 246
egoist · 246
elaborate · **224**
elaboration · 224
element · **297**
elicit · **88**
eligibility · 228
eligible · **228**
eloquence · 245
eloquent · **245**
elude · 256
elusive · **256**
elusiveness · 256
emancipate · **95**
emancipation · 95
embark · **70**
embarkation · 70
embodiment · 67
embody · **67**
embrace · **46**
embracement · 46
eminence · 219
eminent · **219**
emission · 30
emit · **30**
enchant · **43, 109**
enchanting · 43
enchantment · 43
enclose · **58**
enclosure · 58
encode · 113
encompass · **105**
end · **291**
endanger · 249
endangered · **249**
endorse · **91**
endorsement · 91
endow · **96**
endowment · 96
enforce · **62**
enforcement · 62
enhance · **32**
enhanced · 32
enhancement · 32
enigma · 250
enigmatic · **250**
enjoy · **285**
enlighten · **83**
enlightening · 83

enlightenment · 83
enormous · 222
enrich · **27**
enrichment · 27
enroll · **75**
enrollment · 75
ensue · **106**
ensuing · 106
ensure · **48**
entail · **104**
entangle · 103
enthrall · **109**
enthralling · 109
enthrallment · 109
enthusiastic · 252
entitle · **64**
entitlement · 64
entity · **127**
enunciate · 85
envelop · **72**
envelope · 72
envisage · **100**
envision · 100
epidemic · **167**
epitome · **187**
epitomize · 187
epoch · 245
epoch-making · **245**
equate · 182
equation · **182**
equator · **157**
equilibrium · **190**
equivalent · 154
equivocal · 274
eradicate · **95**
eradication · 95
erect · **26**
erection · 26
erode · 179
erosion · **179**
erosive · 179
err · 225
errand · **126**
erroneous · **225**
error · 225
erupt · 114
eruption · **114**
espouse · 140
est · 139
esteem · **34**
estimate · 88
ethic · **164**
ethical · 164
evacuate · **84**
evacuation · 84
evade · **72**
evaporate · **104**
evaporation · 104
evasion · 72
evasive · 72
evil · 211
exacerbate · **106**
exacerbation · 106
exasperate · **93**
exasperation · 93
excavate · **88**
excavation · 88
exceed · 56
except · 301
exclaim · **65**

exclamation · 65
exclude · 279
exclusion · 279
exclusive · 279
exclusively · **279**
excruciating · **276**
excruciatingly · 276
excursion · **125**
execute · 53
execution · 53
executive · 53
exemplary · 107
exemplify · **107**
exempt · **244**
exemption · 244
exert · **77**
exertion · 77
exhalation · 70
exhale · **70**
exhaust · 252
exhaustible · 252
exhaustion · 252
exhilarate · 266
exhilarating · **266**
exile · 146
exonerate · **108**
exotic · **199**
exoticism · 199
expansive · 206
expect · **285**
expedient · **104**
expedite · **104**
expedition · **104, 150**
expeditionary · 150
expeditious · 104
expel · **38**
expenditure · 153
expert · 160
expertise · **160**
expiration · 39
expire · **39**
explicit · **258**, 258
expose · 136
exposure · **136**
expulsion · 38
exquisite · **254**
extend · 206
extension · 206
extensive · **206**
extensively · 206
extent · 206
exterminate · **66**
extermination · 66
extract · **74, 88**
extraction · 74
extraterrestrial · 231
extravagance · 259
extravagant · **218, 259**
extravaganza · 259
extrinsic · 262
extrovert · 172
exuberance · 265
exuberant · **265**

F

fable · **141**
fabled · 141
fabric · **114**
fabulous · **230**
facet · **169**
facilitate · **57**

343

facilitation · 57
facilitator · 57
faction · 152
factional · 152
faculty · 297
fallacious · 261
fallacy · 261
falsify · 52
famine · 130
fantastic · 230
far-fetched · 275
farm · 292
fascinate · 43
fashion · 294
fast · 286
fathom · 274
fathomable · 274
fathomless · 274
faulty · 227
feasibility · 254
feasible · 254
feasibly · 254
feast · 118
feat · 122
feeble · 229
fellow · 193
felony · 187
feminine · 243
feminism · 243
feminist · 243
feminity · 243
fertile · 233, 234
fertility · 233
fertilize · 233
fertilizer · 233
fervent · 252
fetch · 35
fetter · 276
feud · 231
feudal · 231
feudalism · 231
figurative · 280
figuratively · 279, 280
filth · 242
filthy · 242
financial · 216
find · 295
fine · 285
finite · 197
fire · 284
firsthand · 198
fiscal · 252
fishy · 299
fission · 180
flamboyant · 271
flame · 112
flammable · 112
flatter · 43
flattery · 43
flaw · 140
flawed · 140
flawless · 140
flip · 45
flourish · 71
fluctuate · 100
fluctuation · 100
fluid · 138
fluidity · 138
flush · 44
flyer · 166

foliage · 184
folk · 144, 291
folk tale · 144
folklore · 144
folkloric · 144
follow · 75
following · 219
folly · 159
footnote · 156
forbid · 237
forbidden · 237
forbidding · 237
foremost · 239
foresee · 227
foreseeable · 227
foresight · 160
forest · 182
forestation · 182
forestry · 182
foretell · 50
formidable · 246
formula · 62
formulate · 62
formulation · 62
forsake · 74
forthcoming · 223
fortnight · 161
forward · 286
fossil · 131
fossilize · 131
foster · 44
fraction · 161
fractional · 161
fragile · 207, 229
fragility · 207
fragment · 153
fragmentary · 153
fragrance · 217
fragrant · 217
frail · 229
frantic · 218
frantically · 218
fraud · 139
fraudulent · 139
freeze · 93, 288
fresh · 299
fret · 47, 155
fretful · 47
friction · 163
frontier · 116
frost · 210
frosty · 210
frown · 66
frugal · 218
frugality · 218
fruit · 290
fugitive · 250
full-fledged · 225
full-scale · 225
full-size(d) · 225
furious · 159
furnish · 63
furnished · 63
furniture · 63
fury · 159
fusion · 180
fuss · 155
fussy · 155
futile · 246
futility · 246

G

gale · 143
gallant · 262
game · 292
garment · 180
gasp · 37
gauge · 84
general · 193
generous · 208
genocide · 166
genuine · 223
geological · 135
geologist · 135
geology · 135
geometric · 170
geometrician · 170
geometry · 170
germ · 145
gigantic · 222
gist · 169
given · 301
glamorize · 252
glamorous · 252
glamour · 252
glare · 40
glaring · 40
gloom · 115
gloomy · 115
gnaw · 76
grab · 29
graduation · 161
gratification · 81
gratify · 81
gratifying · 81
graze · 47
grazing · 47
grease · 249
greasy · 249
greed · 125
greedy · 125
gregarious · 260
grievance · 161
grim · 241
grimly · 241
grin · 28
grind · 55
groan · 55
grocer · 116
grocery · 116
ground · 55, 297
growl · 59
guarantee · 151
guess · 105
guesswork · 181
gymnasium · 137
gymnastic · 137
gymnastics · 137

H

hallmark · 168
halt · 33
hamper · 52
hand · 292
handful · 298
handicapped · 202
handsome · 300
harmful · 265
hassle · 165
hatch · 59
haughtiness · 212
haughty · 212

haul · 49
haunt · 88
hazard · 144
hazardous · 144
heap · 144
heaping · 144
heartfelt · 203
heartily · 203
hearty · 203
heaven · 192
heavenly · 192
heed · 129
heedful · 129
heedless · 129
heir · 132
hellish · 192
herbivorous · 275
herd · 138
hereditary · 251
heredity · 251
heterogeneous · 262
hide · 297
hideous · 226
hierarchical · 152
hierarchy · 152
high blood pressure · 188
hilarious · 266
hilarity · 266
hinder · 52
hindrance · 52
hindsight · 160
hitherto · 280
holy · 194
homogeneity · 262
homogeneous · 262
homogenize · 262
honor · 156
horizontal · 276
hospitable · 221
hospitality · 221
hostage · 145
hostile · 272
hostility · 174
hot · 299
house · 286
hover · 38
hub · 128
hue · 150
humane · 225
humanistic · 225
humanitarian · 225
humanitarianism · 225
humanity · 225
humble · 212
humid · 121
humidity · 121
humiliate · 78
humiliation · 78
humility · 159
hydrogen · 162
hygiene · 267
hygienic · 267
hypertension · 188
hypocrisy · 176
hypocrite · 176
hypocritical · 176
hypotension · 188
hypothesis · 250
hypothesize · 250
hypothetical · 250

hypothetically 250	incorporated 53	integrated 73	kneel 38
I	incorporation 53	integration 73, 177	**L**
iceberg 157	incorrect 225	**integrity** 173	**labor** 297
ignite 50	incredulous 253	**intelligible** 216	**labyrinth** 190
ignition 50	**incumbent** 270	interact 155	labyrinthine 190
ignore 47	independent 255	**interaction** 155	**lackluster** 271
illegible 244	indifferent 222	interactive 155	**lame** 224
illegitimate 234	**indignant** 242	intercultural 216	**lament** 71
illiteracy 244	indignation 242	**intermission** 132	lamentable 71
illiterate 244	indirect 218	**intermittent** 263	lamentation 71
illogical 219	indiscreet 233	intermittently 263, 315	**landslide** 157
illuminate 27	individual 200	interval 132	**lapse** 131
illumination 27	individualism 200	**intervene** 43	**late** 298
illusion 134	**individualistic** 200	intervention 43	**latent** 240
illusory 134	individuality 200	intimacy 206	**latitude** 178
imbalance 118	**induce** 92, 92	**intimate** 206	latitudinal 178
imbalanced 118	inducement 92	intimately 206	launch 48
imitate 84	induction 92	**intimidate** 94	**law-abiding** 233
immeasurable 225	inedible 229	intimidating 94	law-breaking 233
immeasurably 225	**ineloquent** 245	intimidation 94	lawless 233
immediately 318	inevitable 276	intricacy 224	lawyer 162
immense 222	**inexhaustible** 252	**intricate** 224	**layer** 124
immensely 222	**inexorable** 276	intrigue 255	**lead** 290
immensity 222	inexorably 276	**intriguing** 255	**leaflet** 166
immerse 103	inexplicable 274	**intrinsic** 262	**leak** 32
immersion 103	infamous 196	intrinsically 262	leakage 32
imminence 241	infect 124	**introvert** 172	**leave** 297
imminent 241	**infection** 124	introverted 172	**legacy** 133
immortal 241	infectious 124	**intrude** 51	**legible** 244
immortality 241	**infer** 50	intruder 51	legislate 160
immune 241	inference 50	intrusion 51	**legislation** 160
immunity 241	infertile 233	intuit 144	legislative 160
immunization 241	**infinite** 197	**intuition** 144	legislature 160
impart 97	infinity 197	intuitive 144	legitimacy 234
impartial 212	**inflict** 87	invariable 202	**legitimate** 234
impending 241	infliction 87	invariably 202	legitimately 234
imperative 250	**ingenious** 232	**inventory** 172	leniency 261
imperceptible 234	ingenuity 232	invertebrate 186	**lenient** 261
imperial 212	**ingredient** 127	investigate 139	**lessen** 27
imperialism 212	inhale 70	**investigation** 139	**lesson** 292
imperialist 212	**inherent** 251, 262	investigator 139	**lethal** 224
impetus 146	inheritance 133	**invoice** 182	liability 151, 204
implausible 266	**inhibit** 71	invulnerable 257	**liable** 204
implication 154, 169	inhibited 71	**inward** 277	**life** 294
implicit 258, 262	inhibition 71	irk 263	life-span 163
implore 102	inhospitable 221	**irksome** 263	**lightning** 116
imply 154	initial 48	irrational 222	likeness 164
impose 248	**initiate** 48	irrelevant 216	**likewise** 278
imposing 248	initiation 48	**irrigate** 179	**limb** 119
imposition 248	initiative 48	**irrigation** 179	**line** 143, 247, 295
impoverish 270	inject 124	itinerant 185	**linear** 247
impoverished 270	**injection** 124	**itinerary** 185	linearity 247
improve 104	injurious 265	**J**	**linger** 46
imprudent 261	**innate** 251	**jail** 148	lingering 46
impudence 263	**innumerable** 243	**journal** 112	**listless** 267
impudent 263	inquiry 153	journalism 112	literal 279
inaudible 221	**inquisitive** 272	journalist 112	**literally** 279, 280
inaugural 102	inquisitively 272	**judicious** 248	literary 244
inaugurate 102	**insane** 209	**jurisdiction** 181	literate 244
inauguration 102	insanity 209	juror 166	**load** 37
inborn 251	**insatiable** 262	**jury** 166	**locomotive** 116
incentive 146	**insert** 35	**juvenile** 240	lofty 210
incessant 248	insertion 35	**K**	**lofty** 210
incessantly 248	insignificant 227	**kidnap** 62	logic 219
incoherent 229	instrument 199	kidnapper 62	logical 219
incompatible 251	**instrumental** 199	**kill** 284	long 78
incongruity 267	intact 264	kin 214	**long-awaited** 253
incongruous 267	intangible 268	kindle 78	**long-standing** 242
inconspicuous 247	integral 173	kinship 214	long-term 242
incorporate 53	**integrate** 73, 173	**knead** 96	**long-winded** 271

345

longevity 163	meteor 158	mourning 63	**O**
loom 82	meteorite 158	**mouthful** 135	obligatory 234
lot 293	**meteorological** 269	mud 201	obliterate 108
lucrative 264	meteorologist 269	**muddy** 201	**oblivion** 177
lukewarm 268	meteorology 269	multifold 220	oblivious 177
lumber 128	**methodical** 272	multiple 67	**obscure** 217
lumbering 128	methodically 272	multiplication 67	obscurity 217
luminous 238	**meticulous** 273	**multiply** 67	**observance** 148
lunar 196	meticulously 273	**multitude** 149	**observe** 148, 287
lyric 131	**might** 294	mumble 73	obsessed 168
M	**migrate** 44	mundane 238	**obsession** 168
majestic 151	migration 44	**municipal** 233	obsessive 168
majesty 151	migratory 44	municipality 233	**obsolete** 232
malevolent 264, 265	**milestone** 185	murmur 73	obstinate 208
malice 244	**mimic** 84	**must** 295	**obstruct** 77
malicious 244, 265	mimicry 84	**mutter** 73	obstruction 77
malignant 265	**mindful** 223	mutual 270	obtain 107
malpractice 188	mindfulness 223	**myriad** 179	odd 125
man 286	**mindset** 178	**N**	oddity 125
mandate 103	**mine** 290	**naive** 195	**odds** 125
mandatory 103, 234	**mingle** 80	naiveté 195	**odor** 160
maneuver 89	**minister** 130	narrate 123	odorless 160
manifest 85	ministerial 130	narration 123	odorous 160
manifestation 85	ministry 130	**narrative** 123	**offspring** 175
manifold 220	**minute** 204	narrator 123	oily 249
manipulate 94	**miscellaneous** 264	narrow-minded 219	omen 255
manipulation 94	miscellany 264	**nasty** 201	**ominous** 255
manipulative 94	**mischief** 146	naughtiness 212	omission 36
manly 243	mischievous 146	**naughty** 212	**omit** 36
manual 200	misconstrue 108	**navigate** 40	onlooker 168
manually 200	misdemeanor 187	navigation 40	only 279
manuscript 140	**mislead** 34	navigator 40	**open-minded** 219
margin 227	misleading 34	negative 213	open-mindedness 219
marginal 227	**misplace** 34	**negligible** 273	**oppress** 57
martyr 187	misplaced 34	negotiable 74	oppression 57
martyrdom 187	**mission** 142	**negotiate** 74	oppressive 57
marvel 207	missionary 142	negotiation 74	**optimal** 211
marvelous 207	**moan** 55	negotiator 74	optimize 211
marvelously 207	mobile 151	neutral 270	optimum 211
masculine 243	**mobility** 151	newcomer 152	**orbit** 121
masculine 243	**mock** 56	**nocturnal** 264	orbital 121
masculinity 243	mockery 56	nocturne 264	**ordeal** 175
maxim 166	modern 275	nomad 251	**ornament** 124
mayor 114	modesty 159	**nomadic** 251	ornamental 124
mayoral 114	moist 121, 194	**nominal** 245	outdated 232
meager 209	**moisture** 121	nominally 245	**outfit** 114
meagerness 209	**mold** 143	**noncommittal** 270	**outlet** 142
measurable 225	moldy 143	noncommittally 270	outrage 235
mediate 98	molecular 169	nonverbal 213	**outrageous** 235
mediation 98	**molecule** 169	norm 149	**outskirts** 178
mediator 98	**momentous** 260	normal 149	**outstanding** 300
medieval 226	**momentum** 164	normative 149	outward 277
mediocre 254	**monetary** 216	noteworthy 200	**outweigh** 70
mediocrity 254	monolith 271	noticeable 247	**oval** 215
meditate 63	**monolithic** 271	notoriety 196	overbear 261
meditation 63	monopolize 141	**notorious** 196	**overbearing** 261
meditative 63	**monopoly** 141	**nourish** 56	**overdue** 229
melancholia 223	monotone 217	nourishing 56	overestimate 88
melancholic 223	**monotonous** 217	nourishment 56	**overhead** 208
melancholy 223	monotony 217	**novel** 299	**overlook** 61
merge 42	monster 267	**novice** 152	**overt** 232
merger 42	**monstrous** 267	**nuisance** 133	**overtake** 30
mesmerize 109	**morale** 173	**numb** 214	overthrow 83
metabolic 188	**mortal** 241	numberless 243	**overtime** 277
metabolism 188	mortality 241	numbness 214	overtly 232
metaphor 185	**mount** 27	numerable 243	**overturn** 83
metaphorical 185	**mountaineer** 137	**nursery** 167	**P**
metaphorically 185, 280	mountaineering 137	**nurture** 98	**pace** 287
metaphysical 269	**mourn** 63		pacific 65
metaphysics 269	mournful 63		pacifier 65

Word	Page
pacifism	65
pacifist	65
pacify	**65**
painstaking	**257**
painstakingly	257
pamphlet	166
pant	**59**
parable	**141**
paradox	**154**
paradoxical	154
parallel	264
paralysis	68
paralytic	68
paralyze	**68**
parameter	**181**
parasite	**145**
parasitic	145
partial	**212**
partiality	212
partially	212
particle	**162**
particular	193
partition	**120**
party	**291**
passionate	252
pastime	**114**
pat	**26**
patent	**151**
path	135
pathetic	**239**
pathos	239
pathway	**135**
patriot	237
patriotic	**237**
patriotism	237
pave	113
pavement	**113**
pay	**285**
peaceful	255
peasant	**176**
pedestrian	**113**
penal	**240**
penalize	240
penalty	**240**
pending	**249**
penetrate	**80**
penetrating	80
penetration	80
pension	**129**
pensioner	129
perceptible	**234**
peril	**132**
perilous	132
period	**298**
peripheral	**273**
periphery	273
perish	**54**
perishable	54
permanent	240
perpendicular	**276**
perpetual	**240**
perpetuate	240
perpetuity	240
perplex	**82**
perplexity	82
persecute	**91**
persecution	91
personnel	**158**
persuade	63
pertain	**100**
pertinent	216
pervade	**76**
pervasive	76
petition	**176**
petrol	166
petroleum	**166**
phase	169
phenomenal	**242**
phenomenon	242
picture	**292**
picturesque	**230**
pierce	**42, 59**
piercing	42
piety	214
pioneer	**115**
pioneering	115
pious	**214, 245**
pitfall	**185**
pitiful	239
plague	**167**
plateau	186
plausible	**266**
plausibly	266
plea	77
plead	**77**
pledge	**46**
plight	**155, 189**
plot	**138**
plow	55
plunge	**79**
plural	**222**
poisonous	260
polar	**198**
polarity	198
polarization	198
polarize	198
pole	198
poll	**143**
pollen	**146**
ponder	38, 58
poor	**298**
porter	118
portray	84
pose	**26**
possibly	**300**
posterior	182
posterity	**182**
postpone	100
postulate	**108**
postulation	108
potency	256
potent	**256**
potential	240, 256
practically	**300**
praise	164
preach	**51**
preacher	51
precarious	**267**
precariousness	267
precaution	**161**
precautionary	161
precede	**75**
precedence	75
precedent	75
precedented	268
preceding	75
precipitate	189
precipitation	**189**
predator	**129**
predatory	129
predecessor	**146**
predicament	**189**
predict	50
predominant	280
predominantly	**280**
predominate	280
preface	**175**
prefectural	117
prefecture	**117**
pregnancy	196
pregnant	**196**
prehistoric	**231**
prehistory	231
prejudice	119
preliminary	**254**
premise	**154**
preoccupation	236
preoccupied	**236**
preoccupy	236
prescribe	**60**
prescription	60
preservation	134
pressing	241
presumably	54
presume	**54**
presumption	54
pretext	**165**
prevalent	268
previous	219
prey	129
priest	**130**
prior	66
prioritize	**66**
priority	66
prison	148
pristine	**264**
probe	**75**
procedural	147
procedure	**147**
proclaim	**64**
proclamation	64
procrastinate	**66**
procrastination	66
procrastinator	66
procurable	107
procure	**107**
procurement	107
professional	196
proficiency	**177**
proficient	177
profitable	264
progressive	207
prolong	**76**
prolongation	76
prolonged	76
prominent	219
prophecy	**149**
prophesy	149
prophet	149
prophetic	149
proposal	162
proposition	**162**
prosaic	168
prose	**168**
prototype	**173**
prototypical	173
proverb	166
province	**117**
provincial	117
provocative	94
provoke	**94**
proximity	183
prudence	261
prudent	**261**
psychiatric	184
psychiatrist	**184**
psychiatry	184
psychic	184
punctual	**208**
punctuality	208
punctually	208
pupil	**296**
puzzle	82

Q

Word	Page
quagmire	189
qualification	30
qualified	30
qualify	**30**
queer	210
query	**153**
quest	**147**
questionnaire	**174**
queue	**143**
quiver	**49**
quiz	**291**
quote	35

R

Word	Page
radiant	**232**
radiate	232
radiator	232
radioactive	**249**
radioactivity	249
rag	209
ragged	**209**
rainfall	189
raise	41
rampant	**268**
ransom	**185**
rapport	**189**
ratification	107
ratify	**107**
ration	**182**
rational	**222**
rationalism	222
rationalize	222
rattle	**68**
rave	**98**
ray	**117**
readership	**123**
realm	**174**
rear	**41**
reason	**294**
reasonable	222
rebel	87
recede	**95**
recess	**145**
recession	95
recipient	**157**
reciprocal	**270**
reciprocate	270
recital	45
recitation	45
recite	**45**
reckless	**213**
reckon	**65**
reckoning	65
reclaim	**88**
reclamation	88
recover	106
rectification	108

Term	Page
rectify	108
recuperate	106
recuperation	106
recuperative	106
recur	90
recurrence	90
recurrent	90
redeem	104
redemption	104
reduce	27
redundancy	253
redundant	253
refer	141
reference	141
refine	86
refined	86, 230
refinement	86
refinery	86
reflex	125
refund	101, 106
refundable	101
refurbish	53
refutable	100
refutation	100
refute	100
regardless	278
regenerate	79
regeneration	79
regret	162
reign	159
reimburse	106
reimbursement	106
reinforce	74
reinforced	74
reinforcement	74
reiterate	108
reiteration	108
rejoice	29
rejoicing	29
rekindle	78
relate	100
release	305
relent	256
relentless	256
relentlessly	256
relevance	216
relevant	216
relinquish	107
relinquishment	107
relish	102
remain	292
remark	200
remarkable	200
remarkably	200
remedial	123
remedy	123
reminisce	258
reminiscence	258
reminiscent	258
remnant	178
remorse	162
remorseful	162
remorseless	162
render	80
rendering	80
rendition	80
renounce	83, 107
renovate	53
renovation	53
renown	235
renowned	235
renunciation	83
repeat	108
repercussion	183
replace	107
represent	155
representative	155
reproach	93
reproachful	93
reproduce	134
reproduction	134
reproductive	134
reptile	177
require	104
resemblance	164
resent	171
resentful	171
resentment	171
reside	39
residence	39
resident	39
residual	185
residue	185
resolute	134
resolution	134
resolve	134
resort	50
respect	121, 290
respectably	279
respectfully	279
respective	279
respectively	279
respond	220
response	220
responsive	220
rest	289
resume	92
resumption	92
retail	230
retain	45
retainment	45
retaliate	97
retaliation	97
retaliatory	97
retention	45
retort	103
retreat	86
retrieval	76
retrieve	76
retrospect	165
retrospective	165
returnee	137
revenge	55, 180
revenue	153
reverence	171
reverend	171
reverent	171
reverse	83
reversion	90
revert	90
revise	29
revision	29
revolt	87
reward	206
rewarding	206
rhyme	71
riddle	137
riddled	137
ridiculous	226
right	221
righteous	221
righteousness	221
rigid	197
rigidity	197
rigor	237
rigorous	237
riot	131
riotous	131
rite	148
roam	67
roar	54
rob	126
robber	126
robbery	126
room	293
rot	28
rotten	28
roundabout	218
rouse	46
royalty	297
rub	36
rumble	80
run	284
rust	195
rusty	195
ruthless	213
ruthlessly	213

S

Term	Page
sacred	194
safe	289
salient	247
salutation	56
salute	56
sanction	133
sanctuary	183
sandwich	285
sane	209
sanitary	267
sarcasm	223
sarcastic	223, 228
sarcastically	223
satiable	262
satiate	262
satire	184
satirical	184
saturate	96
saturation	96
saunter	68
savage	237
savagery	237
save	301
savor	69
savory	69
scan	31
scent	122
school	291
scope	139
score	298
scorn	86
scornful	86
scruple	269
scrupulous	269
scrutinize	173
scrutiny	173
season	285
seasonable	193
seasonal	193
seclude	257
secluded	257
seclusion	257
secondary	195
secondhand	211
sector	121
sectoral	121
secular	238
segment	156
segmental	156
segmentation	156
segregate	177
segregation	177
seismic	261
seismologist	261
seismology	261
seize	29, 107
self-centered	246
self-sufficiency	164
self-sufficient	164
semester	122
senate	155
senator	155
sensible	248
sensor	212
sensory	212
sentence	294
sequence	131
serene	255
serenity	255
sermon	170
session	142
sever	91
severance	91
sexism	167
sexist	167
shabby	228
shake	201
shaky	201
sharp	301
sheer	197
shiver	49
shortcoming	156
shove	45
shrewd	201
shriek	50
shrug	40
shudder	49
shy	266
sibling	140
similarity	164
simmer	79
simultaneous	227
simultaneously	227
singular	222
sizable	206
skeletal	119
skeleton	119
skeptic	228
skeptical	228
skepticism	228
skim	31
slap	34
slaughter	166
slouch	69
slur	174
small	298
smolder	106
smother	36
sneak	246
sneaky	246
sneeze	28
soak	32

Word	Page
soaking	32
soar	**33**
sober	**236**
sobriety	236
sociable	260
solace	**150**
solar	196
sole	**194**
solely	194
solemn	**222**
solemnity	222
solemnly	222
solicit	**79**
solicitation	79
solid	171
solidarity	**171**
solidify	171
solitary	160, 260
solitude	**160**
somebody	**296**
soothe	**52**
soothing	52
sophisticated	**230**
sophistication	230
soul	**296**
sound	**192**
sour	**193**
sovereign	**238**
sovereignty	238
spark	**43**
specific	**193**
specifically	193
specify	193
specimen	**180**
spectacle	**120**
spectacular	120
spectrum	**186**
speculate	**61**
speculation	61
speculative	61
speed	182
spell	**298**
sphere	**163**
spherical	163
spicy	299
spiral	**203**
splendid	140
splendor	**140**
spontaneity	236
spontaneous	**236**
spontaneously	236
sporadic	263
spousal	140
spouse	**140**
spring	**290**
spur	**82**
stab	**59**
stagger	**84**
staggering	84
stagnant	**259**
stagnate	259
stagnation	259
stain	**115**
stainless	115
stake	**148**
stale	**254**
stalk	132
stammer	**86**
stark	**237**
state	**293**
state-of-the-art	**270**
static	202
station	**286**
stationary	**202**
stature	**169**
steadfast	**239**
steadfastness	239
steer	**39**
stem	**132**
stereotype	**150**
stereotypical	150
sterile	234
stern	**220**
stick	90
stifle	36
still	**299**
stimulus	146
stingy	**208**
stipulate	**102**
stipulation	102
stock	172
stoop	**69**
stooped	69
storage	**112**
store	112
story	**289**
stout	**229**
strait	**172**
strangle	36
stratosphere	**190**
stratospheric	190
stray	**208**
strenuous	**258**
strife	60
strive	**60**
stroke	**54**
stroll	**68**
stroller	68
strong	**300**
stubborn	**208**
stubbornness	208
studious	**248**
studiously	248
study	**289**
stumble	**66**
sturdy	**213**
stutter	86
subdue	**94**
subdued	94
sublime	**268**
subordinate	**252**
subordination	252
subscribe	**37**
subscriber	37
subscription	37
subsequent	**219**
subsequently	219
subside	98
subsidiary	153
subsidize	153
subsidy	**153**
substantial	206
succeed	307
succession	205
successive	**205**
successively	205
successor	146
succumb	**71**
suck	**54**
suddenly	277
sufficient	164
suffocate	36
sullen	**218**
summon	**78**
superb	**199**
superficial	**226**
superficially	226
superfluity	250
superfluous	**250**
supersede	**107**
superstition	**126**
superstitious	126
supervise	**86**
supervision	86
supervisor	86
supervisory	86
supplement	**133**
supplementary	133
support	320
suppress	**61**
suppression	61
supremacy	243
supreme	**243**
supremely	243
surge	**162**
surmise	**105**
surpass	**56**
surpassing	56
surplus	**165, 224**
surreal	**274**
surrealism	274
surrealist	274
survey	174
susceptibility	246
susceptible	**246**
swear	67
swell	**38**
swift	**195**
swiftly	195
swollen	38
syllabus	**141**
symmetrical	**266**
symmetry	266
sympathy	120
synthesis	**178**
synthesize	178

T

Word	Page
tacit	**262**
tact	**136**
tactful	136
tactic	**136**
tactical	136
tactless	136
take	**292**
tame	**203**
tangible	**268**
tangibly	268
tangle	**103**
taxi	**288**
tease	**41, 330**
technical terms	168
tedious	**221**
tedium	221
temple	**295**
temporary	245
tempt	125
temptation	**125**
tempting	125
tenable	**274**
tenacious	**263**
tenacity	263
tentative	**253**
tentatively	253
tenuous	**275**
tepid	268
terminological	168
terminology	**168**
terrain	231
terrestrial	**231**
testify	**47**
testimonial	47
testimony	47
thaw	**93**
therefore	279
thermometer	**121**
thesis	**145**
thread	**115**
threaten	94
threshold	**188**
thrive	**48, 71**
thriving	48
throng	**163**
thrust	**57**
tidal	117
tide	**117**
till	**287**
tilt	**51**
timber	128
timid	**200**
timidity	200
toil	**50**
token	**138**
toll	**128**
tongue	**294**
torment	**92**
torrent	**187**
torrential	187
torture	**101**
touch	**293**
toxic	**210**
toxin	210
trail	**113**
trailblazer	**115**
trailer	113
train	**295**
trait	**126**
trajectory	121
tranquil	**254**
tranquilize	254
transact	142
transaction	**142**
transcend	**81**
transcendent	81
transcendental	81
transcendentalism	81
transcribe	130
transcript	**130**
transcription	130
transience	245
transient	**245**
transition	**129**
transitional	129
transparency	259
transparent	**259**
transplant	**59**
transplantation	59
trauma	248
traumatic	**248**
traumatize	248
treacherous	**256**

349

treachery	256	untrustworthy	205
tread	65	unwarranted	151
treat	293	unwavering	272
tribute	134	upcoming	223
trifling	227	upright	208
trigger	60	used	211
trip	287	useless	246
trivia	227	usher	69
trivial	227	utensil	144
tropic	197	utmost	238
tropical	197	utter	278
troublesome	273	utterance	278
trudge	79	utterly	278
trunk	132, 296		
trusting	205	**V**	
trustworthy	205	vacancy	40
tuition	130	vacant	40
tune	112	vacate	40
tuneful	112	vaccinate	89
turbulence	255	vaccination	89
turbulent	255	vaccine	89
turmoil	174	vague	217
twofold	220	validate	58
tyrannical	153	validation	58
tyranny	153	vanish	72
tyrant	153	vapor	104
		variability	202
U		variable	202
ubiquitous	269	vary	202
ubiquity	269	vehement	269
unanimous	260	vehemently	269
unanimously	260	velocity	182
unattainable	218	venerable	244
unbelievable	230	venerate	244
unbiblical	194	veneration	244
uncanny	210	vengeance	55, 180
unclench	51	vengeful	180
uncouth	277	venom	260
undeniable	240	venomous	260
undeniably	240	ventilate	91
underestimate	88	ventilation	91
underlie	238	venture	175
underline	99	venue	138
underlying	238	verbal	213
undermine	97	verbalize	213
underscore	99	verbally	213
undo	39	verdict	167
undoubtedly	277	verge	142
undue	280	verification	52
unduly	280	verify	52
unearth	88	versatile	268
unequivocal	274	versatility	268
unequivocally	274	verse	168
unethical	164	versed	168
unfathomable	274	vertebra	186
unfettered	276	vertebrate	186
unheard-of	268	vertical	276
unintelligible	216	vessel	143
universal	211	vibrancy	235
unlimited	252	vibrant	235
unload	37	vibrate	235
unparalleled	264	vibration	235
unplug	37	vice	248
unprecedented	268	vicinity	183
unrestricted	276	vicious	248
unruly	271	vigil	249
unscrupulous	269	vigilance	249
unsophisticated	230	vigilant	249
unspoken	262	vigor	159
untenable	274	vigorous	159
untouched	264	vindicate	108

vindication	108		
vindictive	108	**Z**	
vintage	258	zeal	139
vital	205	zealous	139
vocation	127		
vocational	127	**熟語**	
void	226	**A**	
volcanic	114	a host of ~	317
volcano	114	A is to B what C is to D	333
voluntary	234	a piece of cake	322
vow	156	a slap in the face	34
vulgar	228	a slip of the tongue	322
vulgar	277	across the board	308
vulgarity	228	all but (~)	322
vulnerability	257	all told	309
vulnerable	257	all too	322
		answer for ~	320
W		apply to ~	326
wade	81	as ~ go	318
wage	288	as a result	279
waive	107	as easy as pie	322
walk	284	as [so] far as ~	
wander	67	be concerned	325
want	293	as far as ~ goes [go]	325
warehouse	147	as [so] often as not	327
warrant	151	as is often the case (with ~)	
warranty	151		325
wary	199	as it is	304
wasteful	218	as it were	304
water	284	as opposed to ~	318
waterproof	257	as such	318
waver	272	at a loss	339
wavering	272	at [on] a moment's notice	339
weakness	156	at all costs	314
wearily	214	at any cost	314
weariness	214	at any expense	314
weary	214	at any rate	315
weather	288	at first hand	198
weave	68	at large	323
weep	57	at length	323
weird	210	at one's disposal	334
weirdo	210	at one's wit's end	339
well	289	at stake	148
whim	181	at the cost of ~	328
whimsical	181	at the expense of ~	328
whine	80	at the mercy of ~	318
whiny	80	at the thought of ~	304
wholesale	230	at will	334
wholesaler	230	avail oneself of ~	321
wholesome	217	**B**	
wicked	211	B rather than A	324
wild	203	bail out ~	187
will	294	be acquainted with ~	313
withdraw	46	be all ears	313
wither	90	be all thumbs	335
withered	90	be beside oneself with ~	313
withstand	87	be cut out for ~	335
word	290	be familiar with ~	313
work	289	be hard of hearing	313
worldly	238	be on the go	334
wreck	153	be taken aback	335
wreckage	153	be up for grabs	29
wrecker	153	beat around [about] the bush	
wring	81		337
wrinkle	129	behind the times	308
wrinkly	129	bend down [over]	69
written	213	break the ice	337
		breathe out	70
Y		bring oneself to do	332
yearn	78	bring up ~	41
yearning	78	bump into	36
yield	71		

Entry	Page
by birth	309
by leaps and bounds	338
by nature	309
by the same token	138
by virtue of ~	319

C
Entry	Page
call ~ names	336
call it a day	336
cannot help *doing*	333
catch a glimpse of ~	306
catch on	316
catch up on ~	320
catch up with ~	30
come close to *doing*	335
come down with ~	331
come into *being*	331
come into existence	331
come near to *doing*	335
come of age	314
come to light	314
come to terms with ~	336
come to the conclusion that ~	314
come to think of it	335
come up to ~	311
count on ~	332
cross out ~	56

D
Entry	Page
dawn on ~	336
depend on ~	332
die down	98
dig up	88
dispense with ~	310
do away with ~	317
do nothing but do	321
do with ~	310
do without ~	310
draw on [upon] ~	314
drop in on ~	310

E
Entry	Page
end up ~	305

F
Entry	Page
fair and square	338
fall back on [upon] ~	332
fall behind (~)	310
fall on [upon] ~	306
fall short of ~	320
far and wide	338
fill ~ in on ...	332
first and foremost	239
follow suit	336
for a change	320
for fear (that) ~ should do	324
for the life of one	339
from scratch	328
frown on ~	66

G
Entry	Page
get [a] hold of ~	312
get around to ~	330
get back to ~	305
get carried away	332
get nowhere	321
get on *A*'s nerves	332
get rid of ~	317
get the better of ~	330
give in	71
give rise to ~	320
go a long way	331
go about ~	305
go out of *one*'s way to do	331

Entry	Page
go so far as to *do*	321
grin and bear it	28

H
Entry	Page
hand down ~	306
hardly [scarcely] ~ when [before] ...	319
have a high opinion of ~	312
have a low opinion of ~	312
have a sweet tooth	337
have no (other) choice but to *do*	333
have yet to *do*	316
hinge on [upon] ~	306
hit home to ~	331
hit the nail on the head	331
hold out	306
hold true	326

I
Entry	Page
if any	319
if anything	319
if ever	319
if necessary	325
if need be	325
in a bid to do	323
in a nutshell	334
in all	309
in an effort to *do*	323
in any case	315
in any event	315
in bulk	122
in due course	323
in due time	323
in exchange for ~	309
in itself	309
in lieu of ~	334
in no time	323
in progress	315
in pursuit of ~	315
in quest of ~	147
in [with] reference to ~	141
in return for ~	309
in search of ~	315
in store for ~	334
in the dark	327
in (the) light of ~	316
in the near future	304
in total	309
in view of ~	316
instead of ~	334

J
Entry	Page
(just) around the corner	328

K
Entry	Page
keep an eye on ~	310
keep *one*'s fingers crossed	337
know better than to *do*	321

L
Entry	Page
lag behind (~)	310
leave nothing [little] to be desired	333
lest ~ should *do*	324
let down ~	306
let go of ~	305
live up to ~	311
look out for ~	305

M
Entry	Page
make a fool of ~	317
make allowances [(an) allowance] for ~	120
make (both) ends meet	330

Entry	Page
make do with ~	310
make do without ~	310
make good	307
make head(s) or tail(s) of ~	338
moan and groan	55
more often than not	327

N
Entry	Page
(near/close) at hand	328
never ~ without *doing*	317
never fail to *do*	313
next to ~	322
no sooner ~ than ...	319
none of *one*'s business	317
not much of a ~	312
not so much *A* as *B*	324
nothing less than ~	334
nothing short of ~	334

O
Entry	Page
of late	304
off (the) air	315
on and off	315
on [in] behalf of ~	316
on board	308
on second thought	329
on [at] short notice	339
on (the) air	315
on the alert	199
on the dot	301
on the nose	301
on the spot	318
on the tip of *A*'s tongue	322
on top of ~	312
once (and) for all	329
once in a blue moon	338
one of these days	304
only too	322
out of the blue	338
out of the [a] clear (blue) sky	338

P
Entry	Page
part with ~	314
pass out	311
persuade ~ to *do*	311
pick on ~	41
plug in ~	37
prevail on [upon] ~	311
provided (that) ~	325
providing (that) ~	325
pull *A*'s leg	330
pull up (~)	313

R
Entry	Page
rattle on	68
read between the lines	336
register for ~	311
rely on ~	332
resort to ~	333
rest on [upon] ~	306
rule out ~	326

S
Entry	Page
scores of ~	317
second to none	324
see eye to eye with ~	336
see to it that ~	333
shrug off ~	40
sign up for ~	311
single out ~	326
so far	280
so to speak	304
soak up ~	32

Entry	Page
something of a ~	312
sometime soon	304
sort out ~	326
sour grapes	193
speak ill of ~	307
speak well [highly] of ~	307
stand to reason	332
stand up against [to] ~	320
stand up for ~	320
stand up to ~	87
stop by	310

T
Entry	Page
take ~ for granted	326
take a liking to ~	307
take advantage of ~	321
take to ~	307
talk ~ into *doing*	311
talk ~ out of *doing*	311
tell ~ apart	307
tell on ~	307
the other way around	318
then and there	318
There is nothing for it but to *do*	333
think better of ~	330
think little of ~	308
think much [highly] of ~	308
think nothing of ~	308
think twice	329
throw away ~	33
to and fro	328
to go	310
to *one*'s heart's content	324
to say the least (of it)	327
to the full	324
to the point	324
turn a deaf ear to ~	201
turn over	70

U
Entry	Page
under *A*'s nose	328
under [in] no circumstances	328
under way	315
up to now	280
usher in ~	69

W
Entry	Page
wade through ~	81
wait for ~	26
watch *one*'s step	316
watch out for ~	305
wear out (~)	326
what with A and (what with) B	325
wipe out ~	327
with all due respect	329
within a stone's throw of ~	329
without doubt	277
without fail	312
work *one*'s way through college	308
wrap up ~	321

●編著者紹介

VIP Academy（ヴィーアイピー・アカデミー）

　受験英語指導のプロ集団。日本人講師は全員TOEIC990点満点・英検1級保持者、アメリカ人講師は全員ESL資格保持者。

　大学入試・高校入試の受験英語対策クラスの他、英会話クラス、資格試験（TOEIC・英検）クラスにおいて、受講生全員をVIP（高価で尊い存在）とみなし、情熱と厳しさと愛情を持って指導することで定評を得ている。

　大学入試センター試験、国公立大学及び私立大学一般入試問題の過去20年分のデータを独自の分析で抽出した最重要英単語と英熟語を最も効果的に学習できる「VIPメソッド」を受講生に提供している。英文法対策、長文対策においても、大手予備校ではできない少数精鋭によるきめ細やかな「VIPメソッド」の指導法により、多くの受講生を難関・最難関大学合格へと導いている。

英文校正	Philip Griffin
カバーデザイン	花本浩一
本文デザイン／DTP	江口うり子（アレピエ）
イラスト	田中斉
音声録音・編集	㈶英語教育協議会（ELEC）
ナレーション	Carolyn Miller
	Howard Colefield
	都さゆり

でる順英単語スピードマスター　難関1600

平成26年（2014年）8月10日　初版第1刷発行

編著者	VIP Academy
発行人	福田富与
発行所	有限会社　Jリサーチ出版
	〒166-0002　東京都杉並区高円寺北2-29-14-705
	電話 03(6808)8801(代)　FAX 03(5364)5310
	編集部 03(6808)8806
	http://www.jresearch.co.jp
印刷所	㈱シナノ パブリッシング プレス

ISBN978-4-86392-197-9　禁無断転載。なお、乱丁・落丁はお取り替えいたします。
©2014 VIP Academy, All rights reserved.